汽车电商服务平台运营与管理

北京运华科技发展有限公司　组编

主　编　张潇月　吴晓苊

副主编　梁仁建　曲奕凝

参　编　杨秋凤　莫舒玥　苏晓瞳　马　博　邹建中
　　　　向　巍　郗玉平　黄会明　王　玥　艾　亮
　　　　陈　超　郭振杰　王金萍　王姗姗

主　审　陈佳伟

机 械 工 业 出 版 社

本书是"1+X"汽车电商服务平台运营与管理职业技能等级证书的配套教材，全书紧密围绕汽车电商运营企业内部运作、相关管理知识和不同平台的建设维护方法进行编写。依据"1+X"汽车电商服务平台运营与管理职业技能等级标准，将初级、中级、高级职业技能要求融入教材内容，涵盖汽车电商企业中初级、中级、高级技能人员日常工作所需的职业技能。全书共分为5个项目，分别介绍了汽车电商服务平台运维、汽车业务新媒体营销策划、汽车业务新媒体推广运营、汽车业务大数据客户关系管理、汽车电商服务平台数据分析决策。

　　本书可作为"1+X"汽车电商服务平台运营与管理职业技能等级证书培训教材；也可作为"1+X"汽车电商服务平台运营与管理职业技能等级证书适用专业授课教材，如汽车技术服务与营销等专业；还可作为本科层次职业教育、应用型本科相关教材，同时可作为汽车电商企业内训的培训教材，汽车电商企业内专员、主管、经理相关岗位（群）人员的学习用书。

　　为方便学习，本书配有电子课件，教师可登录 www.cmpedu.com 以教师身份注册、下载，或电话咨询 010-88379201。

图书在版编目（CIP）数据

汽车电商服务平台运营与管理 / 北京运华科技发展有限公司组编；张潇月，吴晓芃主编.—北京：机械工业出版社，2021.9

ISBN 978-7-111-69079-5

Ⅰ.①汽…　Ⅱ.①北…②张…③吴…　Ⅲ.①汽车–电子商务–运营管理–职业技能–鉴定–教材　Ⅳ.①F766–39

中国版本图书馆CIP数据核字（2021）第184340号

机械工业出版社（北京市百万庄大街22号　邮政编码100037）
策划编辑：师　哲　责任编辑：师　哲　谢熠萌
责任校对：李　伟　封面设计：鞠　杨
责任印制：张　博
北京玥实印刷有限公司印刷
2021年11月第1版第1次印刷
184mm×260mm·15.25印张·376千字
0001—1900册
标准书号：ISBN 978-7-111-69079-5
定价：49.80元

电话服务　　　　　　　　网络服务
客服电话：010-88361066　机　工　官　网：www.cmpbook.com
　　　　　010-88379833　机　工　官　博：weibo.com/cmp1952
　　　　　010-68326294　金　书　网：www.golden-book.com
封底无防伪标均为盗版　机工教育服务网：www.cmpedu.com

汽车电商服务平台运营与管理
编审委员会

前　言

汽车电子商务（简称汽车电商）是以信息网络技术为手段，以商品交换为中心的商务活动；也可理解为在互联网（Internet）、企业内部网（Intranet）和增值网（Value Added Network，VAN）上以电子交易方式进行交易活动和相关服务的活动，是传统商业活动各环节的电子化、网络化和信息化。

我国电子商务发展规模和模式，都已处于世界领先水平，在网络零售交易额方面，已经连续多年稳居世界第一。国家统计局数据显示，我国电子商务交易总额在 2008 年为 3.4 万亿元，2013 突破 10 万亿元，到 2018 年达到了 31.63 万亿元，10 年期间增长了约 10 倍。

汽车电商的营业额在过去的 6 年内翻了 4 倍，增长速度也比较快。但是，相对电子商务整个大盘来说，增长速度偏慢，规模也偏小，2019 年 800 亿元的营业额，还不到电子商务整体的 0.3%。汽车电商业务处于初级阶段，有关数据预估，到 2025 年，我国汽车后市场电商渗透率将达到 17%，汽车后市场电商规模将突破 3600 亿元，总体发展趋势良好。

汽车电商行业是一个新兴的互联网行业，涉及面广，运营和管理内容比较复杂，对从业人员的综合素质和能力有一定要求。为适应新业态人才需求，在"1+X"职业技能体系的加持下，本书严格按照"1+X"汽车电商服务平台运营与管理职业技能等级标准要求进行编写，充分反映了当前从事汽车电商服务平台运营与管理所需要的核心知识和技能，较好地体现了科学性、先进性和超前性。

本书全面系统地讲解了汽车电商运营企业内部运作、相关管理知识和不同平台的建设维护方法。全书共分为 5 个项目，突出了适应职业技能培训的特色，按分等级、分任务的编写模式编写，每个任务按照对应的"1+X"汽车电商服务平台运营与管理职业技能等级标准中各级别要求进行了标注，使学生能有针对性地系统学习。

本书由张潇月、吴晓芃任主编，梁仁建、曲奕凝任副主编；杨秋凤、莫舒玥、苏晓曈、马博、邹建中、向巍、郗玉平、黄会明、王玥、艾亮、陈超、郭振杰、王金萍、王姗姗参编，陈佳伟主审。书中的部分技术资料由北京运华科技发展有限公司提供。

由于编者水平有限，书中难免有不足之处，敬请广大读者批评指正。

编　者

二维码清单

视频名称	二维码	页码	视频名称	二维码	页码
1-3 汽车服务企业公众号的定义与分类		28	3-4 电商平台网站优化方法		147
1-3 汽车服务企业公众号运营的内容与技巧		36	4-3 电子商务数据分析的基本指标体系		165
2-1 软文撰写的要点		62	4-3 电商平台汽车业务客户行为分析		186
2-4 企业战略目标的原则与内容		104	5-1 SWOT 分析法		201
3-2 短视频各个阶段的用户运营重点		123	5-2 数据分析方法		216

目　录

前言

二维码清单

项目一　汽车电商服务平台运维

任务一　汽车电商服务平台运维（初级）

任务描述

　　某汽车服务企业针对其品牌旗下的一款新车，准备开展异业联盟合作共享模式，促进产品销售。企业要求网站运营部的专员能够协同其他部门完成产品活动的线上发布，包括产品信息更新、线上共享活动发布，同时针对活动中客户反馈信息进行收集和统计，以便提交相关部门进行及时处理。同时要求做好日常网站搜索引擎的维护，保证企业网站的浏览量。

任务目标

　　1. 能够了解汽车行业电子商务的运营模式，对不同运营模式进行简单分析。
　　2. 能够掌握电子商务业务网站维护的内容和方法，明确业务网站日常维护内容。
　　3. 能够掌握汽车企业官网信息搜集及维护内容，做好网站日常维护工作。
　　4. 能够掌握异业联盟以及跨界营销的内容，完成联盟内资源线上共享活动的发布。

建议学时

　　2 学时

相关知识

一、认识电子商务

1. 电子商务的概念

　　电子商务是在互联网发展、成熟的基础上产生的。互联网有标准化、全球化、全民化、迅猛发展等特点，是电子商务的基础。电子商务活动已经演变成了利用互联网网络进行经济活动的网络经济。狭义上的电子商务（Electronic Commerce，EC）就是电子贸易，主要指利用万维网（WEB）提供的手段在网上进行电子交易，包括通过互联网买卖产品和提供服务；广义上的电子商务（Electronic Business，EB）还包括企业内部的商务活动，如生产、管理、财务以及企业间的商务活动。

联合国国际贸易程序简化工作组对电子商务的定义是：采用电子形式开展商务活动，它包括在供应商、客户、政府及其他参与方之间通过 EDI、Web 技术、电子邮件等电子工具共享非结构化商务信息，并管理和完成在商务活动、管理活动和消费活动中的各种交易。

2. 电子商务的内容

（1）电子商务的基本架构 经济活动中的要素可以用 4 种方式表示，即信息流、资金流、物流和商流。电子商务的运作就是围绕这"四流"展开的，许多对策和措施是为了顺利实现"四流"的运转而设计的。因此，从这"四流"的角度，可以得出一个电子商务的基本框架，如图 1-1所示。

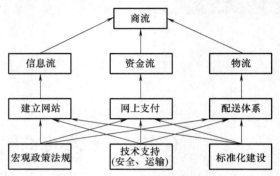

图 1-1 电子商务的基本框架

图 1-1 中，电子商务活动主要包括信息流、资金流和物流 3 要素，最后才是商流，商流完成产生商品所有权的转移。可以将电子商务的总框架表述为"3F+2S+P"，其中"3F"表示信息流、资金流和物流；"2S"表示安全和标准化建设；"P"表示政策法规。电子商务是一个支持条件，其主要是为"3F"的实现打基础，并同时实现"2S"和"P"。商流是交易的核心，"3F"的顺利实施才能保证商流的实现。

在电子商务的应用中，十分强调物流、资金流、商流和信息流的整合。在网络环境下，虽然商务活动的顺序并没有改变，但进行交易和联络的工具改变了，要处理的信息形式也发生了重要改变，即信息流的电子化。对纸面流通的整个过程进行控制，记录整个商务活动过程，是分析物流、导向资金流、进行经营决策的重要依据。由于电子工具和网络通信技术的应用，使交易各方突破了时空的限制，有利于促进物流、资金流和信息流的有机结合，有利于加快流转速度，而商流也通过方便快捷的物流得以快速实现。

由图 1-1 中可见，与资金流和物流对应的是电子商务的两大支撑体系：网上支付和配送体系，而安全问题是电子商务运行过程中至关重要的基础问题。

（2）电子商务系统的组成要素

1）客户。客户是电子商务的起点和终点。电子商务客户包括企业客户和个人客户。客户利用浏览器、电视机、掌上电脑（PDA）和可视电视（VisualTV）等接入互联网获取信息、购买商品、进行投标等。

2）商家。商家包括制造商、流通贸易商和服务商等。商家建立内联网（Intranet）、外联网（Extranet）和企业资源计划（ERP）等对人、财、物、产、供、销进行科学管理，通过建立网站发布产品和服务信息，接受订单，并进行营销活动；还要借助于电子报关、电子报税、电子支付系统与海关、税务局、银行进行有关商务、业务处理。

3）网上银行。网上银行在网上为买卖双方提供结算等传统银行业务，为商务交易中的客户和商家提供网上支付和资金流转的全天实时服务，是重要的中介机构。

4）认证中心。认证中心（Certificate Authority，CA）是交易各方信任的中介机构，也是法律承认的权威机构，其功能是负责发放和管理数字证书，使网上交易的各方能互相确认身份，并确认交易文件的真实性。

5）物流、配送中心。物流、配送中心按商家的送货要求，组织运送商品，跟踪产品的流向，将商品送到客户手中。

6）网上商城。网上商城是买方和卖方进行电子交易的平台和接口界面。

7）网上政府。政府参与电子商务应用的行为主要涉及电子政务中的电子税务、电子报关、电子招投标、电子审批、政策咨询等领域，包括工商、税务、海关和经贸等商务活动的管理部门。在特殊情况下，政府也是消费者（如政府采购）。

3. 电子商务模式

（1）电子商务模式的概念　电子商务模式是指在网络环境中基于一定技术基础的商务运作方式和盈利模式，简称电商模式。

（2）电子商务模式的种类　垂直电子商务与多元化电子商务是电子商务的两种模式。垂直电子商务是指在某一个行业或细分市场深化运营的电子商务模式。

电子商务模式随着其应用领域的不断扩大和信息服务方式的不断创新，类型也层出不穷，电子商务模式的主要类型见表1-1。

表1-1　电子商务模式的主要类型

类型	说明
B2C 模式	企业与消费者之间的电子商务（Business To Customer，B2C）。企业通过网络销售产品或服务给个人消费者
B2B 模式	企业与企业之间的电子商务（Business To Business，B2B）。以企业为主体，在企业之间进行的电子商务活动
C2C 模式	消费者与消费者之间的电子商务（Consumer To Consumer，C2C）。指消费者与消费者之间的互动交易行为，这种交易方式是多变的
C2B 模式	消费者与企业之间的电子商务（Consumer To Business，C2B）。通常情况为消费者根据自身需求定制产品和价格，或主动参与产品设计、生产和定价，产品、价格等彰显消费者的个性化需求，生产企业进行定制化生产
B2G 模式	企业与政府之间的电子商务（Business To Government，B2G）。企业与政府之间的电子商务涵盖了政府与企业间的各项事务，包括政府采购、税收、商检、管理条例发布以及法规政策颁布等
O2O 模式	线上与线下相结合的电子商务（Online To Offline，O2O）。O2O通过网购，把互联网与实体店面完美对接，实现互联网落地
BOB 模式	供应方与采购方之间通过运营者达成产品或服务交易的一种电子商务模式（Business Operator Business，BOB）

近些年来，随着智能手机的快速发展更新，移动互联网得到了空前的发展，从而激发了移动电子商务的发展。移动电子商务不仅提供电子购物环境，还提供一种全新的销售和信息发布渠道。从信息流向的角度，移动电子商务提供的业务可分为3方面，具体如图1-2所示。

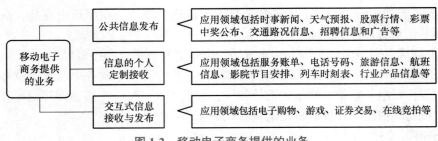

图 1-2　移动电子商务提供的业务

二、我国汽车行业电商基本情况

新车销售增长的逐步放缓、汽车保有量的巨量积累，使得汽车流通行业集中度持续提升，形成了新车、二手车、后服务市场、车生活的行业生态圈，如图 1-3 所示。主机厂、经销商、垂直媒体纷纷试水汽车电商、二手车平台、上门维护 O2O、汽车共享、分时租赁等新兴商业模式。

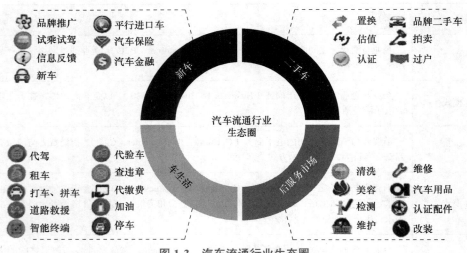

图 1-3　汽车流通行业生态圈

1. 新车电商

新车销售的传统价值链主要是汽车整车企业通过经销商实体店实现消费者的购买需求。汽车整车企业将车辆批售至经销商实体店，消费者通过经销商实体店进行信息获取、产品比对、询价、试乘试驾，消费者确定需求后由经销商实体店负责将车辆交付给消费者，最终完成购买。

而新兴电商价值链则在传统价值链的基础上，增加了 4 类电商实体，分别为垂直媒体平台、汽车整车企业电商平台、经销商电商平台以及综合电商平台，新车电商经营模式和部分新车电商平台分别如图 1-4 和图 1-5 所示。它们目前最主要的作用体现在两方面：一方面，经销商实体店进驻这些平台进行运营与广告宣传，相应的电商平台为经销商实体店提供销售线索；另一方面，消费者目前更多依赖于电商平台进行信息获取、产品比对与询价。

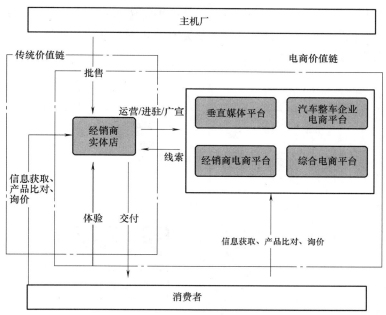

图 1-4　新车电商经营模式

图 1-5　部分新车电商平台

2. 二手车电商

（1）二手车销售业务模式（图 1-6）　传统价值链主要是由二手车经纪公司、二手车拍卖公司、二手车经纪人、二手车经销商以及个人社会资源等中间主体，连接二手车卖家与二手车买家从而形成价值链。二手车卖家出售二手车给各中间主体，二手车买家寻找各中间主体形成购买线索。相对特别的一条交易路径是个人社会资源直接介绍二手车买卖双方而促成交易。

电商价值链增加了二手车电商交易型平台和二手车电商资讯型平台。二手车卖家利用其进行信息搜索与二手车出售，二手车买家利用其进行信息搜索与购买。相对不同的是，二手车电商交易型平台与传统价值链中的中间商进行 ToB 交易，与二手车买家进行 ToC 交易。而二手车电商资讯型平台仅仅为两者提供信息服务。

目前，二手车电商呈现 B2B、C2C、B2C、C2B 诸多模式共存的态势，模式之间的边界短期内不会消失。

（2）二手车电商资讯型平台经营模式（图 1-7）　这类平台主要致力于信息流通与信息交

换，为二手车经销商、经纪公司、拍卖公司提供广告宣传信息、车源信息以及需求信息；从二手车卖家处获得车源信息及报价；从二手车买家处获得需求信息及询价。平台针对上述信息进行整合和匹配，从而促进商品流通。

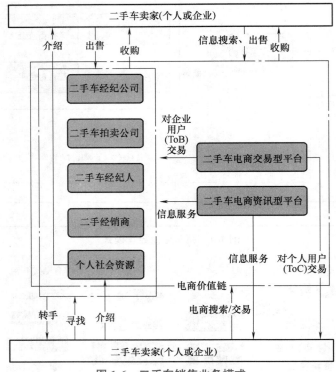

图 1-6　二手车销售业务模式

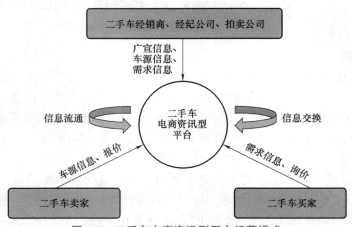

图 1-7　二手车电商资讯型平台经营模式

二手车电商资讯型平台出现时间较早，发展相对成熟，更多专注于信息的流通与交换，不直接参与交易，主要利润来源于信息服务费、广告宣传费等。部分二手车资讯型平台（图 1-8）已着手转型为交易型平台。

（3）二手车电商交易型平台经营模式　二手车电商 ToB 交易型平台（图 1-9）通过线上与线下环节的联动完成二手车卖家与买家的连接，如图 1-10 所示。这类平台线上环节主要实现集客与查询功能，线下环节主要完成检测、金融及保险、过户、物流等功能；线上与线下资源共同实现二手车的展示、竞价与支付。

图 1-8　部分二手车电商资讯型平台

图 1-9　二手车电商 ToB 交易型平台

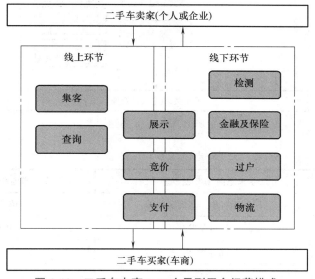

图 1-10　二手车电商 ToB 交易型平台经营模式

二手车电商 ToC 交易型平台（图 1-11）也是通过线上与线下环节的联动完成二手车卖家与买家的连接，如图 1-12 所示。这类平台线上环节主要实现集客与查询功能，线下环节主要完成检测、金融及保险、过户、物流及售后等功能；线上与线下资源共同实现二手车的展示、竞价与支付。二手车电商 ToB 和 ToC 交易型平台对比见表 1-2。

图 1-11　二手车电商 ToC 交易型平台

3. 汽车配件、维修及维护服务电商

（1）汽车配件销售　传统价值链中，汽车配件厂商通过整车厂授权经销商以及一级代理商、二级代理商、多级代理商将配件销售给连锁服务机构、修理厂、快修店，并最终到达消费者手中（图 1-13）。

电商价值链融入汽车配件 ToB 电商和汽车配件 ToC 电商。汽车配件 ToB 电商主要为连锁服务机构、修理厂、快修店提供支付和配送服务，汽车配件 ToC 电商直接为终端消费者提供支付和配送服务。

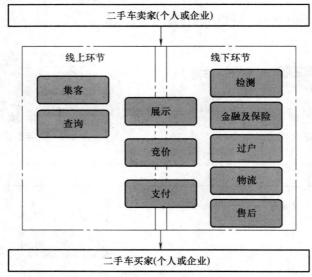

图 1-12　二手车电商 ToC 交易型平台经营模式

表 1-2　二手车电商 ToB 和 ToC 交易型平台对比

项目	二手车电商 ToB 交易型平台	二手车电商 ToC 交易型平台
覆盖网络	限制相对小，多地区覆盖	单一地区为主
物流保障	相对要求高	相对要求低
交易类型	批量购买	零售
检测服务	提供	提供
卖方成交价格	相对低	相对高
卖方交易时限	相对短	相对长
利润来源	检测费、服务佣金	检测费、服务佣金
售后保障	不提供	提供
实体店面支撑	相对要求低	相对要求高

传统模式下，授权经销商垄断原厂配件，价格透明度低；非授权经销商渠道配件经过多级转售与加价，价格上涨，且品质可信度较低。汽车配件电商平台的介入，缩短了中间流通环节，使得中间渠道更为扁平化，价格相对更为透明。

（2）汽车维修及维护服务　传统价值链中，消费模式为消费者到店，修理厂、授权经销商、快修店连锁服务机构销售配件、提供服务，如图 1-14 所示。

电商价值链融入资讯型电商平台及交易型电商平台。消费者通过资讯型电商平台进行搜索及获取信息，资讯型电商平台为授权经销商、修理厂、快修店连锁服务机构进行客户导流；消费者通过交易型电商平台进行搜索、门店选择、支付及评价，交易型电商平台与授权经销商、修理厂、快修店连锁服务机构进行认证合作、加盟或者自建，最终授权经销商、修理厂、快修店连锁服务机构为消费者提供服务，形成交易闭环。

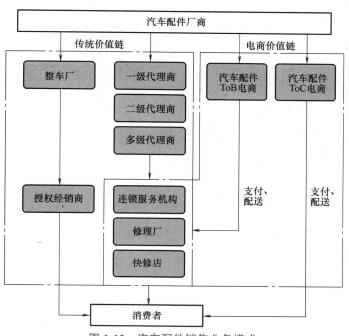

图1-13　汽车配件销售业务模式

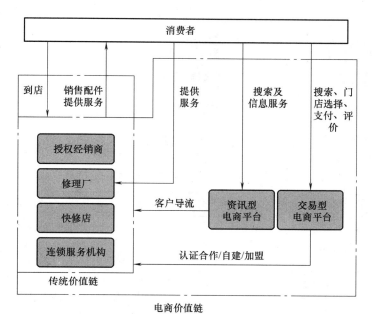

图1-14　维修及维护服务电商模式

传统4S店、连锁服务机构、快修店等维修维护服务，存在行业不集中、标准不统一、价格不透明、信息不对称等问题，维修维护服务电商的出现使得这些问题得到一定改观，并且提升了消费者的自主服务选择权。维修及维护服务电商细分市场众多，不同的商业模式各具特色、各具优势，但均以信息透明化、渠道扁平化为目标，实现客户及服务资源整合，促使线上线下协同成为趋势。维修与维护电商经营模式与经营主体概览见表 1-3。资讯型电商平台、交易型电商平台的对比见表 1-4。

表 1-3　维修与维护电商经营模式与经营主体概览

项目	资讯型电商平台	交易型电商平台	
		到店维护为主	上门服务为主
经营模式	对接消费者与维修维护提供商，扮演垂直导流角色	配件销售电商转型深入至线下服务提供商、线上配件销售平台、线下配件安装平台（自建/认证合作/加盟）、线下维修维护平台（自建/认证合作/加盟）	线上预订服务并预约时间线下指定地点上门服务（自建）
服务地点	无	到店服务为主	上门服务
主要业务范围	信息交易	车辆用品销售（如车载电器、装饰灯）配件销售及更换（如轮胎、轮毂、制动盘、蓄电池等）小维护大维护个性改装	车辆检测小维护大维护
利润来源	线上广告收入服务佣金	配件销售差价（为主）服务费用差价（为辅）	服务费用
主体			

表 1-4　资讯型电商平台、交易型电商平台的对比

类型	相对优势	相对劣势
资讯型电商平台	轻资产，发展速度快	同质化竞争严重、缺乏核心竞争力、与线下门店无深入合作、取决于线上流量，易被综合电商平台取代
交易型电商平台到店维护为主	供应链整合能力突出（仓储物流、销售）服务场地保障度较高对线下门店有一定的控制能力	线下门店发展到一定规模时，面临门店间服务标准统一化等问题综合电商平台延伸趋势明显，竞争加剧
交易型电商平台上门服务为主	客户自主选择性强技术团队受控性强线下服务标准化	服务场地受限服务范围有限人员培训、人力成本较高

4. 车生活电商

汽车已成为人们生活的重要组成部分，也成为继家庭、工作场所之后，人们最重要的第三生活空间。与汽车流通行业生态圈中的新车、二手车、维修维护等以交易为导向、以"物"为中心的版块相比，车生活更贴近于以服务为导向，即以"人"为中心。车生活版块是实现生态圈闭环的支点，车生活业务模式如图1-15所示。

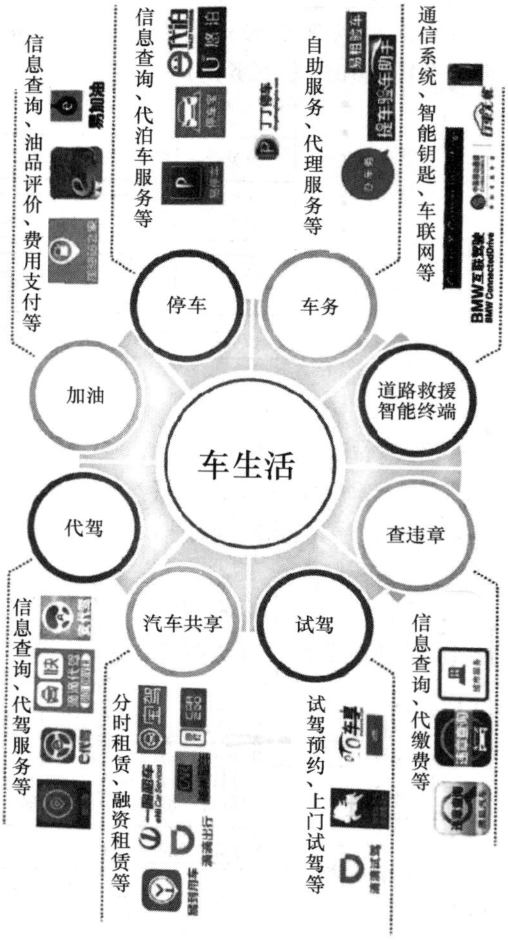

三、汽车后市场的电商模式

汽车后市场电子商务即汽车后市场服务企业运用互联网进行的商务活动。

1. 汽车后市场电商的发展趋势

（1）电商加速向汽车后市场渗透 随着移动互联网的爆发，车主对线上服务咨询、询价、发现最优服务商的需求在增长，这使得很多风险投资开始向后市场的O2O投资。整车厂、汽车门户和垂直网站、中小创业者都已经在尝试建立自己的O2O网站，试图建立配件商、服务商、车主的B2B2C平台，由于服务的非标准化，这类平台会受限区域，但从长期来看，未来势必会出现成熟、规范化的汽车后市场电商平台。

（2）汽车后市场电商将挑战4S店连锁体系 随着新车销售放缓，整车厂的汽车4S店扩

图1-15 车生活业务模式

张也遇到瓶颈，盈利能力下滑困扰着大多数4S店。由于配件供给受制于厂商，汽车4S店内的服务盈利能力必须定位于高端用户群，这部分用户的品牌敏感度很高，但如果未来不走向互联网，汽车4S店的售后基本无力进行服务品牌营销。

同时，互联网在客户、服务商、竞价等领域可以发挥资源集约化优势，这使得困扰汽车后市场的众多问题有可能得到解决。由于在质保期外的存量汽车规模已经大于新车和质保期内车辆，而这部分车辆的服务需求更强，互联网连锁服务体系一旦成功，就有可能逆转汽车4S店获得约50%的汽车后市场服务利润的现状。

（3）零件部企业将从B2B模式转向B2C模式 随着近年来新车销量增速放缓，整车厂开始追求后市场客户满意度和利润，对于零部件商而言就意味着OEM利润降低，如整车厂接受更多的客户索赔要求从而提高客户满意度等。

一些跨国零部件公司已经开始关注B2C和零售终端。知名零部件商通过新品牌、电商、自建终端等模式进入后市场的B2C领域，将深刻改变现有的汽车后市场格局，随着更多后市场人才加盟这类零部件企业的B2C团队，其带来的深远影响将逐步展现。

2. 汽车后市场 B2C 模式

汽车后市场 B2C 模式是指汽车后市场服务企业通过电商平台或自由电商平台向消费者出售汽车用品和汽车服务的商务模式。目前汽车后市场 B2C 种类如图 1-16 所示。

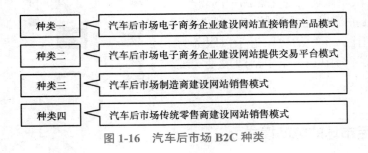

种类一	汽车后市场电子商务企业建设网站直接销售产品模式
种类二	汽车后市场电子商务企业建设网站提供交易平台模式
种类三	汽车后市场制造商建设网站销售模式
种类四	汽车后市场传统零售商建设网站销售模式

图 1-16　汽车后市场 B2C 种类

3. 汽车后市场 B2B 模式

汽车后市场 B2B 模式是将汽车后市场企业内部网，通过汽车后市场 B2B 网站与客户紧密结合起来，通过网络的快速反应，为客户提供更好的服务，从而促进汽车后市场企业的业务发展。

（1）建立汽车后市场 B2B 电商平台　汽车后市场运用 B2B 电商模式，应先建立汽车后市场 B2B 电商平台，其步骤图 1-17 所示。

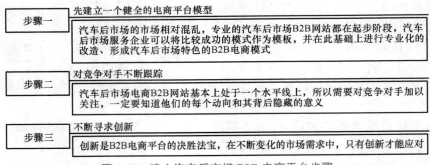

步骤一	先建立一个健全的电商平台模型 汽车后市场的市场相对混乱，专业的汽车后市场B2B网站都在起步阶段，汽车后市场服务企业可以将比较成功的模式作为模板，并在此基础上进行专业化的改造、形成汽车后市场特色的B2B电商模式
步骤二	对竞争对手不断跟踪 汽车后市场电商B2B网站基本上处于一个水平线上，所以需要对竞争对手加以关注，一定要知道他们的每个动向和其背后隐藏的意义
步骤三	不断寻求创新 创新是B2B电商平台的决胜法宝，在不断变化的市场需求中，只有创新才能应对

图 1-17　建立汽车后市场 B2B 电商平台步骤

作为一个汽车后市场 B2B 电商平台，需要大量的数据作为公司平台支撑，包括行业的发展趋势、同行的竞争对手分析、潜在的对手和朋友、供应链的保障、车主的消费习惯、车主对汽车的了解、4S 店的现状、维修厂的现状等。有了这些数据的支撑，才可以弥补平台的欠缺，推进平台的发展。

汽车后市场电商平台是由配件商、服务商和车主组成的。

（2）汽车后市场 B2B 电商网站推广　汽车后市场 B2B 电商网站的成功取决于用户的多少，只有良好的推广增加大量用户才能使网站运作下去。

4. 汽车后市场 C2B 模式

汽车后市场的 C2B 模式是指消费者聚集起来进行集体议价，把价格主导权从厂商转移到自身。以汽车后市场消费者为中心、消费者参与设计与生产、消费者主导等属于 C2B 的特征，但这些特征不是汽车后市场 C2B 区别于其他模式的关键因素。

5. 汽车后市场 C2C 模式

C2C 模式是个人与个人（即消费者之间）的电子商务，也就是客户自己把商品放上网去销售。

（1）汽车后市场 C2C 网络交易平台　汽车后市场 C2C 网络交易平台就是 C2C 网站为买卖双方交易提供的互联网平台，卖家可在网站上登出其想出售商品的信息，买家可从中选择并购买自己需要的物品。在汽车后市场行业中，二手车交易采用 C2C 模式不少，如"人人车""瓜子二手车"就是为车主提供二手车交易平台的 C2C 交易平台。

（2）汽车后市场 C2C 电商平台的运作模式　目前汽车后市场 C2C 电商企业采用的运作模式是通过为买卖双方搭建拍卖平台，按比例收取交易费用或提供平台给个人在上面开店铺，以会员制的方式收费。

6. 汽车后市场 O2O 模式

O2O 模式的核心很简单，就是把线上的消费者带到现实的商店中去，汽车市场 O2O 电商模式平台是通过网上寻找消费者，在线展示商品，用户网上下订单担保付款，线下完成服务，将网站变成汽车后市场服务前台，然后将用户带到现实的商店中去服务。汽车后市场 O2O 电商的实质是渠道的变更，是用一种全新的、更集约的、更轻量化的渠道替代旧有的、繁重的、高成本的渠道。

汽车市场 O2O 电商模式将对目前汽车后市场领域带来巨大冲击，信息、标准、透明、智能、品牌是汽车后市场电商最主要的武器。随着汽车后市场 O2O 电商模式的不断实践和应用，O2O 电商模式的价值越发显示出来，主要体现在以下几方面：

1）生活服务类信息的价值。

2）在线支付预定的价值。

3）信息的价值。

4）提供预定的价值。

5）比线下消费更便宜的价值。

7. C2B+O2O 模式

C2B+O2O 模式可以满足个性化需求。

C2B+O2O 模式在汽车后市场则是车主有洗车、保养、美容、维修等要求，汽车后市场电商企业负责满足车主的这些需求，通过 O2O 模式线上线下的结合，使需求得以满足的商业模式。

8. B2B+O2O 模式

B2B+O2O 模式采取线上销售、线下服务的方式，主要定位于汽车后市场中服务频次仅次于洗车业务的汽车维护服务。

9. B2B2C+O2O 模式

B2B2C+O2O 模式是新兴的汽车后市场电商模式，是对零部件的销售和服务进行更深度的整合。汽车后市场电商对用户提供一体化的零部件和服务的打包。这种模式的特点在于，汽车后市场电商的产品只销售给线下提供服务的单位。目前，这种模式主要集中在维护服务方面。

四、电商业务网站维护管理

建立电商网站是进行电商活动的开端，网站的维护和管理是网站建设生命周期中持续时间最长的环节，也是资源投入最多的阶段，其工作质量的高低，最终决定着网站建立的目标是否能够实现。

一个好的网站需要定期或不定期地更新内容，才能不断地吸引更多的浏览者，增加访问量。网站维护是为了让网站能够长期稳定地运行在互联网上，及时地调整和更新网站内容，在瞬息万变的信息社会中抓住更多的网络商机。

网站的内容维护包括以下几方面内容：

1）业务数据的维护。业务数据包括库存数据、订单信息、订单状态、产品数据等。通过将网站数据库与企业后台业务数据库的连接，可实现网站数据的自动更新。

2）新闻信息的维护。企业每天都会发生一些事件，这些事件反映了企业业务的最新动向，是访问者了解企业现状和发展的重要渠道。

3）访问者交互信息的维护。企业网站上都提供了电子邮件、留言板（BBS）、QQ、微信、微博、直播号等与访问者交流的手段。网站收到访问者的电子邮件或留言要及时回复，并把访问者关心的问题分类整理，存储到相应的数据库中，以便统计分析。因此，网站需要专人负责回复电子邮件和留言。访问者的询问和抱怨都是企业改进工作、提高服务水平的重要依据，是非常重要的信息。

4）其他信息的维护。网站内容维护还包括页面风格、版式、色彩等内容的维护。

为了保证网站数据的正确性、及时性和一致性，在信息录入时，应遵循下列原则：

1）源点输入。

2）统一输入。

3）数据简洁。

4）录入界面友好。

网站主管部门需要制订相关的规章制度来约束业务部门对各种信息的维护和更新，这些制度应包括以下几个方面：

1）录入数据的时间要求。例如，业务数据、新闻数据必须随时更新，财务报表数据必须每月更新等。企业可以根据自己的行业特点来决定数据更新的频率和时间要求。

2）录入数据的准确性要求。在提交网站数据库前，一定要认真校验数据。可以制订录入数据的差错率标准。

3）一致性要求。同一个业务数据，必须保证访问者在网站上得到的数据与在其他的传统媒体（如报纸、杂志、广播等）得到的数据一致。

1. 新产品发布

下面以新产品发布为例，介绍企业业务数据维护的内容。

在网店上发布新产品，一般需要经过以下步骤：

步骤1：给产品拍摄图片。产品图片的拍摄效果直接影响到商品成品图的制作，也影响到商品的销售。至少要拍摄5~10张图片，从不同角度全方位地展示产品的独特性质。

步骤2：图片的处理。利用Photoshop等图片处理软件对拍摄的图片做进一步处理，加强图片的效果。

步骤3：产品信息的文字描述。对每一张图片所传达的信息用通俗、精练的语言描述出来，并与图片搭配好。

步骤4：产品上线发布。登录网站，选择产品类别，填写产品信息，把准备好的素材上传或录入平台。

步骤5：新产品营销。为了提高新产品的市场认知度，一般都需要对新产品采取促销策略。

2. 搜索引擎营销

搜索引擎营销（Search Engine Marketing，SEM）是指根据网络用户使用搜索引擎的方式，利用用户检索信息的机会将营销信息传递给目标用户，即企业利用这种被检索的机会实现信息传递的目的。搜索引擎营销是网络营销很重要的一种方法，也是企业网站推广的首选方法。

目前市场上主要的搜索引擎包括百度、360、Google 等，搜索引擎行业的集中态势非常明显。

搜索引擎拥有强大的营销推广功能，具体应用如下：

1）提高网站与网页被收录的机会。

2）搜索结果位置靠前。

3）信息获得用户关注。

4）获取信息方便。

搜索引擎优化（SEO）是通过优化网站，使网站关键词在搜索引擎上的排名靠前，让网站更多的关键词产生排名、获得流量，这也是 SEO 的职责所在。SEO 里网站权重是非常重要的，网站被关注的人越多，经过 SEO 的产品或是企业就会越被广大受众关注，这样才有可能产生更多的转化，提高网站推广的效率。SEO 有以下几个技巧：

1）选定合适的关键词。

2）有计划地打造自身的品牌词。

3）进行高质量的外链建设。内链是指自己网站的内容链接到自己网站的内部页面，也称为站内链接。

外链是指在别的网站导入自己网站的链接。导入链接对于网站优化来说是非常重要的一个过程。导入链接的质量（即导入链接所在页面的权重）间接影响了网站在搜索引擎中的权重。

外链建设是快速提高搜索权重最行之有效的方法之一，但前提是创造高质量外链。外链建设可从同行投稿、同行网站友情链接交换、引导用户自主分享等方面着手。

4）创造优质的网站内容。优质的网站内容永远是不可忽视的 SEO 必修课，优质内容能吸引来访客，也能留住访客，这才会使工作效率最大化。

3. 活动平台客户数据统计的方法

平台运营人员在活动开始之前都会做一个活动策划，而活动预期目标是活动策划中的重点内容。计算预期目标是否达成需要一份比较完整的活动运营数据报表。

活动运营数据报表主要包含以下几方面。

（1）浏览数　活动页面的浏览次数（PV）是评价网站流量最常用的指标之一。历史累计浏览次数和人数可以了解活动的受欢迎程度；今日新增浏览次数和人数有利于判断活动开展后的哪一天效果最好。

（2）参与数　一个活动推送到用户的面前，用户打开并浏览了，也不一定会参与。用户参与数据记录了活动上线的每个阶段、不同时间的用户参与程度，方便在做活动期间查漏补缺。

（3）中奖数 线上活动或多或少都有一些奖励，或是实物，或是虚拟物品。为了保证活动成本的可控性，运营都会对活动的中奖率做一个设定，既不能让用户全部中奖，也不能都不中奖。活动的实时中奖数据可帮助运营监控中奖概率的合理性，并对中奖概率进行调整。

（4）兑奖数 中奖数是对中奖概率的监控，兑奖数则是对兑奖流程的合理性以及奖品的吸引力的把控。兑奖流程太烦琐，用户嫌麻烦不来兑换；奖品毫无实用价值，用户懒得理睬。

（5）分享数 绝大多数的 PV 都是通过参与者分享带来的，但并不是任何文章、任何活动都能让用户心甘情愿地转发分享，只有符合用户口味和需求的，才会获得更多的分享机会。

（6）用户数据 不管是活动营销还是内容营销，用户都是至关重要的角色。没有用户参与的活动，毫无价值，没有用户关注的内容，毫无意义。因此在活动运营报告中，用户数据不可或缺。

用户数据包含两大方面：性别分析和地域分析。性别分析：通过对活动参与用户的性别比率高低可以分析出此次活动的精准用户是男性还是女性。地域分析：地域分析包括用户所在城市、用户身份，可以描绘出一副地域热度图。如某网上商城想借即将到来的中秋节，在其微信公众号做了一次促销活动来了解公众号的粉丝主要来自哪些省市。

4. 平台用户反馈整理思路

（1）用户原始数据反馈 在收集用户反馈前，需要先明确反馈收集的维度，列出要收集的具体信息项，如用户反馈内容、用户评分、反馈对应的版本号、用户昵称、用户联系方式、反馈渠道等。先不要考虑这些维度是否能收集到，而要先明确反馈收集的目的、分析的目的是什么。平台用户反馈整理思路图 1-18 所示。

图 1-18 平台用户反馈整理思路

用户反馈收集渠道：

1）社交平台，如微信、微博、知乎、贴吧、论坛、直播号等。

2）应用商店，如 App Store、360 手机助手、各大品牌手机应用商店等。

3）内部渠道，如客服咨询、反馈投诉、站内信等。

4）第三方数据监控平台，如 App Annie、酷传、七麦数据、艾瑞资讯、易观智库等。

（2）对用户反馈进行分类整理 用户反馈类型，大体上可归为纯吐槽类、纯表扬类、功能需求类、BUG 类、运营相关类和其他类。

（3）分析用户反馈

1）BUG 类。BUG 出现时，首先想办法帮用户解决问题，其次，分析该 BUG 当前的状态以及 BUG 出现的原因，再制订具体的解决方案。

2）功能需求类。需明确用户提出的需求到底是什么，并确认用户提出该需求的目的以及该需求相关的使用场景，判断需求的优先级后再做决策。

五、汽车企业官网信息搜集及维护

1. 汽车企业官网

汽车企业网站是企业以网络营销为目的，为了在互联网上进行企业宣传，节约宣传成本，增加宣传方式而建设的网站。

根据企业建站的目的、网站的功能及主要目标群体的不同，企业网站大致分为电子商务型、多媒体广告型和产品展示型3类。在实际应用中，很多网站往往不能简单地归为某一种类型。

汽车是一种复杂的产品，客户想要了解的汽车产品功能较多，所以汽车企业一般都会将产品网站作为独立的网站，每一个品牌设立一个网站。栏目通常包括产品的概览、产品详细参数、产品官方指导价、产品技术特点、经销商查询等内容，方便客户查看和订购。

在展示形式上，通常用简洁的表格形式展示产品的参数、配置及车型价目，运用剖视图、Flash以及多媒体视频展示汽车动态技术，能使客户方便理解汽车的技术运用和创新，引起客户的购买欲望。本田官网车辆数据表如图1-19所示。

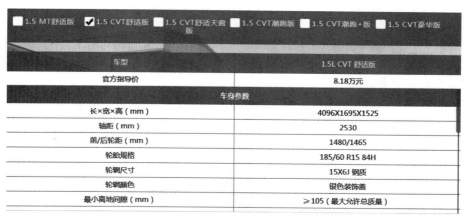

图1-19　本田官网车辆数据表

2. 汽车新闻稿营销

汽车新闻稿营销是指利用新闻媒体为新车、4S店、各汽车相关行业等进行宣传推广的一种营销方式。通过新闻的形式和手法，可多角度、多层面地诠释企业文化、品牌内涵、产品机理、利益承诺，传播行业资讯，引领消费时尚，指导购买决策，有利于引导市场消费，在较短时间内快速提升产品的知名度，塑造品牌的美誉度和公信力。

汽车新闻稿营销的好处：

1）提高知名度、企业形象、品牌影响力，当用户搜索相关信息时，搜索结果可显示大量正面的新闻报道。

2）提升网站SEO效果，增加高权重网站链接，提高相关关键词排名。

3）辅助危机公关，快速反应，新闻发布和信息披露可有效遏制负面信息的传播。

4）将新闻报道的链接放到官网，烘托品牌，新闻报道更易被认可，潜移默化地影响消费者，促进销售，吸引投资。

拥有稳定的新闻来源，对企业线上新闻推广至关重要。

在互联网新媒体涌现之前，纸质媒体是主要的新闻传播介质。新闻通讯员通常搜集新闻的方式主要有4种，即现场观察、电话交谈、研究和采访。进入到互联网时代，尤其是随着移动互联网的高速发展，纸媒逐渐淡出了人们的视野，取而代之的是各类新闻门户网站以及各类资讯爆炸的社交平台。新闻网站和社交媒体成了全球最大的新闻传播产出地，每时每刻，全世界几十亿网民都在这些互联网平台上进行信息交换和资讯传播。

六、异业联盟与跨界营销

1. 异业联盟

随着市场的发展，产品的各项成本不断透明化，利润逐渐降低，白热化的市场竞争越来越残酷，因此不同行业的企业联合起来，通过信息互换、优惠联动、合作共赢、积众为强，共同对抗商业市场变化的不断冲击，异业联盟应运而生。

（1）异业联盟的优势

1）资源整合、资源共享。异业联盟是一种创新的商业模式，通过跨行业的合作整合资源、共享资源，扩大客户群体。这种方式一方面可扩大企业的客户范围，另一方面客户也可了解到更多的消费信息并获得积极的消费引导。异业联盟使得合作主体的业务在更大的范围扩大，其经营成本会有所下降，而且信息量的增加会使企业有更大的市场发展空间。

2）品牌与口碑的传播。利用异业联盟的方式可减少广告和推广的费用，相当于企业合作的所有商家都在为其做广告宣传。这种合作方式既能降低成本，还能带来广告效应，为品牌和口碑建立良好的群众基础。

3）建立客户的信任和好感。异业联盟本身是通过与其他行业的合作来为自身获取更多的销售机会。例如汽车销售单位可与周边的KTV、美容或汽车保险公司等进行合作，让客户得到优惠，促进二次消费，让企业进入良性循环。

4）为客户建立一个物超所值的消费平台。通过异业联盟，客户资源会不断扩大，就等于合作企业共同拥有了一个庞大稳定的消费群体。对消费者来说，希望获得额外的价值，而异业联盟可为客户省钱，让客户得到物超所值的商品。

（2）异业联盟的实施

1）商户排查。筛选受客户欢迎且优质的商户。

2）商户洽谈。跟商户说明联盟给双方带来的好处，将联盟宣传物料以及其他成功案例跟商户进行沟通。拜访前还需要做好相应的准备：如宣传物料网点展示照片、合作协议书、成功案例、名片等。记录商户合作意向以及商品和折扣情况。

3）筛选商户。为了确保异业联盟初期效果，从众多商户里面筛选信誉好、折扣率高的商户，并和商户签订合作协议。

4）宣传推广。在网点和合作商户分别进行宣传，除了单页、海报、音响外，还可利用微信朋友圈等自媒体渠道进行宣传。

5）组织活动。印发优惠券或折扣券，派发给符合条件的客户，邀请客户前往商家进行消费，商户同时做好相应宣传，并及时收集客户参与活动数据，反馈给网点。

6）商家跟进。网点派专人负责和商户进行定期沟通，收集商户意见和问题，维护好现有商户的同时，逐步扩大商户的种类和数量。

2. 跨界营销

跨界营销是某一品牌或某一产品在营销时借助其他非本行业品牌、产品或消费群体的影响力而实现销售的营销手段。

（1）跨界营销的优势　不同行业的知名品牌之间的合作，可以获得以下好处：

1）借用彼此品牌共同的内涵强化自身品牌核心价值。

2）如果品牌内涵既相同又有差异，可进行互补借以拓展自身品牌的外延，塑造更立体的品牌联想。

（2）跨界营销模式

1）与房地产商合作。汽车经销商选择和房地产商合作，可使双方在产品上互补。首先，买车和买房的客户群有很大一部分是交叉的，双方可以说面向同类型消费者。其次，在选择合作对象时，也可以选择距离市区有一段距离的房地产项目，这样购买汽车作为代步工具就成为该社区业主的现实需求。

不过，由于双方往往处于不同行业，有时会出现产品特点或品牌方面的不相容甚至冲突。因此，汽车4S店在选择合作房地产商时，一定要注意档次的一致性。如汽车4S店的产品是中低端车，如果选择了中高端的房地产商，效果就不会很好，相反则一样。营销伙伴在品牌或产品方面都不相配，不仅达不到营销效果，还会存在损害汽车品牌的风险。

2）与体育界合作。汽车企业、4S店除了赞助体育比赛和冠名外，也可以举办自己的体育比赛，借此也能维护良好的客户关系和提高口碑，一举多得。对于国际大型体育活动，一般是由汽车企业来组织策划的，汽车4S店主攻市场则是本地区的各种体育活动。

3）与零售行业合作。汽车4S店可以选择与本品牌相匹配的大型商场、超市实施跨界营销。如将汽车放在商场、超市展示，从而提高其公众认知度。

4）游戏式营销。采用了这种方式的商家目前有大众和宝马，它们分别推出了《超级竞速》和《BMW 1系谍影》这两款游戏。

《超级竞速》让消费者在比赛的同时了解到大众每一款车的发动机、变速器等配置情况，《BMW 1系谍影》让消费者在密室逃脱的过程中了解到宝马旗下车型的所有配置。

相对于以前的找明星代言做广告或在热播电视剧中植入一些车型广告等方式，游戏式营销手段更为隐蔽，令人容易接受且难以忘却。

市场导向改变了行业发展方向。谁能抢在其他商家前面赢得消费者，谁就有可能成为日后品牌销售的赢家。游戏式营销手段就是潜移默化地影响着未来的准车主，通过先入为主，抢得先机！

3. 异业联盟与跨界营销案例对比

跨界营销和异业联盟概念相近，但不是同一概念。

跨界营销是让营销在不同行业进行互补而非竞争性的产品营销，是给共同客户用户体验上的互补。

异业联盟是不同行业、不同层次的商业主体的联合，也可以是同行业各层次不同商业主体间的联合。联盟的商业主体之间，既存在竞争，又存在合作。合作共赢是异业联盟各商业主体的共同目标。

案例

北现携手国美，开启异业联盟多样化模式

××年4月，北京现代与国美电器在北京范围内推出"春季尊享惠动京城"活动。此项活动的推出涉及双方在渠道推广、品牌传播、产品展示、售后服务等市场营销的多个方面，实现了资源的共享，为消费者带来了更多实惠。以往的让利只是单一的优惠，力度不仅有所限制而且覆盖面也有局限性，而这次双方合作除了日常性优惠、五一特惠日外，还有北现客户团购日和国美客户看车团购抽取瑞纳一年使用权等活动，让双方的消费者聚集在一起，增加了互动，真正实现了"1+1>2"的活动效果。

北京现代与国美电器此次的跨业强强联合，将成本大大降低，真正做到让利给消费者。

案例

吉利汽车抢驻苏宁官方旗舰店

××年12月，吉利汽车苏宁旗舰店正式上线测试。作为首家入驻苏宁云台的汽车厂商，该旗舰店的上线标志着吉利汽车拓宽和尝试多电商平台同步运营，进一步探索和深化汽车电商新模式，并引领中国汽车厂商大步走向"网销"新时代。

吉利汽车与苏宁合作，首先借"双12"网购热潮。携旗下帝豪EC7、吉利GX7、吉利GX2和英伦SC3等车型，为消费者带来"抢购得苹果5C""购车送美孚机油"等实惠的"年终巨献"，消费者不仅有机会获得赠礼，还可享受万元幅度的优惠。

据吉利汽车相关人士介绍，吉利汽车可借助1600多家苏宁门店，通过设置门店汽车试驾专区，完成每座CBD中心地域数亿人次主流人群的全面覆盖，实现品牌与潜在客户之间的零距离互动。同时，苏宁拥有的过亿会员是吉利汽车潜在的目标消费人群，吉利入驻苏宁，可大大降低获取新客户的成本。

任务二 汽车门户类网站信息建设与运维（初级）

任务描述

某汽车企业商务专员根据日常工作安排，对企业门户网站及垂直类网站进行搭建与维护。

任务目标

1. 能够掌握汽车门户类网站的定义与特点。

2. 能够掌握汽车综合门户类网站的建设与运维。

3. 能够掌握汽车垂直类网站的建设与运维。

 建议学时

2 学时

 相关知识

一、汽车门户类网站概述

1. 汽车门户类网站的分类

门户网站是指通向某类综合性互联网信息资源并提供有关信息服务的应用系统。门户网站最初提供搜索引擎、目录服务，后来由于市场竞争日益激烈，门户网站不得不快速地拓展各种新的业务类型，希望通过门户类众多的业务来吸引和留住互联网用户，以至于目前门户网站的业务包罗万象，成为网络世界的"百货商场"或"网络超市"。现在，门户网站主要提供新闻、搜索引擎、网络接入、聊天室、电子公告牌、免费邮箱、影音资讯、电商、网络社区、网络游戏、免费网页空间等服务。

网络平台提供不同类别的汽车资讯，范围涵盖汽车行业的各方面，既有面对厂家和商家的网站，也有面对个体用户的网站。根据受众的不同，网络平台可分为主机厂平台、经销商平台、综合电商平台。

2. 汽车门户类网站的特点

（1）主机厂平台 依托成熟线下服务体系建立自由品牌销售平台，线上带动线下，拥有车辆资源且具有价格控制权，同时具有丰富的线下资源。但是其存在成本高昂、缺少互联网运营经验、线上流量不足、单一品牌吸引力弱化、平衡电商与经销商利益挑战巨大的缺点。

（2）经销商平台 经销商集团单独或联合共建电商平台，联合发展，其具有线下资源丰富、客户资源多、多品牌销售吸引力强的特点。但同时也存在成本高昂、缺少互联网运营经验、线上流量不足的缺点。

（3）综合电商平台 依托成熟电商平台、集客资源、营销与支付服务开展业务，吸引主机厂入驻，其具有流量资源丰富、营销资源丰富、支付技术成熟的特点。但也存在经销商资源匮乏、服务专业度较低的缺点。

二、汽车门户类网站的建设与运维

1. 汽车门户类网站运营管理

门户网站运营方案应包括门户网站内容策划及发布（内容选题、符合门户网站内容规范和门户网站优化思想的设计、门户网站内容周期性发布）、门户网站推广方法的实施及效果跟踪、门户网站流量统计分析以及在各种数据分析基础上提出的门户网站分析及改进建议等。

（1）网站内容策划及发布 网站内容策划及发布主要包括门户网站定位是什么、有哪些资源可利用、目标受众群体的特征如何、网站盈利模式是什么、门户网站的投资收益计划和商业计划书。

（2）门户网站推广方法的实施及效果跟踪　门户网站推广的目的在于让尽可能多的潜在用户了解并访问网站，通过门户网站获得有关产品和服务等信息，为最终形成购买决策提供支持。通常来说，除了大型网站（例如提供各网络信息和服务的门户网站、搜索引擎、免费邮箱服务商等网站）之外访问量都不高，这样网站很难发挥其作用，因此网站推广被认为是网络营销的主要任务之一，是网络营销工作的基础。用户了解企业的渠道比较少，门户网站推广的效果在很大程度上也就决定了网络营销的最终效果。

（3）门户网站分析及改进建议　从网络营销管理的角度来定义网站流量统计分析，是指通过对用户访问网站的情况进行统计、分析，从中发现用户访问网站的规律，并将这些规律与网络营销策略相结合，从而发现目前网络营销活动中可能存在的问题，为进一步修正或重新制订网络营销策略提供依据。

2. 汽车门户类网站维护管理

门户网站维护一般包括内容的更新（如产品信息的更新、企业新闻的动态更新）、网站风格的更新（涉及网站结构、页面模板的更新）、网站重要页面的设计制作（如公司企业重大事件页面及公司周年庆等活动页面的设计制作）、网站系统维护服务（如域名维护续费服务、网站空间维护、DNS 设置、域名解析服务等）、保证网站链接正常且网络畅通（由于ISP 方因素，计算机遭黑客攻击、计算机病毒、政府管制造成的暂时性关闭等影响网络正常运营情况除外）、主页改版、网站备份和应急恢复、访问统计、网站美工设计、网站策划及运营咨询、网站推广等。

三、常见的汽车门户类网站

汽车门户类网站对比见表 1-5。

表 1-5　汽车门户类网站对比

名称	结构层次	主页特色
新浪	新浪网属于网状结构层次，共有 3 个层次。各个网页之间可随意地互相链接。若以网页 A 为树干，网页 B、C 为树枝，网页 D、E 为树叶，那么，在网状结构里，除了可以层层相连外，网页与网页之间可以随网民的意愿自由地链接、跳转，形成了在树形结构基础上的简单、明晰的网状结构。	1. 通过新闻、微博的形式传播信息，信息量大，更新的速度快 2. 具有全面性，可以看到体育、新闻、博客、财经、娱乐等多达 18 大类的资讯 3. 大面积地放置广告 4. 新浪主页与微博相连接，有一定的用户黏性
搜狐	搜狐属于网状结构层次，共有 3 个层次	1. 大通栏广告，以教育类为主，搭配房地产、汽车等 2. 搜狐视频处于搜狐主页最显眼的位置 3. 搜狐主页的新闻信息分类按照主题分类和科学分类两种方法，使得用户能够迅速地掌握新闻的分类方法，便于找寻其所感兴趣的新闻
网易	网易属于网状结构层次，共有 4 个层次	1. 首页简洁清晰 2. 拥有着庞大的邮箱用户群 3. 网易的定位是"有态度"，所以网易的新闻观点很有特色

四、汽车垂直类网站注册与信息搭建

1. 汽车垂直类网站注册流程

以汽车之家为例，介绍汽车垂直类网站的注册与信息搭建。

步骤一：登录汽车之家后台管理网站单击注册（图 1-20）。

步骤二：填写注册信息（图 1-21）。

步骤三：填写上传企业资料（图 1-22）。

步骤四：设置店铺信息（图 1-23）。

图 1-20　汽车之家注册入口

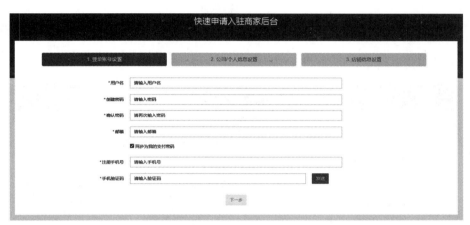

图 1-21　填写注册信息

图 1-22　填写上传企业资料

图 1-23 设置店铺信息

步骤五：等待平台审核信息（图 1-24）。

图 1-24 等待平台审核信息

在完成注册操作后，就可以开始进行店铺信息的上传与搭建，对汽车之家的商铺进行管理，需要登录平台进行信息搭建与维护。i 车商管理主页如图 1-25 所示。

图 1-25 i 车商管理主页

　　在商铺信息搭建过程中主要使用的功能有：基础设置（图 1-26 和图 1-27）、客户管理、决策支持。其中基础设置的目的是基于完善的公司信息、人员管理、知识管理体系，建立及时响应的反馈渠道，实时了解本企业店铺在行业中所处的行业数据；客户管理是以客户为中心管理销售线索，通过精准定位及时发现潜在的销售目标人群，给客户最优质的服务，提升销售转化率；决策支持是以营销大数据为核心，对在线营销活动效果是否有效进行分析，以更好地设计营销活动，提升销售额，提供有针对性的指导和数据支持。

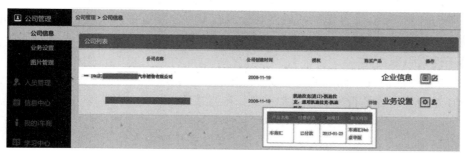

图 1-26　公司信息填写

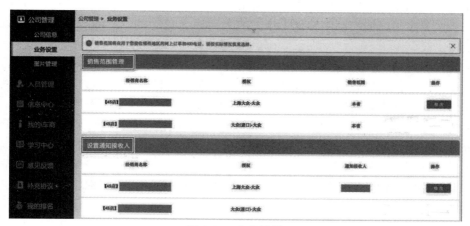

图 1-27　业务设置

2. 汽车垂直类网站运营管理

　　（1）行业细分差异化互联网的发展方向　精准化和细分化发展是未来的趋势，所以寻找差异化时，首项考虑的也是细分化差异。

　　（2）用户群的差异化　DoNews、Admin5、推一把、17PR 等同样是互联网领域的行业网站，但是他们用户群却不同：DoNews 主要是针对编辑、记者；Admin5 主要是针对站长；推一把主要是针对网络营销推广人员；17PR 主要是针对公关人员。

　　（3）用户行为差异化　落伍者、Admin5 和 ChinaZ 三大站长网，虽然都定位于站长人群，是竞争关系，但都取得了巨大成功。其原因就是他们满足的用户需求不同，差异化明显，互不干涉。落伍者主打的是社区交流功能，旨在为大家提供一个交流平台；Admin5 最早主推的是站长交易，重点是打造一个安全、可靠的站长交易网站；而 ChinaZ 最早主攻的是源码下载，旨在打造一个资源仓库。即使是同样的目标人群，他们具体的行为和需求也是不尽相同的，所以可以从这方面入手。

（4）内容差异化 垂直类网站的核心是内容，所以从内容本身寻求差异化，非常有必要。关于内容建设应遵循"人无我有、人有我全、人全我精、人精我专、人专我独"的原则。

下面介绍运营垂直类网站的几个基本要点：

1）页面体验要好。用户在垂直类网站是以看为主，在这种情况下，感官体验就显得至关重要。所以就需要设计一些漂亮的页面模板，给用户一个好的视觉享受。

2）更新定时定量。垂直类网站想做好，内容量一定要有保证，内容数量和质量是大前提。这就需要保持定时和定量的更新。这么做一是可以让用户随时看到新商品与促销信息，二是有助于搜索引擎优化。

3）找内容的便捷性。用户到垂直类网站就是看内容、看产品信息及了解活动信息的，所以用户在站内找内容是否方便，非常重要，这直接影响用户的体验，也决定了用户下次会不会来。

4）专题。将那些无法用栏目体现的内容，单独提出组成专题。

3. 汽车垂直类网站维护管理

汽车垂直类网站在维护管理时通常会使用到6S理论，其目的在于可快速提升网站质量、网站形象、服务水平，提高网站管理工作的效率，6S实施不到位的网站也必然会出现资金、精力的浪费。

（1）整理（SEIRI） 含义：区分必要的栏目和不必要的栏目，去掉可以去掉的栏目及版块；重新分类，使网站版面井然有序，不至于出现混乱的感觉。通过整理可提高网站管理人员的工作效率，使力量更集中、目标更明确，同时使网站的主题更鲜明。

（2）整顿（SEITON） 含义：调整页面设计，优化用户体验。网站应用最简单、高效的方式充分满足用户的需求，争取让用户在10s之内找到所需。

（3）清扫（SEISO） 含义：去掉网站中的一切垃圾内容，让网站保持干净、整洁。清扫的对象是各种影响网站形象的内容，当然还包括清理过期内容、及时清理缓存等，这样能提高网站的运行速度。

（4）清洁（SEIKETSU） 含义：将清扫工作持之以恒，制度化、公开化，另外找到垃圾内容产生的源头并堵住，创造一个没有污染的网站。

（5）修养（SHITSUKE） 含义：网站管理人员的一言一行体现了自身的修养，代表网站形象，要对管理工作负责、对用户负责。网站管理人员还要发扬团队精神，严格执行规定。

（6）坚持（SHIKOKU） 含义：很多网站盲目地扩充栏目、大量地采集内容，希望增加被搜索引擎索引的数量而增加流量，却不注重对网站质量和核心竞争力的打造。随着网络的发展，网络上的很多领域必将出现同类网站过剩，供大于求的局面。注重产品的独特性、高品质以及服务的贴近性、灵活性等，才能有长久生存和发展的空间。

提高汽车垂直类网站的品质，6S是最基础的工作。如果能够找到最精准的定位，实现最专业的品质、最快的响应速度、最贴心的服务、最灵活的工作方式、最合理的价格，汽车垂直媒体网站就会跃上新的台阶。

五、常见的汽车垂直类网站对比

（1）从人的维度　创始人对比；团队人员对比；目标用户对比；第一批用户对比。

（2）从功能的维度　核心功能对比；次要功能对比；显性内容对比。

（3）从推广的维度　推广模式对比；广告投入对比。

（4）从数据的维度　上线时间对比；网站排名对比；团队员工数对比；用户数对比；网站后备资金对比。

（5）从地域的对比　网站所在地对比；目标用户分布区域对比。

下面以常见的两个汽车垂直类网站（爱卡汽车与太平洋汽车网）举例说明各自的特色与运营形式。

爱卡汽车

爱卡汽车是中国汽车第一社会化网络互动媒体，拥有全球最大的汽车主题社区。爱卡汽车于2002年8月创建，日均浏览量达6500万，有效注册用户超800万，开放的互动交流平台超过467个。

爱卡汽车主要内容包括：汽车资讯模块、选车中心模块（提供车市及报价、车型图片）、主题社区模块、核心导购平台模块、汽车论坛互动中心。

太平洋汽车网

太平洋汽车网自2002年7月成立以来，迅速引起业界的瞩目，吸引了广大网友的加入。作为专业的汽车网络媒体，太平洋汽车网以资讯、导购、导用、社区为出发点，坚持原创风格，为网友提供汽车报价、导购、评测、用车、玩车等多方面的第一手资讯，并营造一个互动的车友交流空间。

近年来，太平洋汽车网取得了骄人的成绩，在汽车专业门户排名稳居第一，日益攀升的点击率，更加深化了中国第一汽车门户网站的地位。太平洋汽车网凭借其雄厚的资金实力与国际化的管理队伍、完备的硬件设施和强大的技术力量，以专业门户为起点，通过专业团队的运作以及广泛的推广和宣传造就了太平洋汽车网的空前规模，完美塑造了全方位、多角度、综合性的强势汽车网专业媒体，形成了强大的品牌影响力。

太平洋汽车网主要内容包含：

1）新车资讯。为了满足网友对新车殷切的期待，太平洋汽车网将新车研发的预测、路试照、新车亮相、发布上市串联起来，整体全面地向网友展示新车上市过程。

2）安全学车。安全学车是太平洋汽车网精心策划的栏目，其积极倡导安全的理念，以安全购车与安全用车为核心，引导车友在购车和用车全过程中，关注安全的因素。

3）二手车。海量的实时二手车信息、权威的车辆价格评估系统、便捷的发布系统、个性化的买车与卖车助理服务，能让网友轻松实现买卖交易。

4）汽车用品。网站拥有专业的汽车用品平台，强大的产品库拥有上万种汽车用品，涵盖影音娱乐、电子电器、安全用品、改装配件、汽车内饰、GPS等产品。

5）互动社区。太平洋汽车网互动社区给车友提供了一个交流互动的空间，互动社区拥有50万注册用户，每天近万篇的发帖量。每天上演的车友活动，让太平洋汽车网融入很多车友生活当中。

任务三　汽车服务企业公众号建设与运维（初级）

任务描述

某汽车服务企业为了提高品牌的影响力，更加便捷地服务客户，更好地实现品牌的宣传与推广，要求运营专员创建自己企业的微信公众平台，并且做好后期的运营与维护。

任务目标

1. 能够掌握微信公众号注册流程。
2. 能够掌握汽车服务企业公众号内容编辑技巧。
3. 能够对微信平台公众号进行正确的运营管理。
4. 能够分析不同企业公众号的特点及优势。

建议学时

2学时

相关知识

一、汽车服务企业公众号概述

微信公众平台曾命名为"官号平台"和"媒体平台"，最终定位为"公众平台"。

1. 简介

微信公众平台主要面向名人、政府、媒体、企业等机构推出合作推广业务。微信公众平台于2012年8月23日正式上线。利用微信公众平台进行自媒体活动，简单来说就是进行一对多的媒体性行为活动，如商家申请服务号，通过二次开发展示商家微官网、微会员、微推送、微支付、微活动、微报名、微分享、微名片等，已经形成了一种主流的线上线下微信互动营销方式。

2. 分类

微信公众平台分为订阅号和服务号两种类型。

（1）公众平台订阅号　订阅号是公众平台的一种账号类型，旨在为用户提供信息。

1）每天（24h内）可以发送1条群发消息。

2）发给订阅用户（粉丝）的消息，将会显示在对方的"订阅号"文件夹中。

3）在订阅用户（粉丝）的通讯录中，订阅号将被放入订阅号文件夹中。

（2）微信公众平台服务号　服务号是公众平台的一种账号类型，旨在为用户提供信息。

1）一个月（自然月）内仅可以发送4条群发消息。

2）发给订阅用户（粉丝）的消息，会显示在对方的聊天列表中，相对应微信的首页。

3）服务号会在订阅用户（粉丝）的通讯录中，通讯录中有一个公众号的文件夹，点开可以查看所有服务号。

4）服务号可申请自定义菜单。

3. 功能组成

（1）功能定位　微信主要价值在于让企业的服务意识提升，在微信公众平台上，企业可以更好地提供服务。运营方案有很多方式，可以是第三方开发者模式，也可以是简单的编辑模式。另外，平台还具有以下特色功能：

1）群发推送。公众号主动向用户推送重要通知或信息内容。

2）自动回复。用户根据指定关键字，主动向公众号获取常规消息。

3）1对1交流。公众号针对用户的特殊疑问，为用户提供1对1的对话解答服务。

（2）账号申请　可以登录微信公众平台，注册公众号，确认成为公众号用户。申请的中文名称是可以重复的，不需要担心上面有人抢注了你的微信公众号，但是微信号是唯一的，且不可以修改。

（3）平台类型　订阅号和服务号都可以进行开发，可以在订阅号开发菜单，服务号直接使用菜单，除此之外，平台还有以下功能：

1）服务号可以申请自定义菜单。

2）使用QQ登录的公众号，可以升级为邮箱登录（一个月可更换）。

3）使用邮箱登录的公众号，可以修改登录邮箱。

4）编辑图文消息可选填作者。

5）群发消息可同步到腾讯微博。

（4）发布方式　微信公众平台最主要的发布和订阅方式，是在设置中找到一个二维码，将品牌ID放到二维码的中部；或者采取其他方式订阅微信公众号。

（5）消息推送　普通的公众号，可以群发文字、图片、语音、视频等类别的内容，而认证的公众号，有更高的权限，能推送更漂亮的图文信息。这类图文信息可以是单条的，也可以是一个专题。

（6）门店小程序　在微信公众平台里可以快速创建门店小程序。运营者只需要简单填写自己企业或门店的名称、简介、营业时间、联系方式、地理位置和图片等信息，不需要复杂的开发，就可以快速生成一个类似店铺名片的小程序，并支持放在公众号的自定义菜单、图文消息和模板消息等场景中使用。

（7）群发助手　由于公众号不能在手持设备上登录，因此，个人公众号可以绑定一个私人微信账号，并可以在私人账号上通过公众号助手，向所有公众号的粉丝群发消息。

（8）自动回复　由于是一对多的点对点方式，微信公众平台后台设置了自动回复选项，用户可以通过添加关键词（可以添加多个关键词）自动处理一些常用的查询和疑问。

二、汽车服务企业公众号的注册与设计

1. 汽车服务企业公众号的注册及信息登记

对于汽车服务企业，想要做微信营销，比较好的接入方式就是做微信服务号的运营，具体的微信企业公众号注册流程如下：

1）搜索微信公众平台，找到并单击进入。

2）单击左上角【立即注册】，进入公众号类别选择，企业一般申请都是服务号，类别选择界面如图1-28所示。

图 1-28　类别选择界面

3）输入邮箱，单击【激活邮箱】（图1-29）。

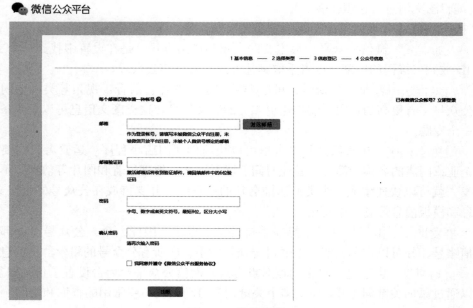

图 1-29　激活邮箱

4）输入验证码，单击【发送邮件】。

5）进入邮箱，查看收到的验证码（图1-30）。

6）将验证码输入到注册时的基本信息页面，完善基本信息，勾选协议，单击【注册】。

图 1-30　登录邮箱

7）在企业注册地中选择中国大陆，如果是其他地区，则选择对应的地区即可，单击【确定】（图1-31）。

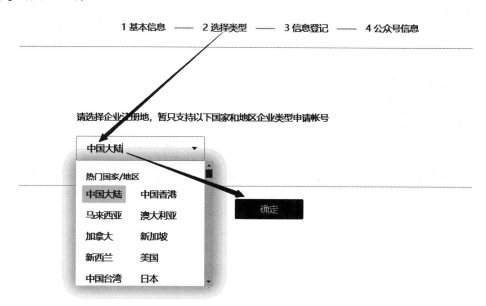

图 1-31　选择类型

8）选择服务号，也可以查看其他类别公众号的内容，单击【选择并继续】（图1-32）。

9）在弹出的页面中，单击【确定】（图1-33）。

10）企业需要选择的是【企业】项，然后完善信息（图1-34）。

11）当完善营业执照注册号时，需要企业选择3种验证方式，第一类为法定代表人验证（图1-35）；第二类为支付验证（图1-36）；第三类为微信认证（图1-37）。

1 基本信息 —— 2 选择类型 —— 3 信息登记 —— 4 公众号信息

请选择帐号类型，一旦成功建立帐号，类型不可更改

订阅号

为媒体和个人提供一种新的信息传播方式，构建与读者之间更好的沟通与管理模式。

适用于个人和组织

群发消息	1条/天
消息显示位置	订阅号列表
基础消息接口/自定义菜单	有
高级接口能力	无
微信支付	无

了解详情

选择并继续 ›

服务号

给企业和组织提供更强大的业务服务与用户管理能力，帮助企业快速实现全新的公众号服务平台。

不适用于个人

群发消息	4条/月
消息显示位置	会话列表
基础消息接口/自定义菜单	有
高级接口能力	有
微信支付	可申请

了解详情

选择并继续 ›

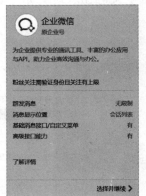

企业微信
原企业号

为企业提供专业的通讯工具、丰富的办公应用与API，助力企业高效沟通与办公。

粉丝关注需验证身份且关注有上限

群发消息	无限制
消息显示位置	会话列表
基础消息接口/自定义菜单	有
高级接口能力	有

了解详情

选择并继续 ›

图 1-32　选择类型

图 1-33　类型确认

主体类型　如何选择主体类型？

| 政府 | 媒体 | 企业 | 其他组织 | 个人 |

企业和个体工商户可注册2个帐号。
请按照营业执照上的主体类型如实选择注册类型，了解详情。

主体信息登记

企业类型　◉ 企业　○ 个体工商户
企业包括：企业、分支机构、企业相关品牌等

企业名称　[████████]
需严格按照营业执照填写。如个体工商户营业执照无企业名称时（包括**、"无字号"或者空等情况），请以个体户+经营者姓名的形式填写。如：个体户张三

营业执照注册号　[████████]
请输入15位营业执照注册号或18位的统一社会信用代码

图 1-34　完善信息

验证方式　● 法定代表人验证　○ 支付验证　○ 微信认证

法定代表人验证通过后可突破管理员绑定数量的限制。提交后将在1-5个工作日完成工商数据校验。若未能通过工商数据校验，则注册不通过。本服务暂时仅支持企业和个体工商户类型。查看详情

法定代表人信息

法定代表人身份证姓名	

请填写与营业执照一致的法定代表人姓名

请填写法定代表人姓名

法定代表人身份证号码	

请填写法定代表人身份证号码

法定代表人身　请先填写企业登记信息和法定代表人身份信息

图 1-35　法定代表人验证

验证方式　○ 法定代表人验证　● 支付验证　○ 微信认证

支付验证的流程

① 填写企业对公账户；

为验证真实性，此对公账户需给腾讯打款验证。注册最后一步可查看打款信息，请尽快联系贵公司/单位财务进行打款。

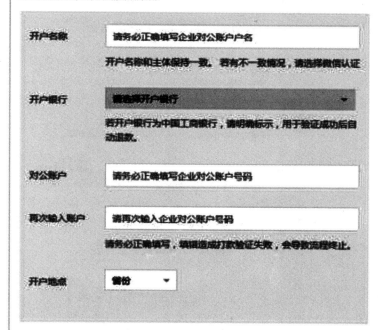

开户名称	请务必正确填写企业对公账户户名

开户名称和主体保持一致。若有不一致情况，请选择微信认证

开户银行	请选择开户银行 ▼

若开户银行为中国工商银行，请明确标示，用于验证成功后自动退款。

对公账户	请务必正确填写企业对公账户号码

再次输入账户	请再次输入企业对公账户号码

请务必正确填写，填错造成打款验证失败，会导致流程终止。

开户地点	省份 ▼

② 注册最后一步，需用该对公账户向腾讯公司进行打款；

③ 腾讯公司收到汇款后，会将注册结果发至管理员微信、公众平台站内信；

图 1-36　支付验证

33

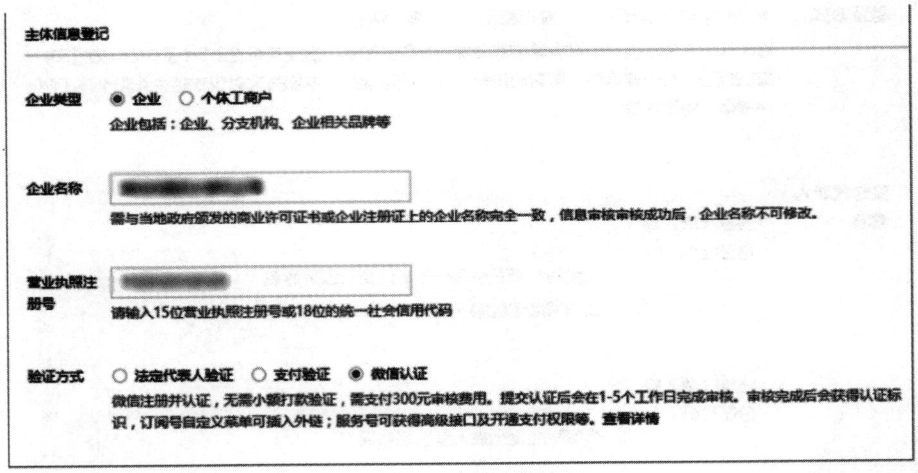

图 1-37　微信认证

推荐选择第一种和第三种验证方式，比较简单直接。选择验证方式后，需要进行管理员信息登记（图 1-38）。

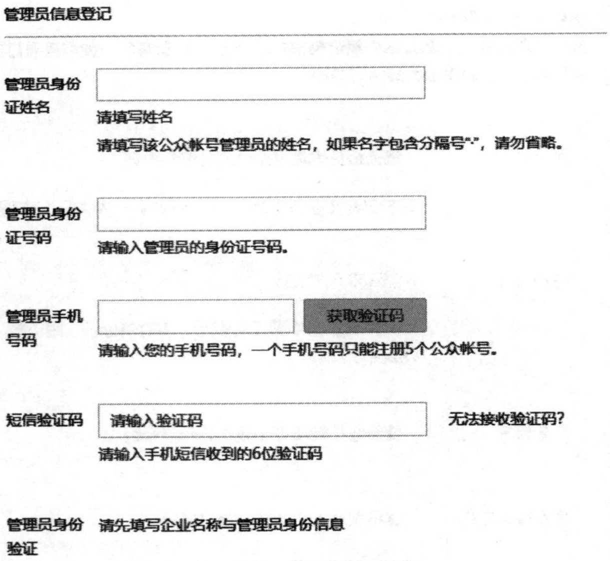

图 1-38　管理员信息登记

12）将公众号的一些基本信息填写完整后，单击【完成】（图 1-39）。

这样微信公众号（服务号）就注册完成了，不过需要企业注意的是，如果选择的验证方式是支付验证，在完善运营者信息登记以后，会跳转到打款页面（图 1-40）。

将对应的款项通过对公账户支付给微信公众号平台即可完成注册，付款信息如图 1-41所示。

图 1-39　完成

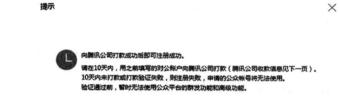

图 1-40　打款页面

2. 汽车服务企业公众号的模块设计

（1）客户管理模块　客户管理主要进行客户资讯管理、客户分级分类、客户沟通关怀和客户生命周期管理。

（2）服务管理模块　客户服务接口可以实现在 24h 内回复，这样微信公众平台可以轻松走完内部处理动作而实现对客户微信请求的响应或答复。客户服务管理还需要接收事件推送接口和自定义菜单，实现客户的多触发机制，这样客户可以通过自定义菜单、消息等各种方式随时发起微信请求。

（3）微信智能交互引擎　微信公众平台开发的会员模块可以通过 H5 的会员掌上门户网页，同时对接微信公众平台开发的客户管理等模块，形成"微信 H5 会员门户 + 微信公众平台"开发的完整管理体系。

（4）营销管理模块　微信公众平台开发的营销管理应该建立拉式营销而不是推式营销。从这个角度上讲，基于消息模板单发消息接口应该限制，或者限制批量群发营销，鼓励一对一的客户事件触发的下行模板消息。

图 1-41 付款信息

三、汽车服务企业公众号的运营管理

1. 汽车服务企业公众号运营内容的形式与分类

（1）确定公众号的调性 确定公众号的调性就是要给企业定位，确定公众号的形象、发布内容、风格和企业目标客户。明确的公众号定位可让运营者方向明确、更加有效率、有效积累客户。

（2）基本信息设置 企业公众号的基本信息相当于企业的一张名片。用户添加企业公众号后，通过查看公众号名称、头像、简介、导航菜单、消息回复基本信息，可以对汽车服务企业有总体的认识和定位。

2. 汽车服务企业公众号运营内容的操作与技巧

内容推送是汽车服务企业公众号运营最基础也是最重要的一个环节。公众号推送的内容必须结合企业自身的特点、符合企业的定位，同时，要从用户的角度出发，为用户提供专业知识。

（1）确定内容范围 发布内容要与汽车服务企业的定位和经营范围相关，相关专业知识的专访、文章等发布内容要有价值，紧跟时代潮流、语言诙谐易懂。

（2）内容编辑技巧 为了吸引用户眼球，增加文章阅读量，在编辑文章标题、内容时需要运用一些编辑技巧，主要就是结合热点。运营者要关注一些热搜词语和热点话题，结合公司的内容发布范围，进行相关文章的发布。

　　热点主要来自于微博、抖音等娱乐性强的媒介，一定时期内热度高的词汇，容易吸引读者注意力。热点的类型见表1-6。

表 1-6　热点的类型

热点	特点	举例
热搜词套用	主要来源于微博，娱乐性强	—
话题性	讨论性强，各方都可发布自己独特见解，无绝对对错	人工智能、转基因
段子套用	娱乐性强，有趣	—
重要节日、节点	根据节日、节点可制作相关专题，引起一类人的共鸣	节日、双11、毕业季

　　（3）排版布局　排版布局要简洁大方，可以展现公司调性。排版主要为图文混排，带有关注标志、二维码标志和公司图片等固定元素。

3. 汽车服务企业公众号运营管理的注意事项

　　企业公众号的日常运营管理需要有固定的规则模式。例如设置固定的推送频率、推送时间、推送数目，定期进行用户维护、统计分析等。

　　设置管理规则能让公众号发挥最大作用，树立企业形象；运营者可通过熟悉的规则，高效率运用公众号；用户可以通过规律地接收信息，养成订阅习惯。

四、汽车服务企业公众号的维护管理

1. 汽车服务企业公众号的维护内容

　　（1）增加忠实会员，锁定目标人群　定期组织微信线上活动进行营销，例如：在终端物料上标识企业公众平台的二维码，用户扫描二维码可获得存储于微信中的电子会员卡享受会员折扣，用来吸引粉丝与会员。

　　实体物料和软文硬广（硬性广告）等均要尽量展示微信公众平台信息。

　　（2）粉丝管理与维护　每天发放内容应精确，净化无效粉丝，控制促销折扣比例与每天发放时间，培养粉丝订阅的习惯。开展与粉丝的个性化互动活动，提供更加直接的互动体验。

　　（3）立足品牌，解决售后相关问题和服务　汽车服务企业公众号作为官方发布信息的渠道和平台，要设定专门的客服人员。进行人工服务时要准确根据客户需求，提供贴心的意见，提升用户体验。

2. 汽车服务企业公众号的数据收集

　　汽车服务企业微信公众号数据收集主要分为内容分析和业务分析。

　　内容分析主要是通过对公众号文章的相关数据指标（包括阅读量、分享量、点赞量、收藏量等相关数据）分析，为提升公众号内容质量提供指导方向。

　　业务分析是指对汽车服务企业的业务进行定性拆分和探讨，是否刺激客户产生价值行为，例如收集多少客户是通过微信平台到店消费的，微信平台对企业产生的价值等。

3. 汽车服务企业公众号的评论管理

　　为了进一步加强网络管理，有效引导网络舆论，防止不良信息对汽车服务企业的伤害，应妥善处置网上的评论信息，为汽车服务企业发展营造良好的互联网舆论氛围。根据国家有关法律法规，结合汽车服务企业公司实际，企业应在平台上制订评论管理制度，并严格按照该制度进行评论管理。

4. 汽车服务企业公众号的安全管理

1）严格执行信息安全事故责任追究制度。微信信息出现安全问题导致负面影响时，除追究当事人责任外，还要追究提供信息的部门和负责人的责任。

2）负责人组织协调相关职能部门重视微信公众号管理，并由相关部门监察官方微信安全和信息安全。

3）微信公众号管理员应切实履行工作职责，发布信息时保证信息的合法、可靠和安全。

4）微信公众号管理员负责制作与推送微信信息，包括官方微信"自定义菜单"与其他功能的建设与维护。每月官方微信公众号推送消息不少于规定数量。

5）微信公众号管理员对网友的提问和合理评论进行回复，对于恶意评论进行耐心解释。

6）微信公众号管理员应妥善保管管理员账号和密码，不得擅自透露给他人使用，因账号和密码被盗造成的微信信息安全事故，按相关规定追究当事人责任。

7）离岗微信公众号管理人员必须严格办理离岗手续，明确其离岗后的保密义务，并立即更换微信公众号登录密码。

5. 汽车服务企业公众号维护管理的注意事项

（1）群发消息要提前编辑好　发送资料，可以是单条图文也可以是多条图文，编辑消息需要在素材管理中进行。

（2）重视线下推广　很多企业对发展微信公众号的客户缺少方法，或者只重视线上的广告和推广。但从现实来看，企业门店进行扫描关注送礼活动、户外的广告、客户接触点上的主动推荐等，效果往往比线上更显著。

（3）信息推送力度适中　如果推送的信息过多，就会缺少重点，但如果信息太少，又很难满足不同客户的需求，因此信息推送力度要适中。

（4）信息内容价值化　对于微信公众号发送的内容，要避免错别字，注重美观大方，必要时可针对特定的用户群体进行修饰。内容也要认真推敲，发布有价值的信息，最好是独创和原创，如果有连载会更好。微信公众号的内容应该保持与用户个人或本地区的关联度，让用户感觉身在其中，否则很容易失去兴趣。

五、汽车服务企业公众号分析对比

1. 分析对比的内容

文章数据：阅读量、点赞量、转发量、收藏量；用户数据：用户数量、新增数量、流失量、存留率；数据分析：用户偏好分析、阅读高峰分析等。

2. 案例

微信公众平台是给个人、企业和组织提供业务服务、信息传播及用户管理能力的全新服务平台，公众号信息传播度高、曝光率大、服务性强、宣传成本低，可帮企业或第三方合作伙伴快速、低成本地实现高质量的轻应用，实现生产、管理、动作、运营的移动化。

举例：比亚迪微信公众号内容见表1-7。

表 1-7　比亚迪微信公众号内容

比亚迪微信公众号内容			
	二级菜单		三级菜单
品牌车型	品牌		技术介绍
			品质介绍
			责任介绍
			荣誉介绍
	秦		上市新闻
			技术亮点解析
			新版车型推出的新闻
			价格配置表
	G5		上市新闻
			产品卖点全解析
			车型亮点
			价格配置表
购车服务	附近 4S 店		
	精诚服务		
	迪车会		
	试驾预约		
	在线购车		
新闻与促销	手机官网		
	G5 游戏		
	新闻报道		
	改进建议		
	促销优惠		

一汽大众微信公众号内容见表 1-8。

表 1-8　一汽大众微信公众号内容

车生活	大众车访	《用车手把手》期刊（每周）
		用户撰写的车与生活的文章
		车辆剧情文章
		车辆相关新闻
		汽车小知识
		车展攻略

（续）

		大众笑典
车生活	大众漫生活	漫说车
		漫生活
	大众微电台	产品、车辆相关趣闻
		开车注意事项等
	大众讲坛	—
服务-工具	4S 店查询	—
	试驾申请	—
	我的车贷	—
	违章查询	—
品牌	精彩活动	—
	车型信息	美图和配置价格
	企业动态	—
	众乐汇	音乐会门票
	会员中心	—

分析对比：

相同点："比亚迪汽车"与"大众汽车"底部工具栏都展示了品牌车型与服务工具，帮助微信用户更快捷地获取需求信息。

不同点："比亚迪汽车"占用比较多的空间介绍品牌文化以及荣誉历史，提升了品牌影响力与知名度；特有的 G5 游戏，增强了公众号内容的充实性，更容易吸引订阅用户浏览公众号平台。"一汽大众"则收集了汽车用户原创文章，不仅使用户更加直观地感受到用车评价，还增加了公众号的热度；除此之外，特有的"大众漫生活"版块，将略显枯燥的图文文章，转化为生动有趣的漫画，也是"一汽大众"的特色所在。

任务四　汽车服务企业新媒体号建设与运维（初级）

任务描述

某汽车服务企业针对该品牌旗下的一款新车，要求新媒体运营专员创建新媒体企业账号，配合宣传部门和市场部门进行品牌宣传与直播推广，并收集意向客户信息形成数据报表，提交销售部门跟进处理。

任务目标

1. 能够掌握常见的短视频和直播平台操作，根据业务需求创建企业账号。
2. 能够与其他部门协作进行短视频的制作，执行直播前的相关推广活动。

3. 能够与其他部门协作进行直播活动实施，完成客户问题的解答及记录。

4. 能够收集意向客户信息并形成数据报表，提交市场销售部门跟进处理。

 建议学时

2 学时

 相关知识

一、新媒体概述

1. 新媒体的定义

新媒体是利用数字技术，通过计算机网络、无线通信网、卫星等渠道以及计算机、手机、数字电视机等终端，向用户提供信息和服务的传播形态。从空间上来看，"新媒体"特指当下与"传统媒体"相对应的，以数字压缩和无线网络技术为支撑，利用其大容量、实时性和交互性，可以跨越地理界线最终得以实现全球化的媒体。

2. 新媒体的发展

根据新媒体使用主体及受众群体的变化，新媒体的演进历程可划分为精英媒体阶段、大众媒体阶段和个人媒体阶段。

（1）精英媒体阶段　在新媒体诞生之初的相当一段时间内，仅有为数不多的群体有机会接触新媒体，并使用新媒体传播信息，这部分人多数是媒介领域的专业人士，具有较高的文化素质及社会地位，因此这一时期是精英媒体阶段。

（2）大众媒体阶段　当新媒体大规模发展并得到普及时，其发展历程就进入到了大众媒体阶段。直至今日，以手机等移动媒体为主的新媒体已为广大受众所享有，利用新媒体传递知识、信息也成为媒介传播的一种常态。由精英媒体向大众媒体发展，离不开媒介技术进步所带来的传播成本的下降，新媒体以更低廉的传播成本、更便捷的传播方式以及更丰富的信息传播内容成为一种大众媒体，其传播的内容及形式从某种程度上甚至改变了人们的生活方式以及对媒介本质的理解。

（3）个人媒体阶段　伴随着新媒体技术的不断发展及普及，以往没有占据媒体资源和平台且具备媒介特长的个体，开始逐渐通过网络来发表自己的言论和观点，通过平台展示给受众，这是个人媒体阶段到来的一个标志。

3. 新媒体的类型

（1）手机媒体　手机媒体是借助手机进行信息传播的工具。随着通信技术（例如 5G）、计算机技术的发展与普及，手机将逐渐成为具有通信功能的迷你型计算机。手机媒体是网络媒体的延伸，它除了具有网络媒体的优势外，还具有携带方便的特点。手机媒体真正跨越了地域和计算机终端的限制，拥有声音和振动的提示，能够做到与新闻同步；接受方式由静态向动态演变，受众的自主地位得到提高，可以自主选择和发布信息，信息的及时互动或暂时延宕得以自主实现；使得人际传播与大众传播完满结合。

（2）数字电视媒体　数字电视媒体是指从演播室到发射、传输、接收的所有环节都是使用数字电视信号或对该系统所有的信号传播都是通过由 0 和 1 数字串所构成的数字流来传播的电视类型。数字信号大数据流的传递保证了数字电视的高清晰度，克服了模拟电视的先天不足。

（3）互联网新媒体　互联网媒体包括网络电视、博客、播客、视频和电子杂志等。

4. 新媒体的特点

（1）新媒体传播速度快　随着互联网技术的普及，尤其是在当前互联网不断升级和发展的背景下，人们想要获取汽车资讯，可以直接利用自己的手机进行搜索，即使不出家门，也可以知道近期发生的所有事情。与此同时，由于网络的开放性特征，人们在日常生活过程中，可以将自己的所见所闻，直接传播到网络上，传播速度非常快。

（2）新媒体传播范围广　在新媒体的发展过程中，除了传播速度越来越快之外，传播过程中的涉及面也越来越广。新媒体使消息渠道越来越多样化，用户可以通过网络随时随地查询到自己所需要的内容。除此之外，很多用户可以自己成为网络传播者，使传播范围更加广泛。

（3）新媒体互动性高　在当前新媒体时代的背景影响下，在针对汽车资讯进行传播的时候，相互之间的交流和沟通机会越来越多，也就是互动性有了明显的提升。当前，有很多汽车资讯在传播过程中，都会以短视频的方式呈现出来，而在短视频播放过程中，用户可选择通过弹幕的方式，将自己的想法也表达出来。新媒体公司在日常运作和发展过程中，可以将这些弹幕中的内容进行汇总，将这些意见作为自己改进和完善的依据。这样不仅能够促使用户在其中的参与度逐渐提升，而且还能够促使用户对企业的好感度也逐渐提升。

二、新媒体在汽车领域的应用

1. 新媒体下我国汽车营销基本情况

新媒体营销是利用网络和计算机技术进行信息传递以达到营销目的的新型销售手段。因其具有低成本、及时性、数量大等特点，打破了与用户之间的信息隔阂，在消费市场中占据越来越重要的作用。近年来，我国汽车市场规模不断扩大，营销模式逐步由单一传统实体营销模式扩展为网站营销、微信营销、微博营销等多媒体数字营销并存。

2. 新媒体背景下汽车营销模式的优势

汽车公司在新媒体背景下的营销模式是由于市场已经逐渐由消费者引领。市场地位的转换让汽车企业的传统优势不再，零售商、旗舰店可以跨地区进行发货，全天提供服务。信息技术的发展对传统的供销关系也产生了一定的影响，4S店属于零售的终端。但是在新媒体平台中，很多4S店已经具备开发供销渠道的能力，可以绕过零售商，所以让产业链呈现了巨大的变化。因此，在新环境下的汽车营销模式能够全力优化汽车市场的划分，拓展大量客户群体。

新媒体背景下的网络营销模式能够通过客户的角度去挖掘客户的潜在需求。为客户的购买提供更多的销售便利策略，也让客户在进行服务的过程中能够享受到优质的服务。除此之外，在新媒体背景下的营销模式，突破了传统的时间、空间的界限，留下充分的时间交给汽车营销人员，充分调动消费者的需求，并且在交流中方便消费者对汽车款型的选择，通过汽车模拟系统来提升消费者的参与度，让传统的被动局面彻底转换为消费者为主体的局面，从而提高消费者的参与度。

在新媒体网络整合的营销服务中，可以充分发挥汽车服务优势，让员工充分地参与到企业的营销整体活动中。借助线上平台的建设，能够减少在4S店的成本花费，减少宣传费用。

在新媒体时代，各个汽车厂家为了提升经济效益，通过新媒体宣传产品与服务，新媒体营销策略逐渐成熟，并具备以下3点优势：

1）精准定位目标客户。将新媒体与汽车营销进行整合，企业可以通过新媒体充分地发掘用户的需求，通过社交平台的大量信息数据的对比，了解客户的需求，进而为产品的设计与开发奠定基础。

2）拉近客户的距离。

3）降低企业宣传成本。通过社交媒体企业可以降低成本，合理地进行舆论监控，在企业危机公关的时候充分凸显社交媒体的价值与作用。企业可以有效地降低宣传成本，提升宣传效果。

3. 汽车服务企业的新媒体平台选择

在新媒体汽车营销工作中，首先需要认真分析自身企业情况，包括汽车的销售定价、风格、服务主要客户群体、经费情况、企业形象等。其中要认真分析目标消费群体的新媒体信息接收习惯，了解匹配汽车消费的客户群体媒体平台，做好定位投放，避免胡乱无序投放，节约宣传成本。一般情况下，不同的经济能力群体与生活习惯人群会有不同的汽车消费需求，而不同的媒体平台也会聚集不同体量的客户群体。

新媒体汽车营销方式有多种情况，不同的方式费用不同，效果也有差异。例如常规的谈话节目，可以有节目冠名商的营销宣传，也可以有节目中某一期节目的话题营销，围绕汽车品牌有关话题做趣味性的讨论，从而达到软广的效果。而冠名时在节目中直接摆放汽车模型或其他广告画面，则是相对硬广的效果。硬广与软广，实质上是相互配合，互相协作的效果。几种方式结合可更好地渲染广告效果，加深客户的印象。

新媒体除了这种动态性的方式，还可以有新媒体平台的纯文字图片的平面形式，例如新浪微博平台或微信朋友圈平台，可通过图文结合的文章做宣传推广，或在合适的新媒体平台上做营销活动征集。

在新媒体汽车营销宣传上，需要考虑到多种媒体的集合。将广播媒体宣传、电视媒体宣传、实体店面的营销活动与体验与新媒体宣传结合，达到线上线下相配合的效果。工作人员也可以将实体店的传统活动内容通过新媒体对外推广展示。

三、汽车服务企业短视频新媒体运维

1. 主流短视频平台介绍

2017—2018年，短视频行业发展迅速，其方便快捷且兼娱乐性的特点吸引了大批用户。从艾瑞数据2017年视频服务市场二级行业分析报告（图1-42）和2017—2018年短视频行业分析报告（图1-43）可看出，2017年1~8月以及2018年初中国短视频行业月独立设备数飞速增长。同时可以看出，在经过一段时间高速发展之后，短视频行业发展也面临瓶颈，在2018年下半年，月独立设备数规模微幅波动增长。

抖音是一款音乐创意短视频社交软件，由今日头条孵化，于2016年9月20日上线，是一个面向全年龄的短视频社区平台。用户可通过这款软件选择歌曲，拍摄音乐短视频，形成自己的作品。平台会根据用户的爱好，来推送用户喜爱的视频。2019年12月，抖音入选2019中国品牌强国盛典榜样100品牌。抖音短视频PC端界面如图1-44所示。

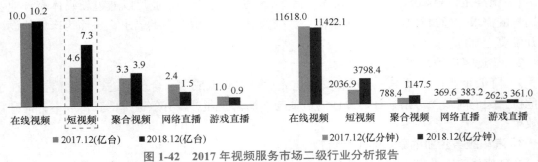

图 1-42　2017 年视频服务市场二级行业分析报告

图 1-43　2017—2018 年短视频行业分析报告

图 1-44　抖音短视频 PC 端界面

　　根据 APP IOS 排名（图 1-45），抖音总榜排名第 2 名，分类排名第 1 名。版本评分方面，评价数量上抖音遥遥领先，达到千万级别数量。

截至 2019 年 1 月，抖音国内日活跃用户（DAU）已经突破 2.5 亿，月活跃用户突破（MAU）5 亿（图 1-46）。抖音活跃率远高于行业基准值，说明抖音已经成为人们日常生活中的一部分。

#	应用	总榜排名	分类排名	当前版本评分	所有版本评分	操作
1	抖音短视频 Beijing Microlive Vision Tec...	2 免费	1 免费、摄影与录像	★★★★☆ 17622779个评分	★★★★★ 17629385个评分	当前应用
2	快手 Beijing Kwai Technology C...	24 免费	3 免费、摄影与录像	★★★★☆ 2025520个评分	★★★★☆ 2248132个评分	VB ×

图 1-45　APP IOS 排名

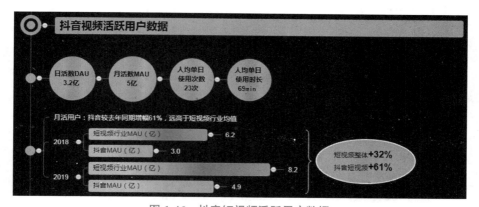

图 1-46　抖音短视频活跃用户数据

根据艾瑞咨询数据显示，抖音用户男性占比 52.56%，女性占比 47.44%（图 1-47）。整体占比接近 1∶1，说明目前男女性各自关注的领域抖音都照应到了。

图 1-47　抖音短视频用户性别数据

根据艾瑞咨询数据显示，抖音用户主要分布在 25~30 岁年龄层、24 岁及以下年龄层以及 31~35 岁年龄层，分别占比 29.48%、25.84%、24.93%（图 1-48）。从年龄层分布来看，抖音用户主要偏年轻化。这部分人年轻有活力，对新鲜事物有强烈好奇心，也愿意分享自我。

2. 短视频平台注册认证

短视频运营可以帮助企业进行品牌宣传、活动策划，投放视频广告，提高竞争力，进行产品销售、积累客户等，下面以抖音短视频平台企业注册认证为例说明。

步骤 1：登录抖音官网，单击右上角抖音"企业认证"（图 1-49）。

步骤 2：进入抖音企业认证界面，单击"我要申请"（图 1-50）。

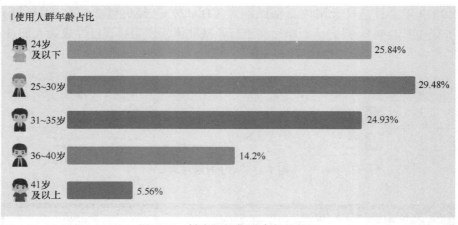

使用人群年龄占比

- 24岁及以下   25.84%
- 25~30岁   29.48%
- 31~35岁   24.93%
- 36~40岁   14.2%
- 41岁及以上   5.56%

图 1-48   抖音短视频用户年龄数据

图 1-49   企业注册认证步骤 1

图 1-50   企业注册认证步骤 2

注意事项：

① 企业认证申请时，单击"我要申请"后登录的账号即为需被认证的账号。提交申请后无法更换申请账号。

② 仅支持绑定过手机号的账号登录，如果账号尚未绑定手机号，请在抖音客户端绑定手机号后再申请认证。

③ 如果没有抖音账号，可在登录页面输入未注册的手机号、验证码，系统将生成新的抖音账号。建议您使用"今日头条"账号登录，关联头条账号后，头条号已有粉丝量

也会同步，助力企业快速完成账号加粉冷启动。

④ 请务必阅读《企业认证规则》，特别是不支持认证的行业，请勿提交申请。如有不支持认证的行业提交申请和 / 或提交的资质存在无效、不实等情形以及申请认证的账号信息不符合平台要求，平台将做认证失败或不予通过处理，认证失败或不予通过的不退还审核费用。特别提示：营业执照的经营范围如不包括财经、法律相关业务，则申请财经、法律相关分类的企业账号不予通过；营业执照的经营范围涉及以下内容的不予通过：偏方、艾灸、艾方、临床检验、基因检测、血液检查、女性生殖健康、整容整形等；账号信息（昵称、头像、简介等）包括健康类的，不予通过。具体请见《企业认证规则》。

步骤 3：企业认证页面单击"我要申请"后，即进入账号登录页面，请再次核对账号信息并登录账号。登录后即为被认证账号，不可修改（图 1-51）。

步骤 4：登录后进入正式认证界面（图 1-52）。

图 1-51　企业注册认证步骤 3

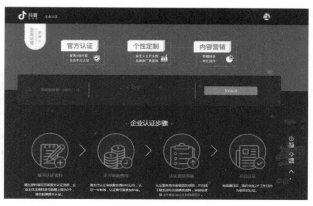

图 1-52　企业注册认证步骤 4

步骤 5：单击"开启认证"后即可进入资料填写页面。

① 用户名称。用户名称与登录账号一致，不可修改。

在提交申请前应确保用户名、头像符合企业身份，昵称可使用公司简称或品牌简称，头像可使用公司 LOGO 或产品照片。系统默认昵称（如手机用户 123）或个人化昵称（如李小明）将无法通过审核。申请提交后将无法修改昵称，请提交前务必确认昵称符合标准（图 1-53）。

审核失败原因：昵称不符合企业信息，头像不符合企业信息。

图 1-53　企业注册认证步骤 5- 用户名称

② 企业名称。企业名称只支持填写在工商行政管理机关登记的企业，请填写工商营业

执照上的企业主体信息全称（图 1-54）。

审核失败原因：企业名称与营业执照上登记的主体名称不符。

图 1-54　企业注册认证步骤 5-企业名称

③ 营业执照注册号。填写新版营业执照的 18 位统一社会信用代码，可在营业执照标红处查看（图 1-55）。

审核失败原因：注册号与营业执照上不符。

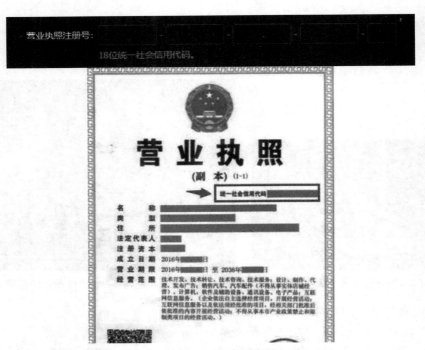

图 1-55　企业注册认证步骤 5-营业执照注册号

④ 认证信息（图 1-56）。体现的主体信息、经营范围需与营业执照信息一致，应基于公司或品牌实际情况填写；体现的商标、应用、网站、代言信息需提供对应资质或授权；认证信息应内容完整通顺，不使用修饰性质词汇，不超过 25 字；认证信息不能包含联系方式，包括但不限于：微博、微信、邮箱、QQ、网站链接；不能出现营销推广信息，内容应健康、积极，不能包含敏感、色情等信息；企业认证不能以个人为认证主体，如 ×× 达人、×× 自媒体、×× 领军人等。与今日头条及其关联公司名称、产品、品牌等相似，易被误认成官方账号的名称不能使用。

⑤ 企业营业执照。营业执照包含企业名称、营业执照注册号、法定代表人、一般经营范围、前置许可经营范围，请提供在营业期内的有效真实执照（图 1-57）。

审核失败原因：营业执照信息不全 / 与工商局登记信息不符 / 伪造证件。

图 1-56　企业注册认证步骤 5- 认证信息

图 1-57　企业注册认证步骤 5- 企业营业执照

⑥ 认证公函。下载《企业认证申请公函》，填写完成后加盖红色公章，不支持使用财务章、合同章、人事章，并上传清晰的公函扫描件（图 1-58）。

审核失败原因：信息填写不全 / 伪造公章 / 未盖章 / 运营人信息不实。

图 1-58　企业注册认证步骤 5- 认证公函

⑦ 打款截图。请使用银行对公账号对公转账方式支付 300 元的认证审核服务费，打款完成后上传打款截图。不支持个人账户支付、支付宝、微信等第三方支付（图 1-59）。

审核失败原因：未查询到该笔流水 / 未使用对公账户支付。

⑧ 其他资料。如需认证特定内容，请提供对应资质，如网站 ICP 备案查询截图、商标注册证、软件著作权证、其他品牌授权文件等，最多可上传 5 张（图 1-60）。

审核失败原因：资质不支持认证信息，如认证信息为"×× 游戏官方账号"，需提供游戏软著，如用户昵称为"雅诗兰黛"，需提供商标注册证。

图 1-59　企业注册认证步骤 5- 打款截图　　　图 1-60　企业注册认证步骤 5- 其他资料

⑨ 运营人姓名及联系方式。运营人姓名和联系电话为必填项，填写信息应与《企业认证申请公函》上的一致，在认证审核过程中，将与该运营者联系核实（图 1-61）。

审核失败原因：运营人信息与公函不一致。

⑩ 发票索取。邮箱用于接收审核服务费的电子发票，提交后无法修改，请准确填写。邀请码：如已有专属认证服务商，请填写服务商邀请码，提交后不能修改。如没有专属服务商，可不填写。需单击同意遵守《企业认证协议》（图 1-62）。

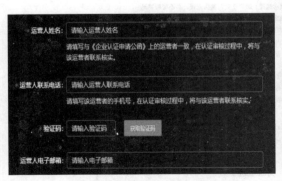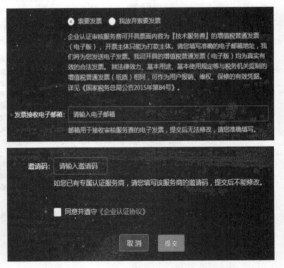

图 1-61　企业注册认证步骤 5- 运营人姓名及联系方式　　　图 1-62　企业注册认证步骤 5- 发票索取

步骤 6：提交后 2 个工作日完成资质审核，审核过程中将有第三方审核公司向运营人预留手机号码致电，核实信息，请关注电话。请按审核公司要求修改或补充资料。如资质无误，2 个工作日即可开通认证。

3. 汽车行业短视频类型

（1）解说、介绍各类汽车的相关信息　这类短视频将目光集中于汽车本身，在短时间内向用户介绍某类汽车的基本信息，包括车型、功能、价格等内容。"虎哥说车"粉丝数量超过 3000 万，是此类汽车短视频的典型代表。

（2）分享与汽车相关的多种实用知识　这类内容关注的重点并不是汽车本身，而是将注意力集中在与行车相关的实用知识和技巧上，例如一些常见的问题"车钥匙没电了怎么开车门""如何选取轮胎""车上的隐藏功能"等。该类内容在汽车账号中占据的比例非常大，几个头部账号输出的均是此类内容，如"大师说车""玩车女神""老丈人说车"等，而这些头部账号也和懂车侦探一样存在着一些共性："故事化"演绎科普内容、搭建出了较为鲜明的人设、形成了基本的风格基调等。

（3）围绕汽车延伸出的生活、安全问题　懂车侦探汽车类短视频，将内容延伸到了各类行车安全问题及生活骗局上，帮助用户远离危险。该类内容定位细而准，在整个汽车类账号中并不多见。

（4）相关从业人员的职业展示　汽车短视频中，相关的从业人员会在账号中进行定向的职业展示。如驾校教练"凌教练"，为驾校考试提供针对性内容指导；赛车手"车手 AF"，向用户展示各种酷炫车技，都积累了一定的粉丝体量，但在汽车类账号中也不多见。

4. 短视频制作发布流程

（1）制作步骤 1：明确选题方向　在拍摄短视频之前，要明确好选题方向，一是要有确定的方向去思考，二是要准备好相关剧本。选题即确定宣传的内容类型，如汽车类短视频。确定好选题后就尽快安排剧本，剧本是视频拍摄的大纲，用以确定整个作品的结构和拍摄细节。

（2）制作步骤 2：确定拍摄形式　选题和剧本确定后，需要考虑拍摄形式。如何让观看者停留时间更长？画面如何吸引关注？现在比较常见的形式有吐槽式、解说式、演绎式和实操式等。如呈现形式与剧本内容结合得比较好，就更容易吸引到流量。

（3）制作步骤 3：准备相关工具　拍摄前要进行相关工具的准备。例如：拍摄支架、打光灯、拾音器和提词器等。此外，还要根据剧本内容的人物设定，准备服装、化妆和道具等。

（4）制作步骤 4：拍摄与后期剪辑　根据剧本内容进行拍摄时要充分利用内置相机的自带功能运镜，控制速度、倒计时、慢动作等。拍摄完成后要进行后期剪辑，利用不同风格音乐打造视频风格，最好选热门音乐。要充分利用动作、倒流、反复等效果。可以选择视频里比较精彩的画面作为封面，吸引观看。

（5）制作步骤 5：选择视频发布时间　结合定位人群使用 APP 的习惯定时发布视频。有统计数据显示，12：00~13：00，17：00~18：00 的点赞率最高。

针对汽车类短视频制作，需要注意以下事项：

1）注意事项 1：内容选择。

① 选择与车友生活息息相关的内容。汽车测评视频：有较为完整的性能讲解，或配合真人试驾体验，给用户购买提供参考意见。测评内容也可是汽车周边产品，如婴儿安全座椅等。

汽车行业咨询：有关汽车的行业资讯，包括汽车政策、新车发布新闻等。

汽车小贴士：比如驾驶技巧、类似在线驾校、现场演示讲解或者理论科普，如汽车保险、油耗理论等。

② 制作方式规范、画质清晰流畅。视频画质清晰，避免竖屏拍摄。制作完整：有配乐、片头片尾等较为完整的剪辑制作。要注意避免使用低质片头片尾（包括第三方软件自带片头等），避免其他平台（如微信、微博）等导流行为。

③ 时长要刚好、节奏需紧凑。视频时长以 2~4min 为佳，不宜超过 5min，视频节奏要紧凑，不拖沓。

2）注意事项 2：标题特征。

① 使用悬念式标题。在标题中合理设置疑问，引发用户的求知欲望，但应坚决拒绝"标题党"行为。

② 巧妙运用数字。数字能给人一种直观的感觉，在标题中巧妙地运用数字能快速抓住用户的眼球，达到增加点击量的目的。

③ 突出描述冲突性强的内容。配合疑问句、感叹句的使用，在标题中突出戏剧冲突性强的内容作为标题的亮点。

④ 借力认知度高的事物，合理运用对比。把想表达的效果与人们认知度高的事物相比较，能够让人更加形象地理解创作者想表达的意图。

5. 短视频平台运营维护

短视频运营属于新媒体运营或互联网运营体系下的分支，它是指利用抖音、快手等新兴的短视频平台进行产品宣传、推广、企业营销的一系列活动。短视频平台运营管理可以细化成渠道运营、内容运营、用户运营、社群运营、产品运营、活动运营。

短视频的日常维护是维持良好运营的前提，主要评价指标有点赞量、评论量、转发量、完播率，维护的本质就是利用所有可用资源，提升上述 4 个指标。

维护的工作内容大致可以概括为以下 5 点：

1）引导用户完成点赞、评论、转发或看完视频的动作。

2）设置一些互动问题，引导用户留言评论，提升评论量。

3）回复用户评论，引导更多用户参与到话题讨论，进一步提升评论量。

4）提前准备神评论，让好友写在评论区，引导用户围绕这个话题展开更多互动。

5）积极参与挑战，利用短视频平台"热门挑战"功能进行推广。

6. 汽车短视频案例分析

（1）案例 1："懂车侦探" 据卡思数据监测，除了连续几周冲入抖音新锐榜前十名外，仅 1 个月，"懂车侦探"就增粉 580.6 万，其粉丝总量更是突破 2000 万，成为不折不扣的绝对头部账号。

"懂车侦探"汽车短视频的优势主要体现在以下 3 点：

1）剧情化演绎，增强视频可看性。"懂车侦探"的视频风格紧紧贴合着"侦探"二字，情节上有起承转合，背景音乐跟随情节相应变化，并时刻烘托着氛围，演员们也相应进行着惟妙惟肖的演绎。从整体视频形式上来说，"懂车侦探"虽然主打的是汽车安全知识的科普，但相比平铺直叙的直白科普，该账号选用了剧情化的演绎方式，将每期的科普主题融入画面、剪辑到制作考究的悬疑推理小短剧中，在成功传输知识的过程中大大提升了视频的可看性。

2）内容贴近生活的多个方面，并与用户息息相关。作为一个汽车类账号，"懂车侦探"

的内容并不局限在汽车专业知识的传递上，而是围绕着汽车延伸出的与之相关的多个层面的内容，包括购车注意事项、汽车行驶安全知识、以汽车为工具的犯罪案件预防等。这些内容囊括了贴近用户生活日常并与之息息相关的多个方面，这也使得该账号的属性不再是单纯的汽车属性，而是具备了更强的实用性，也能因此覆盖到范围更广的受众。如在某一爆款视频中，"懂车侦探"讲述了关于小区物业不合理收取停车费的现象，收获了大量的点赞和评论，足见用户对这条内容的感同身受和强烈认可。

3）个性、标签化人设形成鲜明记忆。"我是彭宇，关注我，帮你远离危险"，在每条作品的结尾，戴着圆框眼镜、衣着考究的正义"侦探"彭宇都会对着镜头将每期的主题进行简要总结，并引导用户进行关注，"懂车侦探彭宇"的标签化人设得以在用户脑中形成了独特而又鲜明的记忆。从卡思商业版的评论关键词分析中可以看出，"彭宇"一词在懂车侦探的评论中出现频率最高，用户对该账号中主人公人设的认可度也进一步带动了他们对账号本身的认可（图1-63）。在同类型账号内容经常相撞的情况下，个性化的人设无疑是吸粉的利器。

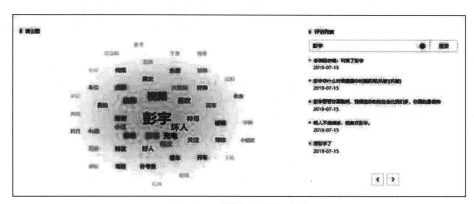

图1-63　"懂车侦探"人设

（2）案例2："车老湿"　"车老湿"汽车短视频的优势主要体现在以下3点：

1）突破广告变现的传统思路。"车老湿"借助账号在短视频领域内积累的优势，在短视频之外打造了一档专栏节目——《小乔驾到》，突破广告变现的传统思路，寻求更多横向拓展的机会。在短视频内容定位上其将汽车的专业性知识与易传播的娱乐形式相结合，在精准戳中观众们笑点的同时，浅显易懂地传递汽车领域的知识点，在受众群主要为男性的汽车领域，吸引了更多的泛娱乐女性订阅者。

2）注重打造代表性的人设IP。与抖音里剧情化、接地气的表现方式不同，《小乔驾到》是一款专业性极强的车评节目。对于此举，华星酷娱透露，虽然"车老湿"的账号运营出发于短视频，但公司不想把它未来的发展局限于短视频，而是希望不同平台的人设搭建将"车老湿"IP化，然后以后市场导向为基础，让它在汽车领域里的公信力更强，在此基础上拓宽变现路径。

3）提升内容持续输出的能力。值得肯定的是，如果账号可以保持内容的持续输出，建立自己的权威性人设，对于账号的商业变现必然会十分有利。汽车类账号的连续上榜在很大程度上说明了用户对于该类内容的需求仍在不断提升。但从另一方面来说，更多账号的涌入也预示着竞争将会更加激烈。在头部账号格局趋于稳定、某种内容类型和表达方式已经趋于饱和的情况下，如何通过新的角度、新的呈现形式、新的人设打造去构筑自己的差异化优势，借此实现并拓宽变现路径，或许将是创作者或多渠道网络服务（MCN）需要去认真思考的问题。

四、汽车服务企业直播新媒体运维

1. 主流直播平台介绍

快手是北京快手科技有限公司旗下的产品（图1-64）。快手的前身叫"GIF 快手"，诞生于 2011 年 3 月，最初是一款用来制作、分享 GIF 图片的手机应用。2012 年 11 月，快手从纯粹的工具应用转型为短视频社区，成为用户记录和分享生产、生活的平台。随着智能手机的普及和移动流量成本的下降，快手在 2015 年以后迎来市场机遇。

图 1-64　快手 PC 端界面

有数据显示，2019 年 9 月为 2019 年以来快手月活跃用户数量最高的月份，达到 24158.9649 万人（图1-65）。

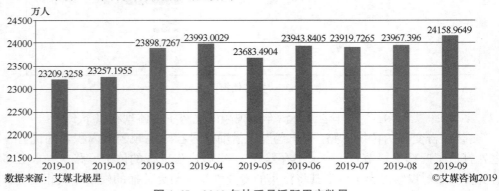

图 1-65　2019 年快手月活跃用户数量

从 2019 年第三季度快手应用用户年龄分布情况来看，30 岁以下用户为快手应用的主要用户，其中 24 岁及以下用户占比 47.84%，25~30 岁用户占比 30.35%，36~40 岁用户占比最少，仅 4.91%（图1-66）。

从人口分布来看，用户主要集中在经济较发达或互联网较普及的城市（图1-67）。

2. 直播平台注册认证

在流量平台带来直播引流后，汽车垂直平台可通过专业服务，促进成交量与转化率，提升汽车直播的商业化变现能力，下面以快手直播平台企业注册认证为例说明。

（1）步骤 1：填写基本信息　用户名、简介、头像填写须与认证信息相符；企业名称与相关证件的名称要保持一致（营业执照主体）；认证信息尽量包含认证主体信息，例如"××官方账号"（图1-68）。

图 1-66　快手用户年龄分布

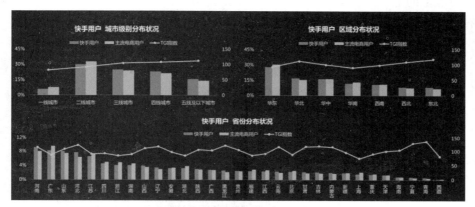

图 1-67　快手用户区域分布

注意事项：

① 不得有过激、涉黄赌毒邪等敏感内容；不得侵权，不得使用容易被误认为是快手官方的字眼。

② 用户名应与公司主体或品牌名相关，不能使用个性化昵称，不能含有广告法禁用词语。

③ 头像背景图案不侵权，且能展现企业元素等，头像和背景图不得含有第三方的联系方式。

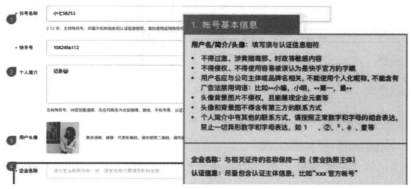

图 1-68　注册认证步骤 1

④ 个体简介中有其他联系方式时，请按照正常数字和字母的组合表达，禁止一切异形

数字和字母表达。

（2）步骤2：上传企业资质　营业执照：准备最新资质材料，像素不低于800×800，照片应为彩色，清晰且包含所有信息，不含其他平台水印。

申请公函：单击《企业认证申请公函》下载模板并填写，内容需与资质证件完全一致，结尾处需加盖鲜章（图1-69）。

注意事项：

① 企业资质包括但不限于商业资质、商标证明、品牌授权等，例如媒体类行业需要的资质，包括但不限于《互联网新闻信息服务许可证》。

② 尽可能多的上传证明材料，以提高审核通过率。

③ 特殊行业需提供的资质可查看附件《特殊行业资质说明》。

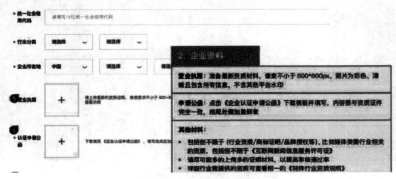

图1-69　注册认证步骤2

（3）步骤3：运营者账号信息　运营者姓名须与《企业认证申请公函》上的运营者姓名一致，包括真实姓名、证件号、手机号及手持证件照的证明材料，请确保真实有效（图1-70）。

图1-70　注册认证步骤3

（4）步骤4：提交平台审核　勾选同意平台审核即可单击【提交】按钮，完成申请。官方会在10个工作日审核完毕，并通过私信反馈结果。

3. 现场直播实施流程

（1）实施步骤1：开通直播功能　根据企业选择的新媒体平台，按照平台企业账号注册认证流程执行，待平台审核认证后开通平台直播功能。

（2）实施步骤 2：引流预热

1）拍预热视频。拍摄直播相关的视频或倒计时的视频进行大规模宣传，在视频中提到直播的选品以及优惠力度或直播亮点。

2）外网预热。头条号文章发文，官方账号活动背书。

3）竞价流量宣传。可在直播前 3 天，结合自己的竞价流量进行宣传。

4）独家投放。直播计划开始前 5 天投放预热视频，投放前 1h 开启直播计划，渡过计划冷启动。

（3）实施步骤 3：准备直播设备　直播设备的选择，可根据经济情况而定。

（4）实施步骤 4：安排角色分工　做好角色分工，才能提升团队配合度，优化直播质量。例如统筹的职责是负责选择商品种类、介绍商品资料、置顶优惠政策、制订直播档期、安排人员和主播配合、规划脚本流程等。导播需要负责的工作内容包括提前布置直播间、推送直播消息、调节直播间灯光、切换直播音效、提醒主编的站位和角度、配合主播操作操控台等。主播主要负责在直播间解说产品功能、细节，展示产品效果，调动直播间氛围，积极与观众互动，促进产品成交。如果经济预算足够，还可以增加副播，和主播轮流上场，或是在主播需要短暂离开时，暂时代替主播控场。

（5）实施步骤 5：打造直播间　布置直播间一直都是很重要的环节，打造直播间主要包括灯光、背景、前景、背景音乐、电源、声卡等，打造合适的直播间能让用户进入直播间的第一眼就感到舒适。

（6）实施步骤 6：确定直播间玩法

1）优惠券。优惠券是带货直播间普遍会用的玩法，在产品价格已经很"亲民"的情况下，再加上优惠券，让观众享受第二次的购买优惠，更能激发用户下单的欲望。

2）设置管理员。设置管理员的目的是控制直播间的负面评论。很多高人气的直播间会受到一些莫名其妙的攻击，影响直播间的整体氛围以及促单，这就需要管理员进行管控。

3）PK 和连麦。PK 和连麦性质有区别，一个具有竞争性，一个没有。但两者起到的相同作用都是能够调动直播间氛围，并吸引更多粉丝进入直播间。

4）发红包。发红包也是每个直播间都一定会用的玩法，其作用也是为了活跃直播间气氛，提升直播间热度。

（7）实施步骤 7：保证时长和频率　一般情况下，每次直播至少要在 2h 以上。直播时长的积累是有利于提升直播间权重的。就像做短视频一样，如果账号本身就没有什么权重，还长期不发视频，就更容易变成僵尸号，没有推荐。所以一定要保证每次的时长足够长，并保证一定的直播频率。例如每天直播或每周一、三、五直播等，按照自己的时间规划来制订直播计划，让用户养成按时按点进入直播间的习惯。

（8）实施步骤 8：监控直播数据

1）直播中需实时关注账号情况，比如关注素材被拒原因、消耗和预算、余额情况等，及时进行调整，避免浪费流量。

2）查看分时数据，关注点击率、转化率、转化成本、直播间观看量、关注量、点击购物车量等各指标的变化，进行账户的优化操作，比如适时优化出价和调整素材。

3）关注直播间数据变化，尤其是观看人数变化趋势，及时进行优化和调整，比如流量高峰时段可加大宣传力度，为直播间引入更多的用户。

（9）实施步骤9：直播复盘　做完直播后一定要做直播复盘。直播复盘的目的在于通过各项数据分析，找到上一场直播中不足的地方，找到解决办法，在下一场直播中优化。提升每一场直播质量，才能获得更多的收益和转化。做直播复盘可以借助两个工具：AD后台和巨量百应。

1）AD后台。在AD后台可以查看广告数据、直播间观看数、直播间新增关注数、直播间点击购物车次数（图1-71）。通过对这些数据的分析，就可以知道，观众在直播间停留了多久，哪个时间段观众多，多的原因是什么？下次可不可以再用这样的方法？成交率是多少，哪一个环节的成交少，哪一个环节的成交多？原因是什么？还能不能做到更好？怎么做到更好？这些都是改进直播质量的数据支撑。

图1-71　AD后台数据

2）巨量百应。巨量百应可以查看直播在线人数、增加粉丝人数、观看时长、粉丝人均观看、交易情况、看播人群画像、支付用户人群画像等维度。后台根据转化目标进行效果分析。巨量百应数据如图1-72所示。

4. 直播平台维护方法

（1）保障网站可以正常访问　保障网站可以正常访问是最基本的要求，建议每周对服务器进行两次病毒扫描，每周进行一次系统漏洞扫描。网站数据至少每季度进行一次备份并存档，尽可能地保障直播网站的正常访问和浏览速度。

图1-72　巨量百应数据

（2）对网站内容进行维护与更新　内容要以用户的需求进行发布，同时保证内容的质量。做好网站内容的维护和更新，还能够提升企业的形象。

（3）直播内容一定要有原创　在进行直播网站内容的更新时一定要注重原创，因为搜索引擎和用户都对原创的内容比较喜欢，这样可以有效地提升网站的用户体验和用户黏性。

（4）重视外链的持续增长　在保证内容质量的同时，还需要做好外链的建设和优化，可以参考竞争对手的情况来做。

（5）优化手段要与时俱进　在进行网站建设维护时应不断地学习新知识、新方法，及时跟上市场发展的步伐。

5. 汽车直播案例分析

（1）案例1：上汽荣威-网红直播　荣威品牌作为上汽集团的自主品牌，肩负着中国汽车品牌向上发展的使命。而荣威RX5 PLUS作为荣威RX5的改款车型，肩负着诠释上汽乘用车全新"国潮"设计理念的重大使命，也将继承荣威RX5的使命，成为荣威品牌的销量担当。"淘宝第一女主播"薇娅在荣威品牌之夜活动中现身直播卖车。上汽荣威宣传海报如图1-73所示。

本次薇娅直播卖车非常成功，仅30s时间4180辆汽车就售空，上汽荣威直播画面如图1-74所示。

图1-73　上汽荣威宣传海报

图1-74　上汽荣威直播画面

"上汽荣威"直播的优势主要体现在以下两点：

1）网红经济效应。网红经济是一种诞生于互联网时代下的经济现象，是网络红人在社交媒体上聚集流量与热度，对庞大的粉丝群体进行营销，将粉丝对他们的关注度转化为购买力，从而将流量变现的一种商业模式。消费者行为变迁是网红经济发展的底层逻辑，主要体现在消费者代际转移与消费习惯变化两个维度。互联网在年轻群体中渗透率更高，有力支撑了网红经济发展。

2）车企品牌效应。荣威RX5 PLUS确实有出众的地方，该车不仅在配置上加了很多高端设施，也将国潮的特点发挥到了极致，在开启预售的时候，又有薇娅这样的网红来带动人气，所以一时间就成了大家关注的焦点。荣威RX5 PLUS把自身定位于"新一代年轻人的国货潮品"，吃透了直播间内消费者的喜好，而产品本身也把"国货潮品"诠释得非常到位。

（2）案例2：蔚来汽车-明星直播　蔚来首次试水淘宝直播，由主持人汪涵主持国内首档国货推荐直播节目——《向美好出发》。2020年5月17日晚，40min的直播推荐中，共达成320台订单，试驾预约5288个，锁定销售额约1.28亿元。对比特斯拉做客薇娅直播间的1h内2600人下单试驾，蔚来此番尝试更是达到了后来居上的效果。蔚来汽车直播场地如图1-75所示。

据悉，直播结束后，订单仍在持续增长，同时在直播中达成的5000多试驾预定，预计后期其中的一部分还将成功转化成为整车销售，所以还有望继续扩大战果。蔚来汽车直播画面如图 1-76 所示。

图 1-75　蔚来汽车直播场地

图 1-76　蔚来汽车直播画面

"蔚来汽车"直播的优势主要体现在以下两点：

1）场景式直播卖车。热场半小时后，汪涵站在蔚来 ES6 旁开始了这场直播，但蔚来并没有出现在直播的开头，而是出现在汪涵推荐多款产品之后。直播进行到 2h50min，汪涵宣布本场直播最重磅的产品即将登场，接着蔚来 CEO 李斌出现在了现场，同汪涵坐着对谈了起来。

2）定位明星级直播。

项目二 汽车业务新媒体营销策划

任务一 汽车业务新媒体营销软文制作与发布（中级）

任务描述

某汽车服务企业针对五一黄金周准备开展一场线上汽车促销活动，企业要求网络运营专员协助其他部门一起完成促销活动的信息发布，包括汽车促销活动软文的编写，使用 H5 软件对软文进行数字化媒体化编辑，最终完成线上的活动信息发布、推送以及活动结果的反馈、跟进。

任务目标

1. 能够掌握网络营销的内容，理解网络营销的意义和职能。
2. 能够掌握软文营销的内容，编写汽车业务广告宣传性软文。
3. 能够掌握 H5 在新媒体运营中的作用及使用方法，对汽车品牌软文进行数字化、媒体化的制作及发布。
4. 能够掌握汽车广告促销的内容，选择合适的广告媒体完成信息的发布。

建议学时

2 学时

相关知识

一、网络营销概述

1. 网络营销的定义

网络营销是企业整体营销战略的一个组成部分，网络营销是为了实现企业总体经营目标所进行的以互联网为基本手段营造网上经营环境的各种活动。

网络营销产生于 20 世纪 90 年代，发展于 20 世纪末至今。网络营销产生和发展的背景主要有网络信息技术发展、消费者价值观改变和激烈的商业竞争 3 方面。

2. 网络营销的职能与层次

网络营销职能包括销售职能、推广职能、服务职能和调研职能。根据网络营销的职能发展程度将其分为企业上网宣传、网上市场调研、网络分销联系、网上直接销售和网上营销集成 5 个层次。网络营销的职能仍然在发展之中，随着新技术的不断应用，汽车网络营销也将越来越深入，甚至不排除将来会出现完全的汽车网络营销模式，即完全的电子商务化，汽车企业将整体的营销职能在网上实现。

二、软文营销

1. 软文营销概述

广告是很多企业的主要宣传方式，无论是电视、广播、报纸还是杂志、户外媒体等，企业都是以硬性广告的形式来展开。但随着互联网的发展、信息时代的来临以及消费观念的改变，单纯的硬性广告已经不能满足企业的要求，它被分化、稀释，再进行隐形和"软化"，就形成了今天的软文营销。

软文营销，就是通过特定的概念诉求，以摆事实讲道理的方式使消费者走进企业设定的"思维圈"，以强有力的针对性心理攻击迅速实现产品销售的文字模式和口头模式，如新闻、第三方评论、访谈、采访、口碑。

软文是基于特定产品的概念诉求与问题分析，对消费者进行针对性心理引导的一种文字模式。从本质上来说，它是企业软性渗透的商业策略在广告形式上的实现，通常借助文字表达与舆论传播使消费者认同某种概念、观点、分析思路，从而达到企业品牌宣传、产品销售的目的。

2. 软文营销"四要素"

（1）标题 具有吸引力的标题是软文营销的基础。在网络信息爆炸的时代，没有一个吸引眼球的标题，内容再丰富也是徒劳。

（2）话题 2007 年 7 月 16 日，百度"魔兽世界吧"发表的一个名为《贾君鹏，你妈妈喊你回家吃饭呢》的帖子，立即演变成为一个全国性的网络热点，短短 6h 内就获得了 39 万多的点击量，有超过 1.7 万网民参与回帖。事后，北京一家传媒公司的 CEO 表示，该公司动用了 800 人制造出"贾君鹏"，目的是让网民持续关注"魔兽"这款游戏。而利用热门的话题"贾君鹏"，"魔兽世界"成功吸引了玩家的注意力。

（3）结构 高质量的软文排版应该是严谨、条理清晰的。一篇排版凌乱的文章会让读者阅读起来很困难，思路混乱，给人一种不可信的感觉。而且用户的耐心是非常有限的，一篇可读性差的文章无疑会给用户带来糟糕的阅读感。所以，为了达到软文营销的目的，文章的排版不可马虎，最基本的要求是上下连贯，借助小标题等突出文章重点，让人一目了然。在语言措辞方面，应尽量做到有理有据，提升文章的权威感。

（4）广告 软文营销本质就是广告，如何把广告内容自然不留痕迹地融入文章当中是最难操作的一部分。一篇高水平的软文就是要让读者读起来没有一点广告的意味，读完之后读者还能从中获益，认为文章给他提供了不少帮助。

3. 软文的撰写

（1）表现形式

1）科普型文章。这类文章通过科学地介绍汽车产品所采用的新技术、新方法，让消费者接受这种理念，认识到这种技术的价值，进而接受产品。科普型文章多为那些将新技术作为卖点的汽车企业使用。

2）试驾类文章。对于消费者来说，他们在购买汽车产品时与购买其他产品不同的是十分看重驾乘的感受和体验，因此试乘试驾类文章也是汽车软文广告的一种重要形式。一般的试驾类软文形式是媒体的试驾报告和老客户的使用体验等。

3）新闻性文章。企业在技术进步、产品推出、服务创新、品牌塑造、事件推广（如赞助活动、公益行为）等方面的举动，如果通过新闻的形式传播出去，一定会给企业增加无形资产，对品牌积累大有裨益。

4）抒情性文章。这类文章一般通过感性的文字，勾勒出汽车品牌独特的个性与价值，展现一种特殊的生活方式和体验，引起目标消费者的情感共鸣。

5）人物型文章。这类文章通过对该企业领军人物的成长历程的描写，展现企业的良好风貌及精神内涵；或者描写购买该品牌车型的车主，挖掘车主的人格魅力和成功历程，将车与人联系在一起。

6）案例型文章。这类文章通过典型案例的叙述来突出汽车的优良性能。

7）业绩型文章。这类文章主题鲜明，用优秀的销售业绩来吸引读者的关注。如"97个订单，东风日产创造奇迹""4天销售89辆"等。

（2）起好标题　文章的标题犹如企业的logo，代表着文章的核心内容，其好坏甚至直接影响了软文营销的成败，因此标题的作用不容小觑。标题的形式有以下几种：

1）直白式。该方式直接明了地表明文意，如"××上市，巨额优惠"。

2）方法式。该方式利用"如何……"这种句式提出问题并引出方法，例如"如何选择一款适合自己的车"。

3）建议式。该方式给读者以直观建议，例如"去××官网看车，最划算的选择"。

4）预告式。句式为"今年最重要的……，将是……"，以预告的方式引起读者对新事物的好奇，如"今年最重要的车市新闻，将是××车席卷神州大地"。

5）反差式。反差对比能产生冲击性和刺激性，如"上上网点点赞抽抽奖，零元拥有××车"。

6）悬念式。引起悬念要公布一部分信息，隐藏一部分信息，靠公布的信息引起公众对隐藏信息的好奇；告诉过程，不告诉结果；告诉"是什么"，不告诉"为什么"，如"我为什么青睐××车"。

7）数字式。数字主要起总结提示作用。标题中运用数据，能够让读者对信息一目了然，例如"百万人的选择与你相同"。

8）呼告法。该方式撇开读者，直接对第三者说话，借以表达激动的心情，加强词语的感染力，如"××车上市价格犹抱琵琶半遮面，会是一个亲民的价格吗"。

9）揭秘式。该方式引起读者探求内幕的好奇心，如"××车热销背后"。

（3）内容撰写　软文的传播内容即软文营销的主体。在软文写作之前，撰写者不仅需要对营销内容进行规划，还需要对软文其他部分的内容做好安排。只有将这两部分内容结合在一起，才能实现更好的传播效果。

1）营销内容。营销内容即软文中涉及的产品性能、功效以及优势等，是软文撰写的重中之重，也是营销的点睛之笔。可以对产品进行直白介绍，也可以采用专家的观点、消费者的体验等，提高产品的说服力，还可以与同类型的产品进行比较，以凸显本产品的优势。

2）其他内容。一篇软文是否引人入胜，是否能达到"润物细无声"的传播效果，关键在于内容的铺陈是否自然，在于营销内容与其他内容的衔接是否流畅。因此，营销部分以外的内容也需要精心安排，既可以是情感抒发，也可以是幽默段子，还可以是国际时事、社会热点以及家庭生活。

软文内容撰写时需要注意以下几个方面：

① 行文简洁，便于浏览。

② 图文并茂，生动直观。

③ 分段明确，层次清晰。

④ 杜绝术语，去除晦涩。

⑤ 直奔主题，客观中立。

⑥ 添加链接，丰富内容。

（4）总结收尾　软文最后要总结收尾，提高文章的可读性。软文收尾有以下几种方式。

1）自然收尾。记叙性文章中，常常以事情的终结作为自然收尾。

2）首尾呼应式。该方式是结尾与开头遥相呼应，文章的开头若提出了论题或观点，中间不断展开，进行分析论证，结尾时回到开头的话题上来。这样收尾的软文多应用于议论性文章，能够让结构更完整。

3）点题式。若文章行文中没有明确提出观点，在结尾时，要用一句或一段简短的话明确点出文章的观点，起到画龙点睛的作用。

4）名言警句式。用名言、警句、诗句收尾，能让软文意境深远或揭示某种人生的真情，起到"言已尽，意无穷"的效果。

5）抒情议论式。用抒情议论的方式收尾，是要用作者心中的真情，激起读者情感的波澜，从而引起读者的共鸣，有着强烈的艺术感染力。

6）余味无穷式。结尾之处留白，让读者适当补白、续写，这样的思维阅读会有令人惊奇的收获和非同寻常的深刻体验。

7）请求号召式。该方式是在前文讲清楚道理的基础上，向人们提出某些请求或发出某种号召。

8）展开联想式。该方式是由此及彼，由表及里，由小到大，由具体到抽象，使主题得到升华。

4. 软文的发布

（1）软文发布之前的检查　在发布之前，一定要仔细检查一遍，检查顺序建议如下：

1）行动目标是否明确。

2）软文的标题是否足够吸引人。

3）软文的内文是否上下连贯。

4）软文中关键词植入是否过密。

5）软文的配图是否合适，是否有法律风险。

6）软文是否有结尾。

7）网络软文的超链接是否正确。

8）软文中是否有错别字，特别是人名、地名、产品名称。

9）软文中的标点是否有明显错误。

（2）软文发布的途径　软文发布的平台要有选择性，由发布平台再确定具体渠道。首先，应根据产品的特征选择发布平台。其次，要注意网络平台在搜索引擎中的权重，一些权重较高、有新闻源的网站往往是发布软文的第一选择。目前，很多媒体已经有了网络版，一定要跟踪网络版发布情况，甚至可以让平面媒体协助联络一些网络媒体转载。对于发布途径，以下渠道较为常用：

1）平面媒体。平面媒体有报纸、期刊等。

2）网络媒体。网络媒体主要指全国性以及地方性门户网站。

3）电视广播。

4）搜索引擎。

5）网络论坛。

6）博客。除了企业自己开设在各大门户网站上的博客之外，也可以找名人博客发布，或在其他点击量高的博客中以留言形式发布。

7）微博。

8）微信。可以在微信公众号推送，或让人员转发。

9）分类信息网站。

10）资源性平台。

11）企业内部。企业内部可以通过企业邮件、企业内刊及宣传册等发布。

（3）软文发布的最佳时间安排　首先，应确定投放的时间段。一般来说，首次投放软文的时间大都安排在某种新车型上市之前，可以给消费者一种"预兆"，制造某种悬念，从而为新车型的上市打好基础、做好铺垫。

其次，根据软文投放的媒体选择最佳时间。在投放软文时，还应结合消费者需求、产品特点以及发布媒体渠道等不同因素，来选择合适的时间。如果软文发布时间允许，平面媒体建议尽量选择在有重大选题的刊期刊登。重大选题的当期，报纸的销量和传阅率都会明显增加。

网络媒体软文尽量选择在周一至周五的上午10点至11点投放，因为很多编辑会在这一时间段转载文章。

新浪微博商务部的调研数据表明微博用户活动有如下规律：

1）微博用户周一、周二反应冷淡：用户往往面临比较大的工作压力，心理处于紧张期，对于企业微博的反馈并不是非常积极。

2）周三、周四互动最集中：用户进入一周的稳定期，对于微博的反馈积极性有明显的提高。但是企业目前对于这两天的利用不足，发微博比例偏低。

3）周五、周六、周日用户更活跃：用户处于对周末的期待中，相对于评论而言，更乐意进行简单的转发。

4）工作日下班后的时间段（18~23点）营销价值大，企业需关注。周末午饭后（13~14点）和晚饭前后（17~20点）的用户转发和评论都比较积极。

5）周末的23点之后仍是用户积极互动的时间，由于周末休息较晚，23点之后企业微博仍然可以获得较多的用户反馈。

5. 软文营销效果评估

（1）软文营销评估的意义　客观地对软文营销的效果进行评估都有两方面的现实意义：

1）能够及时总结好的经验，为下一步提高软文营销的水平奠定基础。

2）是一个学习和进步的机会，有利于软文营销团队与企业的市场部、销售部及其他部门的团结合作。

因此，软文营销必须评估，唯有如此，软文营销的创新能力才会持续提高。

（2）软文营销评估的方法　软文营销对于企业认知度、品牌知名度、产品线下的销售促进等作用不容忽视，一般来说，软文营销效果评估方法可总结为以下几种：

1）成本评价法。成本评价法是将实施软文营销周期内的销售业绩与同时期对比，软文营销投入的费用与业绩增长额对比，这种方法适合评价平面软文和网络软文。

2）留资转化率评价法。留资率指实施软文营销后，在垂直媒体平台页面留资行为次数占浏览量总点击次数的比例。但留资的客户并不一定都能按照预约全部到店，所以要比较留资转化率。将通过宣传获得的客户数量和实际预约试乘试驾的客户数量进行对比。留资转化率越高，说明软文宣传的效果越好。

3）转载率评价法。平面媒体的软文引起网民主动引用或评价，即可认为是一次转载。网络软文主要看网站、论坛的帖子转载置顶量。

4）流量分析评价法。该方法主要评价推广网站的网络软文，为网站带来了多少点击量。

5）置顶率评价法。该方法主要评价网络论坛中的帖子形式软文有多少次被置顶了。

必须指出的是，软文营销的效果评估不能绝对化，因为在个别情况下，软文的行动目标不一定是销售，有可能是危机公关，也有可能是信息反馈，因此，建议软文营销的效果评估将以上几个方法综合考虑，可以出具详细的软文营销执行报告。

（3）软文营销评估的标准

1）网站流量的变化。软文发布之后，因为配合宣传推广，必然会造成网站流量的变化。网站流量转化率是指用户进行了相应目标行动的访问次数与总访问次数的比率。而软文是否提高了网站流量转化率，是软文营销评估的首要衡量点。

2）网络口碑是否提升。软文是营造网络口碑的利器，在软文发布后，也需要检验网络口碑是否零差评。网络口碑对消费者的认知、情感、期望、态度、行为意向和实际行为等都会产生影响。许多关于网络口碑的研究表明，相较于网络广告，网络口碑更能促进消费者对新产品的认知和接受。网络口碑对于信息搜索过程、用户态度和购买决策等都有相当大的影响力。

3）品牌形象是否提升。企业想要树立良好的品牌形象，可以通过公益活动提升企业形象或通过营销宣传提高品牌认知度。软文发布后的效果评估，必须把品牌认可度是否提高作为首要的评价依据。作为品牌资产的重要组成部分，品牌认可度是衡量消费者认识和理解品牌内涵和品牌价值的标准。品牌认可度体现了企业核心竞争力。在产品和服务品质相差不大的大众消费品市场，消费者往往倾向于根据品牌认可度做出购买决策。

4）销量是否大幅度增加。销量是否提升是评估软文营销效果的最终依据。

5）每日咨询频率是否提升。企业产出咨询量的多少，也是衡量其价值的重要指标。咨询量是指通过拨打客服电话或点击在线客服进行咨询的访客数。

6. 汽车软文应用案例

> **案例**
>
> ### 大众春晚看一汽，一汽-大众送红包！！
>
> 背景与情境：2019 年央视春晚分会场之一北国春城——长春一汽。一汽大众在微信公众号上发布了一则软文，题为"大众春晚看一汽，一汽 - 大众送红包！！"，通过短视频播放与受众群体一起回顾过去的一年，宣布一汽将成为 2019 年春晚分会场并预告活动——"为庆祝春晚走进一汽，探歌、探岳携百度 APP，除夕全天（2 月 4 日 0 点—24 点），派发海量双探车型购车红包！"，成功地将一汽大众与春晚合二为一，建立和强化了大众的品牌形象，并且在消费人群中产生了很大的影响。
>
> 评析：该软文的成功，一方面是标题迎合了热点事件，牢牢抓住了受众眼球；另一方面是其掌握消费者心理，与消费者产生心理共鸣，宣传事半功倍。

> **案例**
>
> ### 车企与影视圈的联袂演出
>
> 东南汽车将目光对准了软文植入，旗下的 V3 菱悦出现在电视剧《裸婚时代》中，带动该车销量破万，成为公司支柱品牌。软文植入自然，能够将产品巧妙地融入节目和游戏情节中，让观众不知不觉地对产品留下印象。而且，许多产品能够在剧中起到推动情节发展的作用，牢牢占据一席之地。
>
> 例如植入电视剧《何以笙箫默》的海马汽车，利用剧中人物的特性，为角色配备不同风格的车型，扩大了产品认知，提升了品牌形象。电视剧播出后，海马汽车的百度搜索量和实体销售店的消费者人数大涨。
>
> 目前，产品植入主要有两种方式，一种是在节目中由主持人无数次重复播报的硬广，例如《奔跑吧兄弟》的开场白："奔跑吧凌渡，奔跑吧兄弟。本节目由上海大众汽车奢饰宽体轿跑凌渡冠名。"；另一种是将产品融入电视剧或综艺节目游戏中的软文，例如植入《何以笙箫默》的福美来 M5 和海马 S7。
>
> 作为企业广告营销的两种做法，通常认为，软文具有更好的效果。相对于硬广，软文更容易让观众接受，而且能在潜移默化中影响消费者。对于企业而言，软文的性价比更高。而最佳的做法是，采用两者结合的植入方式，将软文融入硬广中。
>
> 与硬性广告相比，软文的精妙之处在于一个"软"字，软文能够将宣传内容与软文内容完美地融合在一起。消费者在阅读软文的时候，既能了解文案创作所要宣传的东西，又能得到消费者所需要的内容。因此，一篇好的软文是双向的。

三、H5 在新媒体运营领域中的运用

1. H5 在新媒体运营领域中的基本概念

H5 是一种代码格式，全称为 HTML5（超文本标记语言），也指用 H5 语言制作的一切数字产品，"超文本"是指页面内可以包含图片、链接，甚至音乐、程序等非文字元素。而"标记"指的是这些超文本必须由包含属性的开头与结尾标志来标记。浏览器正是通过对 HTML 的解码把网页内容显示出来，这也正是互联网的基础。

HTML5 是对 HTML 标准的第 5 次修订，其主要的目标是将互联网语义化，以便更好地被人类和机器阅读，并同时更好地支持各种媒体的嵌入。H5 是开放 Web 标准的基石，它是一个完整的编程环境，适用于跨平台应用程序、视频、动画、图形、风格、排版、其他数字内容发布工具、广泛的网络功能等。

对于新媒体来说，H5 是一个具体的为展示而做出来的产品。

2. H5 特性

随着网络与新媒体的高速发展，H5 展现着极其旺盛的生命力，H5 之所以被人们广泛接纳、为移动社交营销创造巨大的价值，源于其独特的传播特性，企业借助 H5 这种强交互、易分享、多媒体、跨平台等方面的优质特性达到了更理想的营销效果。

H5 之所以能引发如此广泛的效应，根本在于它不再只是一种标记语言，它为下一代互联网提供了全新的框架和平台，包括提供免插件的音频和视频、图像动画、文字、互动以及更多酷炫而且重要的功能，并使这些应用标准化和开放化，从而使互联网也能够轻松实现类似桌面的应用体验。

（1）强感官刺激　H5 能够将视频、音频、动画、图文、3D、全景、VR 等所有媒体形式融入一体，也就意味着能够容纳更多的创意组合，从多个维度传播给受众丰富的信息。作为超强创意载体的 H5 最适宜产出差异化内容，有利于提升品牌辨识度，在营销大战中脱颖而出，抢占消费者的注意力。

（2）强用户参与　相对于图文、海报、视频这种单维度的广告形式，H5 具备更丰富的互动表现力，主要体现在以下几个方面：

1）强互动。强互动包括评论、弹幕、点赞、排行、双屏、摇一摇、重力感应等。丰富的动作手势给予用户即时反馈，可减少流失率，特别在需要表达大量信息的场景；另外，评论、图片上传、弹幕这样的用户生成内容（UGC）形式会更受年轻群体的欢迎。

2）场景化。H5 可实时获取用户的时间、位置信息，基于场景给用户推送个性化内容，代入感强。

3）社交化。基于社交关系的广告内容设计容易激励参与。

（3）跨平台属性　H5 的最显著的优势在于跨平台性，H5 技术适配多终端。

这种强大的兼容性可以显著地降低开发与运营成本，让企业特别是创业者获得更多的发展机遇。对于用户来说，在微博、微信、APP 里都可以一键转发，操作方便，能够引起爆发性的传播，有效驱动"裂变式营销"，使得一次低成本、低投入的营销行为获取百万级流量的巨大回馈。

H5 营销的价值，其核心内容可归结为"低成本、高效能"两方面。因此，随着 H5 的风靡，越来越多的营销从业者开始尝试使用这一载体，对整个用户市场的价值导向造成了巨

大的影响，这使得 H5 成了企业互动营销的重要工具、移动社交营销的标配载体。

3. H5 的分类和形态

H5 页面目前按其设计的目标可分为商品展示型、活动营销型、品牌推广型和总结报告型。

商品展示型的 H5 旨在介绍产品功能，将产品特性通过 H5 页面的互动功能展现出来；活动营销型的 H5 页面根据用处不同具有多种形式，常见的有邀请函、贺卡等；品牌推广型的 H5 页面的重点在于塑造品牌形象，传达品牌理念，常见的方式是图文结合；总结报告型的 H5 页面通常通过展现大事件达到总结的作用，渗透传递品牌理念。

H5 的形态多种多样，目前较为普遍的可分为以下几种。

（1）测试类 H5　测试类 H5 目前比较流行，而且成本较低，一般以一些故事情节和时事去导入或结合节日营销的热点。测试类 H5 的交互主要是通过点击跳转实现的，大致两种形式，一是点击选项直接跳转页面，二是页面内设置跳转组件，如"下一题""继续测试"之类的按键。测试类 H5 除了内容新颖，可引导客户一步步完成测试外，还含有丰富的趣味性，能带给用户新鲜感。

图 2-1 中的 H5"别克：左右脑大作战，这么烧脑的测试你敢挑战吗？"通过 3 个左右游戏，让玩家来挑战左右脑的配合度。游戏机制和产品的链接度很强，通过"左右脑配合"的概念让用户感受到这款车的"全新 1.5T 直喷涡轮增压发动机"与"7 速智能双离合变速器"将高性能与低油耗完美结合。

图 2-1　H5"别克：左右脑大作战，这么烧脑的测试你敢挑战吗？"

（2）抽签类 H5　抽签在生活中经常出现，每到各种节日，尤其是春节，朋友圈就会涌现大量抽签的 H5，而从平台检测结果来讲，每到春节此类 H5 的点击量高达一千多万。这是个屡试不爽的营销方式，一到新年大家都希望听到美好的祝愿，所以抽签比较适合做这种节日营销。H5"新年翻牌"如图 2-2 所示。

（3）游戏类 H5　游戏类 H5 又包含很多种形式，公众接触较多的是转盘抽奖类、集赞积累、寻找不同点等小游戏，这些方式把众多宣传元素

图 2-2　H5"新年翻牌"

加入游戏中，用户在体验 H5 时，也同游戏内容一起体验了产品内容。别克就与小黄人合作了一款类似"大家来找茬"的游戏（图 2-3），不仅吸引了大批小黄人的粉丝，也吸引到一些喜欢挑战的游戏玩家，H5 以漫画的形式展现出来，轻松愉快地和小黄人做游戏，同时也展示了别克 GL8 的超大容量。

图 2-3　H5"别克：瞪大眼找大眼"

（4）展示类 H5　展示类 H5 是 H5 种类中制作较为简单的，一般可通过免费的制作平台实现，汽车 4S 店往往采用此类 H5 进行活动宣传、客户邀约、产品介绍等。H5 可推广宣传可视广告，在画面、设计、文案、背景音乐、效果等方面都需一一琢磨，但目前很多门店侧重利用 H5 形式包装宣传，造成了细节处理欠佳，整体看起来更像是 PPT，所以展示类 H5 的关键仍在于感官体验。

Jeep 出了一个 H5："你见过这些怪咖吗？"（图 2-4）进行车圈作品展。很多汽车品牌都会寻找 KOL，Jeep 为达到品牌传播的目的，找的不仅仅是 KOL，他们还有自己的名字——Jeeper。Jeep 通过生活形态展示 Jeeper，给用户的感觉就是开 Jeep 车似乎就可以和这些人一样，去四处旅游，从而使品牌理念得以宣传。

4. H5 制作详解

（1）H5 的定位　在进行 H5 策划之前，首先要先进行精准定位，明确各方对于该 H5 的预期，要求设计者从以下几个层面来进行思考和创作：

1）确定 H5 在整个营销策划案中所处的地位。H5 通常不会独立存在，要服务于整套的产品营销推广方案。理清一支 H5 在整个营销战略体系中所占据的位置，究竟需要它达到什么目标，是增加汽车产品曝光，增加公众号关注量，还是引导消费行为？这将在很大程度上决定该 H5 的创意方向。

图 2-4　H5"Jeep：你见过这些怪咖吗？"

如果该策划案是以 H5 为核心或先导来进行前期宣传，那么就要花费心力凸显该 H5 的主动传播价值。

反之，如果该 H5 居于附属地位，服务于促销活动、试乘试驾活动或新车上市宣传等，那么在主动价值之余仍然需要关注该 H5 的被动传播价值，通过加入转发集赞、签到有礼等附加福利机制来推动消费者进行转发。

2）确定 H5 所面向的目标受众。明确 H5 受众范围的前提条件是明确产品的市场属性。营销策划的投入产出比要求精准控制。

（2）H5 的策划　H5 创意策划的基本内容是核心创意点，核心创意点以活动主题为依据，创作包括主形象、主视觉、文案、标题、转场等在内的细节内容。

1）确定 H5 的风格和调性。和任何一种艺术作品一样，H5 也有自己的调性。它指的是 H5 的内容风格将以什么样的格调展现给浏览者。常见的内容风格包括搞怪、温情、清新、文艺、高端大气等。不同风格的内容会触及不同类型用户的关注点，因此，在确定内容调性的时候需要对目标受众进行综合分析，尽量选取符合目标受众品位和认知的风格。

2）文案创作。与传统的文案创作类似，进行 H5 文案创作也需先确定主题。H5 文案创作最核心的法则是精炼。用户平均停留在一个 H5 产品上的时间仅有 17s 左右，在这 17s 传达高密度的信息，需要更简洁有力的文案。策划人不能在 H5 中填充全部信息，而要结合其传播需求反复提炼，将最有价值的信息梳理成一个逻辑鲜明的信息链，将最精华的内容浓缩进几个页面。所有文案需要通过醒目、简洁、有力的方式展示出来，做到层级分明、排列有序。

3）文案排版。文案的长短或字数、页面中摆放的位置、文字的大小、颜色、字体都影响着 H5 整体感觉和效果。

4）媒体素材创作。H5 具有强大的富媒体适应性，在创作 H5 媒体素材时，除了将文案的表现力最大化，也应综合选用图片、视频、音频、VR 等多媒体形式来增强案例表现力。整体遵循图形化、动态化、场景化的设计准则。

5）标题、微信描述创作。在点开查看一个 H5 前，除了它的标题、描述和缩略图外，掌握不了任何其他信息。因此，对于 H5 作品而言，标题、微信描述就是它的"名片"。所以在创作 H5 标题时，不妨做一名"标题党"，制造一些噱头，引起用户的好奇心。案例标题如图 2-5 所示。

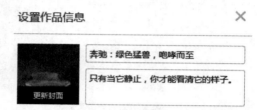

图 2-5 案例标题"奔驰：绿色猛兽，咆哮而至"

6）H5 交互设计。交互设计应该是 H5 有别于传统媒体形式所独有的一个策划流程。交互设计的过程就是实现完整的交互体验。在进行交互创作时，需要考虑以下几方面的问题：

① 简明易懂。一定要让用户一目了然地看懂 H5 的交互逻辑。

② 交互适度。

③ 保护隐私。

④ 场景为先。

（3）H5 制作平台功能 大多数 H5 制作平台包含以下功能：素材模板、页面模板、新建页面、修改图层、添加文本、添加动画、设置背景图、设置背景音乐、插入图片、使用特效组件、添加动效、全局设置、预览和发布等。下面以某平台为例展示 H5 制作平台的功能。

在 H5 制作页面（图 2-6），中间一般是浏览窗口。左侧是页面显示窗口，此处主要展示页面的列表。编辑器左侧也会涵盖模板中心，页面模板、素材模板等为系统提供的模板，也可选择自己保存的模板。

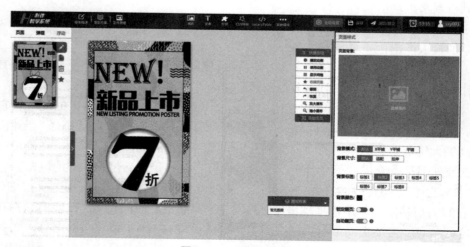

图 2-6 H5 制作页面

制作页面上方是素材添加选择窗口（图2-7），包含文本、图片、特效、组件等，在页面里面添加的元素都称为图层，故添加元素即为创建图层，如修改，可在图层列表中，先行选择元素，相应进行修改。而右侧是设置区域，可以给素材添加动画、建立交互，设置页面、图层等。

图2-7　H5素材添加选择窗口

全局设置包含H5页面的整体内容：背景、主图、背景音乐、加载效果等。

5. 如何提高H5的传播能力

（1）紧跟热点　对热点的良好把控是一个优质社交内容的必备要素。在移动互联网时代，越来越多的热点占据用户的视线。对热点事件进行内容化、故事化的改写与包装成为一种内容创作的思路。而这种方式也能在一定程度上最快地打动用户。

（2）创意设计　交互是H5主筋骨，完整地描述整个活动怎么做、客户怎么玩，以客户视角为出发点考虑H5的所有细节流程，合理运用技术，才能打造极致的互动体验。

（3）H5营销渠道　目前，在中国互联网市场主流的流量分发方式主要分为两种，一种是基于算法的新闻客户端机器分发；另一种是基于关系链的微博、微信社交分发。而H5的爆点就在于关系链的传播与分享，H5通过关系链的分发，能获取丰厚且真实的流量，最终实现商业化，产生品牌曝光，达成广告效果。

6. H5运用案例

 案例

梅赛德斯-奔驰：AMG信念驱动

奔驰为了宣传AMG系列轿跑车，通过模拟汽车的发动机声，让用户未见其车先闻其声。当用户打开模拟车库的时候，看到的是棱角分明的外形，按下声音按钮的时候，听到的是狂野的发动机声，这些元素精准地抓住了跑车用户对于产品的需求点。H5"梅赛德斯-奔驰：AMG信念驱动"如图2-8所示。

图 2-8 H5 "梅赛德斯 - 奔驰：AMG 信念驱动"

⊞ 案例

长安铃木：逐梦空间

长安铃木以"那些年我们错过的人和事"为主线剧情带领观众开启一场追逐梦想的汽车之旅。暗黑的背景、神秘的音乐，用背景动画和文字动态显示，加上真人独白和背景音乐，将人带入一种暗色神秘的气氛。"力量""勇气""安全"3 个神秘的大门后都有一个以重力感应的 360° 全景视频。虽然没有 3D 立体模拟实境震撼，但对于没有 3D 眼镜的用户，总体效果非常不错。H5 "长安铃木：逐梦空间"如图 2-9 所示。

图 2-9　H5"长安铃木：逐梦空间"

别克：我和我的大朋友

　　别克英朗汽车 H5 页面的整体画风采用手绘水彩的画面形式，以一个孩子的口吻来讲述她和她家中的一个大朋友的故事，在一开始的故事中大朋友就好似家里的狗狗，最后逐渐转换成一辆汽车，用这种类比方式来表现出温馨的氛围，达到品牌宣传的作用。H5"别克：我和我的大朋友"如图 2-10 所示。

图 2-10　H5"别克：我和我的大朋友"

案例

全新致炫线上发布会

丰田的 H5 是动画展示形式的 H5 页面。用户可以单击"外观""操控""科技""价格"的其中一个，进入相应的介绍页面。每一页都像一个独立的 H5，做得都很精致，内容详尽，都有不同的玩法。H5"致炫大玩咖"如图 2-11 所示。

图 2-11 H5"致炫大玩咖"

四、汽车广告促销

1. 汽车广告的作用

（1）建立知名度 通过广告，企业向汽车消费者传达新车上市的信息，吸引目标消费者的注意，汽车广告宣传可避免销售人员向潜在消费者描述新车时花费大量的时间，从而快速建立知名度，迅速占领市场。

（2）促进理解 通过广告，企业可向目标消费者有效地传递新车的外观、性能、使用等方面的信息，引发他们对新车的好感和信任，激发其进一步了解新车的举动，进而产生购买欲望。

（3）有效提醒潜在消费者 当潜在消费者已了解某款新车型，但还未准备购买时，汽车广告能不断地提醒他们，刺激其购买欲望，这比人员促销要经济得多。

（4）为消费者再度购买提供保证 汽车广告能提醒消费者如何使用、维修、维护汽车，对他们再度购买提供保证。

（5）树立企业形象 对于汽车这样一种高档耐用消费品，用户在购买时，十分重视企业形象（包括信誉、名称、商标等），汽车广告可提高汽车生产企业的知名度和美誉度，扩大其市场占有率。

2. 汽车广告的种类

1）告知性广告是指向目标受众提供信息的广告。告知性广告主要用于汽车新产品上市的开拓阶段，旨在为汽车产品建立市场需求。如：日本丰田汽车公司在进入中国市场时，打出"车到山前必有路，有路必有丰田车"的广告，震撼人心。

2）说服性广告主要用于竞争阶段，目的在于建立消费者对某一特定汽车品牌的选择性需求。在使用这类广告时，应确信能证明自己处于宣传的优势，并且不会遭到更强大的其他汽车品牌产品的反击。如：奇瑞 QQ 的广告，突出了该汽车产品的个性、时尚，如图 2-12 所示。

3）提醒性广告用于汽车产品的成熟期，目的是保持消费者对该汽车产品的记忆。如：林肯汽车仍经常为已经处于成熟期的林肯汽车做广告，提醒消费者对林肯汽车的注意，如图 2-13 所示。

图 2-12　说服性广告——奇瑞 QQ

图 2-13　提醒性广告——林肯

3. 汽车广告促销的步骤

（1）确定广告受众　确定广告受众是营销是否成功开展的关键。从产品购买者定位是最直接的确定广告受众的方法。

（2）确定广告目标　企业应根据实际情况选择广告的目标。广告的目标可是刺激消费者的购买欲、寻找新客户、鼓励老客对新产品的试用等。

（3）制订广告预算　汽车广告有维持一段时间的延期效应。虽然汽车广告被当作当期开支来处理，但其中一部分实际上是可用来逐渐建立汽车品牌与产品商誉的无形价值投资。因此，制订汽车广告预算时要根据汽车企业的实际需要和实际财务状况来做决策。此外还要考虑以下 5 个因素：

1）产品生命周期。

2）市场份额和消费者基础。

3）竞争程度。

4）广告频率。

5）产品替代性。

（4）广告创意设计　有创意的汽车广告在让受众耳目一新的同时也能让受众快速、长时间地记住打出这一广告的产品。

（5）选择广告媒体

1）汽车广告媒体的种类。广告媒体种类繁多，主要有电视、报纸、杂志、广播电台等。

2）选择汽车广告媒体应考虑的因素。

① 目标消费者的媒体习惯。

② 汽车产品想展现的优势。

③ 汽车产品想展现的广告信息。

④ 汽车产品的媒介费用。

（6）广告效果评价　广告效果的评价有传播效果评价和销售效果评价两种。

1）传播效果评价。汽车广告的传播效果，即汽车广告对于消费者知晓、认知和偏好的影响，是汽车广告效果的重要方面。传播效果的评价可在汽车广告发布前或发布后进行。其方法有以下几种：

① 直接评分法。直接评分法即要求消费者对广告依次打分。

② 组合测试。组合测试即请消费者观看一组汽车广告后，请他们回忆所看过的广告，看他们能记住多少内容，以此来评价一个广告是否突出主题及其信息是否易懂易记。

③ 试验测试。试验室测试即利用仪器来测量消费者对于汽车广告的心理反应的情况，如心跳、血压、瞳孔的变化等现象，以此来测量广告的吸引力。不过，此类试验只能测试广告的吸引力，而无法测量受众对广告的信任情况、所持态度和意图。

2）销售效果评价。一般来说，汽车广告的销售效果比其传播效果更难于测量。因为除了广告因素外，销售还受到许多因素的影响，如产品性能、价格、售后服务、竞争对手的行为等。

① 历史分析法。历史分析法即运用统计技术将过去的销售业绩和过去的广告支出与当前的销售业绩和当前的广告支出联系起来分析，以此来评价广告的效果。

② 试验分析法。在某些地区广告开支高而在另些地区开支低，如果高开支试验导致销量大增，说明之前广告开支过少；如果高开支试验没有增加销量或低开支试验没有导致销量下降，说明之前广告开支过大。这种方法必须保持足够时间，因为广告有滞后效应。

4. 汽车网络广告媒体的选择

（1）**垂直媒体**　汽车垂直媒体包括垂直网站和垂直搜索，是指专门发布汽车相关信息，提供单一、独立的汽车信息搜索的搜索引擎。用户可通过此类垂直媒体进行准确检索，获取到所需信息。常见的汽车垂直媒体有汽车之家、腾讯汽车、易车网、搜狐汽车、爱卡汽车网、新浪汽车等。其主要优点是服务专业、传播准确、操作便利。缺点是服务或产品范围相对狭窄、单一行业市场规模较小、业务拓展较弱。

（2）**自媒体**　自媒体又称个人媒体或公民媒体，指私人化、平民化、普泛化、自主化的传播者，以现代化、电子化的手段，向不特定的大多数或特定的单个人传递规范性及非规范性信息的新媒体的总称。常见的汽车自媒体平台有微博、微信公众号、百度贴吧和汽车类短视频。其特点是用户黏性大，传播影响力大。但是它的缺点是传播失实现象普遍、监督薄弱、容易造成负面舆论。

（3）**汽车官方网站**　汽车官方网站是汽车品牌体现其意志想法，公开车辆信息，并带有专用、权威、公开性质的一种网站。每一个汽车品牌都有自己的官方网站。其信息权威、具有公信力、具有真实性和法律效应。但是它的缺点是内容单一、只有一种品牌介绍、传播速度慢。

（4）**新兴宣传平台**

1）易企秀。易企秀是一款针对移动互联网营销的手机幻灯片、H5 场景应用制作工具，将原来只能在 PC 端制作和展示的各类复杂营销方案转移到更为便携的手机上。

　　用户不需要掌握复杂的编程技术，就能简单、轻松制作基于H5的精美手机幻灯片页面。同时，易企秀与主流社会化媒体打通，让用户能通过自身的社会化媒体账号就能进行传播，展示业务，收集潜在客户。易企秀提供统计功能，让用户能随时了解传播效果，明确营销重点、优化营销策略。

　　易企秀适用的地方包括：企业宣传、产品介绍、活动促销、预约报名、会议组织、收集反馈、微信增粉、网站导流、婚礼邀请、新年祝福等。易企秀宣传平台如图 2-14 所示。

　　2）抖音。抖音短视频（图 2-15）是一个旨在帮助大众用户表达自我、记录美好生活的短视频分享 APP。它应用人工智能技术为用户创造丰富多样的玩法，让用户在生活中轻松快速产出优质短视频。用户可选择歌曲，配以短视频，形成自己的作品，也可自己上传剪辑作品。抖音用户可通过视频拍摄快慢、视频编辑、特效（反复、闪一下、慢镜头）等技术让视频更具创造性。

图 2-14　易企秀宣传平台

图 2-15　抖音宣传平台

　　3）微信公众号。对于汽车 4S 店来说，利用微信可以宣传车企品牌，也可以为销售服务。通常 4S 店开通微信公众平台有以下几个目的：一是为了紧跟互联网营销潮流；二是即时互动功能，方便客户了解购车和用车方面的信息，有利于汽车 4S 店做销售服务。更为重要的是，关注汽车 4S 店公众号的人都是老客户或有购车意向的新客户，这时就会有用户主动询问购车、用车的信息，而这对汽车 4S 店来说绝对是营销的最佳时机。

　　对于 4S 店的公众号运营来说，第一，是要回复用户的咨询；第二，是要做好销售服务；第三是要推送促销信息。汽车 4S 店微信运营要注意以下几点：

　　① 确定汽车 4S 店微信公众号用来做什么。汽车 4S 店微信公众号要利用新媒体的私密性和速度性等特点进行营销，如果营销内容本身很有热点和主题，可迅速在不同的人群之间扩散和传播，引起大家充分的关注。这是非常明显的优势，而且成本比较低。

　　② 让用户知道汽车 4S 店微信公众号。要通过网上宣传、门店展架以及发布优惠信息顺带宣传等方式展示该公众号二维码，吸引更多的客户关注。同时要加强与各地方的车友会沟

通，让微信作为车友会主要的沟通工具。

③ 利用二维码做折扣和优惠活动来吸引用户。汽车 4S 店可设定自己品牌的二维码，用折扣和优惠来吸引用户关注，开拓 O2O 营销模式。例如："请扫描二维码，购车将获得 8 折优惠。"

④ 信息发送时注重话题的设计和选择。微信一对一的聊天功能能够建立起实体店与消费者间的直接联系。通过微信公众平台，汽车 4S 店可实现用户分组及地域控制。不同的消费者对购车的要求也不同，所以汽车 4S 店要注重话题的设计和选择。

⑤ 注重对微信话题的改进。对于汽车 4S 店来说，一定要注重话题的改进。

⑥ 活动营销。汽车 4S 店通常所采取的活动营销就是赠送一些优惠券或小礼品。汽车 4S 店一定要赠送有企业特色的东西。而另一种活动营销的形式，就是在客户已有消费内容中，让客户体验到优惠，体现出线上和线下的差别，例如利用微信预约汽车服务维护及维修，可以有优惠等。

5. 汽车网络广告促销案例

案例

宝马+抖音，打造汽车品牌营销典范

如何传达品牌认知，如何拓客引流，如何区别于竞争对手，是汽车行业需要解决的 3 大问题。

宝马与抖音平台合作，打造了宝马超级品牌日，宝马的抖音宣传平台如图 2-16 所示。期间，宝马发起话题："2018 全新宝马 X3 带你打卡"，浏览量超过 2078.2 万，与用户互动的同时，也增加了"新车上市"品牌曝光的效果，推动营销模式的便捷化、主动化。紧接着，宝马又火速加入抖音企业认证，获得"蓝 V"特权，锁定特定昵称，获得官方认证标识，保证企业号独特性的同时又彰显企业身份。

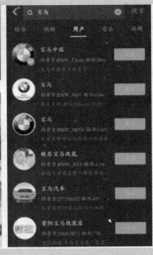

图 2-16　宝马的抖音宣传平台

任务二　汽车业务新媒体创新模式营销策划（中级）

 **任务描述**

某汽车服务企业为了提高品牌的影响力，更加便捷地服务客户，决定打造汽车销售虚拟展厅为客户提供更舒适方便的服务，并且利用短视频平台进行产品宣传与销售。

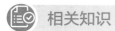 **任务目标**

1. 能够了解虚拟现实技术。
2. 能够掌握汽车销售虚拟展厅的制作与发布方式。
3. 能够利用短视频平台制作产品视频并发布。
4. 能够通过短视频平台直播销售产品。

建议学时

2 学时

相关知识

一、汽车销售虚拟展厅制作与发布

1. 汽车 4S 店虚拟展厅概述

虚拟展厅是富媒体的网络互动途径，能供给用户一个高度互动的 3D 虚拟现实环境，是一种足不出户便如同亲临展会现场的全新体验。

虚拟展厅模式是由"静态展厅"转为"动态展厅"，由过去"客户找店"转为"店找客户"，让客户在日常生活中就能接触到产品，完成了解、认知、认可、购买、忠诚的过程。

设立虚拟展厅的目的：

1）采用流动式的方式展示产品、吸引目标客户，给客户提供便利性。

2）提高品牌、产品、专营店知名度。

3）进行汽车知识、性能、价格的销售讲解，提供选车、购车、换车、用车常识。

4）为客户提供购买资格、购买方式、置换方式、摇号方式等一系列政策咨询服务。

2. 汽车品牌体验式营销案例

（1）Mercedes me　毗邻北京地标三里屯的 Mercedes me，秉承了梅赛德斯 - 奔驰一贯的匠心精神，是集试驾、精品展示、美式咖啡、时尚购物于一体的体验店。

从汽车品牌营销来看，汽车体验模式将是最佳客户体验战略的一部分。

（2）纳智捷移动汽车生活馆　移动汽车生活馆是将 4S 的体验功能浓缩在一辆大巴上，这辆大巴开到哪里，就可以将 4S 店的体验功能带到哪里。

纳智捷移动汽车生活体验馆中，整个车厢被改装为两个主要功能区域，车厢前半部分有 3 张小桌子，类似 4S 店内的客户洽谈区，每张桌子上设有一体式计算机，方便销售顾问向客户进行车辆说明。

车厢的后半部分被整个隔开，像一个拉起幕布的电影院——这里面就是纳智捷独树一帜的体验剧场。

汽车生活馆的概念不但是全新的营销方式，更是一个售前售后全方位无间隔的服务流程和理念，通过高科技给生活及用车带来改变，为客户提供一个智能、科技、人性化的细致服务。

同时纳智捷汽车生活馆作为差异化体验式营销的核心场所，将以观车、讲解为主的传统销售模式演变为科技博物馆级别的体验剧场方式，进行车辆品质全方位展示，并以互动数字科技为用户带来全新沟通体验。

3. 常见的数据采集设备

（1）虚拟三维投影显示系统　虚拟三维投影显示系统是目前国际上普遍采用的虚拟现实和视景仿真实现手段和方式，也是一种典型、实用、高级、投入型的虚拟现实系统。

（2）数据手套　数据手套是一种多模式的虚拟现实硬件，通过软件编程，可进行虚拟场景中物体的抓取、移动、旋转等动作，也可利用它的多模式性，用作一种控制场景漫游的工具。

（3）六自由度位置跟踪器　六自由度位置跟踪器是作用于空间位置跟踪与定位的装置，一般与其他 VR 设备结合使用，如：数据头盔、立体眼镜、数据手套等，使参与者在空间上能够自由移动、旋转，不局限于固定的空间位置，操作更加灵活。六自由度位置跟踪器可模拟出各种空间运动姿态，可广泛应用到各种训练模拟器以及动感电影、娱乐设备等领域。

二、汽车业务推广短视频的拍摄实施与发布

1. 汽车业务推广短视频概述

（1）短视频简介　短视频是一种视频长度以秒计数，主要依托于移动智能终端实现快速拍摄和美化编辑，可在社交平台上实时分享和无缝对接的一种新型视频形式。它融合了文字、语音和视频，可更加直观、立体地满足用户表达、沟通需求，满足用户之间展示与分享的诉求。

（2）短视频的特点

1）视频长度较短，传播速度较快。短视频长度一般控制在 5min 之内，这种短小精炼的视频模式使得即拍即传成为一种可能。随着移动互联网的发展，移动客户端成为视频传播的主要途径。

2）生产流程简单化，制作门槛更低。

3）广泛参与性，社交媒体属性加强。短视频不是视频网站的缩小版，而是社交的延续，是信息传递的一种方式。一方面，用户通过参与短视频话题，突破了时间、空间、人群的限制，参与线上活动变得简单有趣，使用户更有参与感；另一方面，社交媒体为用户的创意和分享提供了一个便捷的传播渠道。

表面上看，短视频 APP 的竞争是点击量的竞争，但是实际上较量的是各自社交方式带给用户的体验，能让用户背后社交圈的重划。

2. 汽车业务推广短视频制作流程

1）明确主题，锁定目标群体，根据受众需求制订脚本主题。

2）搭建脚本框架，框架的核心是故事，故事包含角色、场景、时间。由于短视频时

间较短，所以需要在有限的文字内，设定类似于反转、冲突等比较有亮点的情节，突出主题。

3）准备拍摄工具及确定拍摄形式，搭建拍摄场景，确定产品的构图形式、镜头、层次分布等。

4）进行视频剪辑，充分利用素材，按照创作主题制作视频封面。

5）发布成品，注意搭配主题文字，突出视频主题或紧抓网络热点。

3. 汽车业务推广短视频拍摄

（1）拍摄团队组建　短视频拍摄团队需要编导、摄影师、剪辑师、运营人员和演员，其中编导主要负责短视频策划、脚本创作、现场拍摄、后期剪辑、短视频包装（片头、片尾的设计）等；摄影师需要了解镜头脚本语言、精通拍摄技术、了解视频剪辑工作；剪辑师需要对拍摄的素材进行选择与组合，并对短视频进行配乐、配音及加上特效；运营人员负责对短视频进行内容管理、用户管理、渠道管理以及数据管理。

（2）拍摄环境搭建　短视频拍摄时要根据拍摄主题搭建拍摄场景，如果确定在室内拍摄，要准备灯具。

（3）镜头语言的选择

1）定场镜头：用于短视频开头，用来交代故事发生时间和地点的镜头。

2）空镜头（景物镜头）：是短视频中不出现人物（主要指与剧情有关的人物）的镜头。

3）分镜头：短视频的一小段镜头，电影就是若干个分镜头剪辑而成的。

镜头移动拍摄：镜头移动拍摄要做到动态画面静着拍，静态画面动着拍。

（4）产品的画面构图　在拍摄中，除了需要遵循基本的构图原理外，还要使用一些可起到优化画面效果的构图技巧，针对合适的主体与陪衬适当使用，可有锦上添花的效果，构图的方法可借鉴多样统一与照应、均衡、对比、反复与渐变。

参与短视频拍摄的演员一般要根据短视频的主题进行选择，演员和角色的定位要一致。

4. 汽车业务推广短视频的剪辑和包装

短视频的剪辑方法分为分剪、挖剪、拼剪和变格剪辑。

分剪是指将一个内容连续或意义完整的镜头分为两个或两个以上的镜头使用，其屏幕效果不再是一个镜头；挖剪是将一个完整镜头中的动作、人和物或运动镜头在运动中的某一部位上多余的部分挖掉剪去；拼剪就是将一个镜头重复拼接，一般在镜头不够长或补拍又不可能的情况下运用；变格剪辑是指剪辑者为达到剧情的特殊需要，在组接画面素材的过程中对动作、时间、空间所做的超乎常规的变格处理。它可以造成戏剧动作的强调、夸张和时间、空间的放大或缩小，是渲染情绪和气氛的重要手段。它可以直接影响影片的节奏。

5. 汽车业务推广短视频的发布

（1）选择合适的发布渠道　要调研各大短视频平台特色、明确各大短视频平台的渠道规则、有取舍地进行多渠道分发。常用的短视频平台有抖音短视频和快手短视频等。

（2）渠道短视频数据监控　数据监控包括获取运营数据，比如短视频的播放停留次数、停留时间、粉丝的关注及用户的群体；使用多种分析方法分析数据，如可视化分析、数据挖掘算法、预测性分析等；建立效果评估模型，优化短视频。

（3）渠道发布优化　优化短视频标题，更有利于搜索，优化视频封面、内容及介绍，占据短视频平台的推广位置。

6. 常用的视频剪辑软件

1) Adobe Premiere 是一款常用的视频编辑软件，由 Adobe 公司推出。Premiere Pro 可提升创作能力和创作自由度，提供了采集、剪辑、调色、美化音频、字幕添加、输出、DVD 刻录的一整套流程，并和其他 Adobe 软件高效集成，满足创建高质量作品的要求。

2) 爱剪辑是易用、强大的视频剪辑软件，也是国内首款全能的免费视频剪辑软件。它完全根据国人的使用习惯、功能需求与审美特点进行全新设计，许多创新功能都颇具独创性。

3) iMovie 是一款基于 Mac os 编写的视频剪辑软件，是 Macintosh 计算机上的应用程序套装 iLife 的一部分。它允许用户剪辑自己的家庭电影，因为简洁而受到欢迎，大多数的工作只需要简单的单击和拖拽就能完成。

4) 会声会影是加拿大 Corel 公司制作的一款功能强大的视频编辑软件，符合家庭或个人所需的影片剪辑功能，具有图像抓取和编修功能，可以转换 MV、DV、V8、TV 和实时记录抓取画面文件，并提供有超过 100 多种的编制功能与效果，可导出多种常见的视频格式。

三、汽车业务直播活动的实施与运营

直播营销包括直播前的策划和筹备、直播中的执行和把控、直播后的宣传和发酵 3 大模块。

直播开场设计的 5 要素分别包括平台资源支撑、渗透营销目的、引发观众兴趣、带入直播场景和促进观众推荐。

1. 直播活动具有多种开场形式

（1）直白介绍　直白介绍是直接告诉观众直播相关信息，包括主持人自我介绍、主办公司简介、直播话题介绍和直播流程等，一些吸引人的环节也可以在开场中提前介绍，促进观众留存。

（2）提出问题　开场提问可引导观众思考与直播相关的问题；另一方面，也可让主播更快地了解本次观众的基本情况，便于在后续直播中随机应变。

（3）抛出数据　数据是最有说服力的，主持人可将本次直播要素中的关键数据提前提炼出来，特别是专业性较强的直播活动，可充分利用数据开场，第一时间令观众信服。

（4）故事开场　故事更容易让不同年龄段、不同教育层次的观众产生兴趣，通过一个开场故事，带着听众进入直播所需场景，能更好地开展接下来的环节。

2. 直播互动四象限

直播活动中的互动，由发起和奖励两个要素组成，其中发起方决定了互动的参与形式与玩法，奖励则直接影响互动的效果。

横轴为发起轴、纵轴为奖励轴，由发起轴与奖励轴分割出的 4 个象限，包含了直播互动的 4 类玩法。如图 2-17 所示。

3. 直播互动的具体玩法

（1）弹幕互动　弹幕即大量以字幕弹出形式显示的

图 2-17　直播互动的四大类玩法

评论，这些评论在屏幕上飘过，所有参与直播的观众都可以看到。传统的弹幕出现在游戏直播、户外直播等纯互联网直播中，目前已经有直播平台尝试参与电视直播，与体育比赛、文艺演出等合作，进行互联网直播及弹幕互动。

（2）参与剧情　这类互动多见于户外直播，主播邀请网友一起参与策划直播下一步的进展方式，增强观众的参与感。邀请观众参与剧情发展，既可以使观众发挥创意，又可以满足观众的尊荣感。

（3）直播红包　直播间观众可为主播或主办方赠送"游艇""玫瑰"等虚拟礼物，表示对其认可与喜爱，但是此类赠送只是单向互动，其余观众无法参与，为了聚集人气，主播可利用第三方平台进行红包发放等，与更多的观众进行互动。

4. 直播收尾的核心思路

（1）销售转化　销售转化是将流量引导至销售平台，从收尾表现上看即引导进入官方网址或网店，促进购买与转化。通常留到直播结束的观众，都对直播比较感兴趣，对于这部分网友主播可充当销售顾问的角色，在结尾时引导观众购买产品。

不过需要注意的是，销售转化要有利他性，能够帮助观众省钱或抢到供不应求的产品，否则在直播结尾植入太生硬的广告，只会引来观众的不满。

（2）引导关注　引导关注是将流量引导至自媒体平台，引导观众关注自媒体账号。

5. 直播时的注意事项

1）反复强调营销重点。

2）减少自娱自乐，增加互动。

3）注意节奏，防止被打扰。

任务三　汽车业务新媒体立体营销策划（高级）

📋 任务描述

某汽车服务企业准备开展电商营销活动，要求网络运营专员协助其他部门一起完成本次活动的策划，达成企业目标，完成线上活动的策划方案编写。

🎯 任务目标

1. 能够掌握汽车网络市场调研的内容，组织策划调研活动。

2. 能够掌握线上策划活动的流程，编写汽车业务活动策划书。

3. 能够掌握汽车业务网络营销策划的要点，开展差异化业务策划活动。

4. 能够掌握数字媒体的内容，熟练使用数字媒体制作工具进行数字媒体资源的设计。

🕐 建议学时

2学时

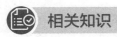 相关知识

一、汽车市场网络调研

1. 汽车市场网络调研概述

市场调研是指以科学的方法，系统地、有目的地收集、整理、分析和研究所有与汽车网络市场有关的信息，特别是有关消费者的需求、购买产品的动机和购买行为等方面的信息，从而把握市场现状和发展态势，有针对性地制订营销策略，取得良好的营销效益。

汽车网络市场调研是指基于互联网系统地进行汽车相关产品调研问题的发布、收集、整理、分析和研究的方式。它是利用互联网发掘技术，了解客户需求、市场机会、竞争对手、行业潮流、分销渠道以及战略合作伙伴等方面的情况，针对特定营销环境进行调查设计、问卷设计、资料收集和分析的活动。它为企业的决策提供数据支持和分析依据。

可以充分利用互联网的开放性、自由性、平等性、广泛性、直接性、无时间和地域限制等特点，展开调查工作。

2. 汽车市场网络调研的步骤和方法

（1）汽车市场网络调研的步骤

1）明确调研主题和目标。与传统的线下调研一样，进行网络市场调查首先要明确调查的主题及目的，具体要调查哪些问题应考虑清楚，只有这样，才能做到有的放矢，提高工作效率。

2）确定调研对象。依据调研目的，可确定调研对象。汽车网络市场调研对象主要分为企业产品的消费者、企业的竞争者和企业合作者。设定调研对象的时候，还要注意调研对象的可接触性，确认能够吸引到目标对象接受调查。

3）设计调研方案。制订有效的调研方案，包括数据来源、数据收集方法、调查工具、抽样方法、项目进度计划和费用计划等内容。

4）网络收集各种信息。信息包括一手资料和二手资料的信息，需要根据调查方案来确定。

5）整理分析收集到的所有信息。从大量的数据中找出与调查目标相关的信息，并整理出数据记录，找出相互关系，并得出对调研问题有帮助的结论。

6）撰写网络市场调研报告。报告不是数据和资料的简单堆砌，而是对调查数据的系统总结和科学提炼，编制能够为目标用户接受的调查报告。

（2）汽车市场网络调研方法

1）直接调研。直接调研指的是为当前特定目的在互联网上收集一手资料或原始信息。直接调研的方法有观察法、专题讨论法、网络问卷法和实验法 4 种。目前在汽车市场网络调研中用的最多的是专题讨论法和网络问卷法。

2）网络间接调研。网络市场间接调研指的是网上二手资料的收集。互联网虽有海量的二手资料，但要找到自己需要的信息，首先必须熟悉搜索引擎的使用，同时还要掌握专题性网络信息资源的分布。

网络间接调研主要通过搜索引擎访问相关的网站（如各种专题性或综合性网站）、相关的网上数据库、BBS、E-mail 等来进行，有技术能力的也可使用第三方数据接口进行数据

搜集。

3. 汽车市场在线问卷调查

问卷调查是现代社会市场调查十分重要的方法，而在问卷调查中，问卷设计又是其中的关键，问卷设计的好坏，将直接决定能否获得准确可靠的市场信息。本部分将详细介绍问卷设计的有关概念和基本技巧。

（1）问卷的基本结构　　在线问卷与实地调查问卷结构基本一致，一般包括说明信、指导语、问卷主体和结束语 4 部分。其中问卷主体（调查内容）是问卷的核心部分，是每一份问卷都必不可少的内容，而其他部分可根据设计者的需要进行取舍。

1）说明信。说明信是调查者向被调查者写的简短信，主要说明调查的目的、意义、选择方法以及填答说明等，一般放在问卷的开头。

2）指导语。指导语说明问卷填写要求及举例。

3）问卷主体。问卷主体是问卷调查的内容，包括各类问题、问题的回答方式及其指导语，这是调查问卷的主体，也是问卷设计的主要内容。

问卷中的问答题，从形式上看，可分为开放式、封闭式和混合式 3 大类。开放式问答题只提问题，不给具体答案，要求被调查者根据自己的实际情况自由作答。封闭式问答题可既提问题，又给出若干答案，被调查者只需在选中的答案中打"√"即可。混合式问答题，又称半封闭式问答题，是在采用封闭式问答题的同时，最后再附上一项开放式问题。每一个问题和答案都需要进行编号，便于将来的统计分析。

4）结束语。结束语一般放在问卷的最后面，用来简短地对被调查者的合作表示感谢，也可征询一下被调查者对问卷设计和问卷调查本身的看法和感受。

（2）问卷设计的过程　　在进行问卷设计时，首先要明确各层次的具体设计要求，以便确定问卷的结构和设计重点。

1）准备阶段。根据调研目的，确定所需信息数据，并逐一列出所需各种数据资料的来源。

2）设计阶段。根据调研目的及所需资料，进行问卷问题的设计与选择。

调查问卷网页的版面基本与纸质的调查问卷形式相同。由于可采用数据库的形式存储调查数据，因此，可不用设计题目的编号和答案的编号。问卷回答方式根据问题的类型来定，网页设计选项工具包括选项按钮、复选框、下拉列表和文本输入框等。

（3）测试发布阶段　　问卷测试与修改

1）在问卷正式发布以前，应初选一些调研对象进行测试，根据发现的问题进行修改、补充与完善。

2）修改完善的问卷可正式发布。

 案例分析

汽车网络在线问卷调查应用案例

中国新能源汽车消费现状与趋势调研问卷

汽车族杂志联合 ×× 汽车进行一项有关中国新能源汽车消费现状与趋势研究。希望您能根据自己的实际情况如实回答下面问题，我们会为您的回答保密。感谢您的支持与合作！

（续）

请注意，本次调研中涉及的新能源汽车主要指纯电动汽车。

1. 请问您了解有关新能源汽车信息的最主要途径是？【多选】
☐ 报刊   ☐ 电视   ☐ 网络
☐ 户外广告   ☐ 亲友告知   ☐ 其他

2. 您平时是否关注有关新能源汽车的相关政策？【单选】
○ 关注   ○ 不关注

3. 您知道哪些品牌在提供新能源汽车吗？【多选】
☐ 奥迪   ☐ 宝马   ☐ 北汽新能源   ☐ 奔驰
☐ 比亚迪   ☐ 长安   ☐ 大众   ☐ 丰田
☐ 江淮   ☐ 日产   ☐ 特斯拉   ☐ 沃尔沃
☐ 众泰   ☐ 不了解   ☐ 其他：_____

4. 请问您的家庭目前是否拥有汽车？【单选】
○ 1 辆   ○ 2 辆   ○ 3 辆   ○ 4 辆及以上   ○ 尚未拥有汽车

5. 请问您家庭目前所拥有的汽车是否是新能源汽车？【单选】
○ 是的   ○ 不是

6. 请问您或您的家庭在未来什么时间有购买汽车计划？【单选】
○ 半年内   ○ 1 年内   ○ 2~3 年内
○ 4~5 年内   ○ 5 年以后   ○ 不确定何时购买

7. 请问您想购买新能源汽车的主要原因是？【多选】
☐ 节能减排   ☐ 外观造型新颖独特   ☐ 功能更加齐备
☐ 国家补贴多   ☐ 追求时尚新潮   ☐ 受周围人的影响
☐ 体验新生事物 ☐ 其他：_____

8. 请问您在观望要不要购买新能源汽车的最主要原因是？【多选】
☐ 购买费用高   ☐ 性能低   ☐ 没有成熟的车型
☐ 周围人购买的较少 ☐ 维修不方便   ☐ 时速慢
☐ 续驶里程短   ☐ 能源获取不方便（充电加氢不便） ☐ 充电时间长
☐ 不安全   ☐ 对于品质不够放心，希望观望一段时间
☐ 交货慢   ☐ 不知道去哪里买
☐ 其他：_____

9. 请问，新能源充电基础设施建设完成后，您会考虑购买新能源汽车吗？
○ 会   ○ 不会

10. 如果可能，您会购买哪种新能源汽车？【单选】
○ 插电式混合动力汽车   ○ 纯电动汽车
○ 燃料电池电动汽车   ○ 其他替代新能源汽车

11. 请问您或您家庭计划购买什么价位的新能源汽车？【单选】
○ 15 万元以下   ○ 15 万~29 万元   ○ 30 万~49 万元
○ 50 万~79 万元   ○ 80 万~99 万元   ○ 100 万~199 万元
○ 200 万元以上

12. 请问您或您家庭计划购买多少续驶里程的新能源汽车？【单选】
○ 100km   ○ 300km   ○ 500km   ○ 1000km   ○ 更多

13. 请问您在选择新能源汽车时，主要考虑以下哪些方面？【多选】
☐ 品牌   ☐ 价格   ☐ 续驶里程
☐ 速度、性能   ☐ 安全性   ☐ 先进技术的使用
☐ 配置的丰富程度   ☐ 外观及内饰   ☐ 养护成本
☐ 售后服务和维修站 ☐ 充电、加氢等能源补充的便捷程度
☐ 提车的交付速度
☐ 其他：_____

（续）

14. 您认为新能源汽车给社会能带来的最大利益会是什么？【单选】
　　○ 有利于节能减排　　　　　　　○ 降低消费者用车支出
　　○ 促使工业科技发展　　　　　　○ 给消费者更多的产品选择
　　○ 其他：[　　　　　　　　　　]

15. 关于充电基础设施配套，您认为新能源汽车更适合哪种方式？【多选】
　　□ 公共充电站　　　　　　　　　□ 公共充电桩
　　□ 家庭普通电源充电　　　　　　□ 蓄电池换电站
　　□ 其他：[　　　　　　　　　　]

16. 您认为新能源汽车更适合哪种营销方式？【单选】
　　○ 厂商直销　　　　　　　　　　○ 传统 4S 店销售
　　○ 新型经销商授权销售模式　　　○ 租赁
　　○ 其他：[　　　　　　　　　　]

17. 您认为汽车市场将来的发展方向会是什么样？【单选】
　　○ 常规汽车与新能源汽车长期并存
　　○ 新能源汽车最终将取代常规汽车
　　○ 新能源汽车最终将被淘汰

18. 在政策方面，国家从减免购置税，到确定公务用车新能源化的硬指标、实施时间表，再到酝酿之中的电动汽车生产牌照开放以及充电设施完善等，都似乎在昭示着新能源汽车春天的到来，您对新能源汽车的前景怎么看？【单选】
　　○ 非常看好　　　　　　　○ 不太看好　　　　　　　○ 一般

19. 当政府采取以下哪些措施 / 政策时，您会考虑购买新能源汽车？【多选】
　　□ 购买新能源汽车时给予价格补贴
　　□ 基础设施配套（如加气站、充电桩等）建立完善
　　□ 在使用方面给予更多便利，如放宽限号等
　　□ 在税收和保险方面，给予新能源汽车更多优惠
　　□ 在限购和车牌拍卖方面，购买新能源汽车时给予优惠政策
　　□ 其他：[　　　　　　　　　　]

20. 您的年龄：

请选择 ▼
--请选择--
18岁以下
18~28岁
29~39岁
40~50岁
50岁以上

21. 您的性别：○ 男　　○ 女

22. 您的联系电话：

23. 您的收入：

▼
--请选择--
1500以下
1500~3000元
3000~6000元
6000~8000元
8000~10000元
10000~20000元
20000元以上

　　提交　　　　查看结果

4. 撰写网上调研报告

调研报告有综合报告、专题报告、说明性报告和研究性报告等不同类型，每种都有不同的调研重点。结合汽车网上调研的目的，网上调研有以下特点：针对性、新颖性和时效性。汽车产品网上市场调研要结合最新的时讯和汽车行业发展状况，有针对性地选择网上被访者进行调查，保证调研的内容新颖、及时，确保调研活动的时效性。

一份完整的营销调研报告由以下几部分组成：

1）调研结果的摘要。要求将调研的主要发现予以摘要说明。

2）调研目的。要列出该调研的目的及各种研究假设。

3）调研方法。确定调研设计、资料收集与抽样的方法。要尽量讲清是使用何种方法，并说明选择此种方法的原因。

此外，还要把在调研中出现的不足之处说明清楚，必要时需将不足之处对调研报告的准确性的影响程度分析清楚，以提高整个调研活动的可信度。

4）资料分析。资料分析是专门性报告的最主要部分，包括调研结果和统计图表。

5）结论与建议。有关建议的概要部分，包括必要的背景、信息、重要发现和结论，有时可根据阅读者的需要，提出一些合理化建议。

6）附件内容。通常将调研问卷、抽样名单、地址表、地图、统计检验计算结果、表格、制图等作为附件内容，每一项内容需编号，以便查询。

二、线上活动策划流程

绝大多数的运营岗位都需要通过活动来达成一定的业务目标，都需要花费大量的精力做活动。掌握好活动运营的基本技能，能够让新人快速取得工作成果，达到业务目标。活动通常分为线上活动和线下活动。活动的3个核心关键是活动策划、活动执行和活动复盘。一个活动策划的完整流程通常包括明确活动目标、提出活动创意和产出活动策划方案。

1. 活动目标

常见的活动目标有拉新、促活、成交和传播4种。

拉新活动是以活动为手段，以拉新为目的过程的统称，它通过不同的活动形式去提升新用户的注册量、激活率、关注量。拉新是所有新产品走向市场的第一步，事关产品成败。人人租机拉新活动页面如图2-18所示。

促活活动是让用户持续地来到产品上，把用户的习惯培养起来，增加用户对产品的黏性。促活的形式多样，如登录、观看视频、阅读文章、上课和听语音等，主要是看想要用户培养起什么习惯来。

成交活动是通过各种满减、半价等手段，引导客户购买，达成目标成交量。

传播活动是指做出的活动能够让用户转发、分享起来，形成广泛的传播，达到传播的目的。网易非常擅长去策划一些有趣的以传播为目的的活动。

图2-18　人人租机拉新活动页面

以上4种活动目标是通过渠道展现活动信息，转化用户，然后吸引他们来参与活动，最后引导用户达成某个特定的行为，最终达到活动目标。

活动转换流程如下：

第一，在特定的渠道上展现活动的信息，让用户知道有这个活动。

第二，通过这个信息去吸引用户参与活动，转化用户。

第三，通过活动内的一些引导，让用户达成某种行为，达到某种结果，如引导用户去登录、注册、下单、转发等，活动转换示意如图2-19所示。

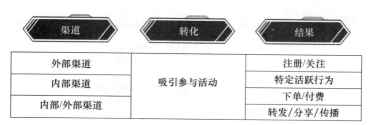

图2-19　活动转换示意

2. 活动创意

（1）常见的创意活动　常见的创意活动有打卡/签到、测试/答题、竞猜、比赛/排名、征集、收集、红包/抽奖、小游戏、拼团、换装和故事等。

（2）活动组合形式

1）创意叠加。创意叠加就是将以上的活动创意选择至少2个玩法叠加在一起，来组成一个新的玩法。这样做的目的通常是为了增加活动的吸引力。比如签到+红包/抽奖、测试/答题+抽奖、小游戏+红包/抽奖、小游戏+竞猜。活动创意的叠加最好不要超过3个，否则用户会觉得很麻烦，不容易理解。

2）元素替换。上述的所有玩法都包括很多元素，这些元素可根据目的及产品进行替换，从而使这个活动创意与产品调性更加融合。如：同样是打卡/签到获取奖励，健身相关的就是连续打卡健身可获得健身荣耀勋章，汽车相关的就是连续签到可获得一桶油（可去加油站兑换加油）。

这种方法一般可针对两个场景：一是预算有限，用最少预算达到最大效果；二是以往旧活动的思路很好，但旧元素已过时，所以要用新元素去替代。

比如原有的红包物质激励可能只有红包，但现在可以选择优惠券、高端服务等来替代。还可以改变原有的领取方式，比如用"抢红包"替代原有的"每人固定额度"。红包替代品示例如图2-20所示。

抽奖替代品示例如图2-21所示。

3）蹭热点。可以通过与时下热点相结合，增强创意对用户的吸引力，蹭热点的基本步骤分为找热点和切入热点。热点分为可预测的热点和不可预测的热点两类。

可预测的热点包含以下几种类型：

①节假日（元旦、春节、国庆节等）。

②大事件（高考、两会、奥运会等）。

③电商大型促销日（京东618、天猫双11等）。

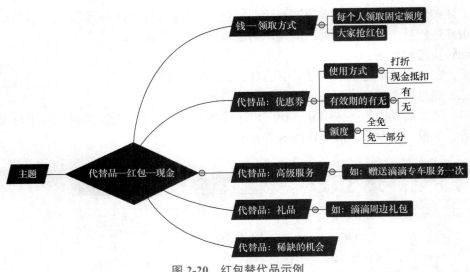

图 2-20　红包替代品示例

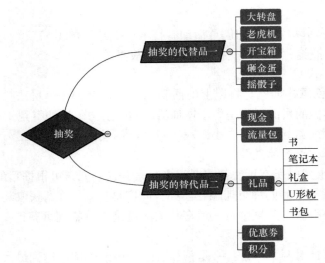

图 2-21　抽奖替代品示例

④ 周期式话题。

对于可预测的热点，要做好排期，安排好要蹭哪些热点，每个热点活动的主题是什么，需要什么时候开始准备，什么时候是截止日期等，最终形成一个排期表。

对于不可预测的热点，如明星八卦，某部电视剧突然火爆等，可找几种工具关注。第一种是百度、微博、今日头条、知乎等的热搜榜单；第二种是一站式看热点的工具，比如新媒体管家、新榜、西瓜助手等。

（3）筛选创意　挑选最合适的创意有以下两种方法：

1）用创意与活动目标匹配。

① 拉新：红包 + 测试 / 答题 + 抽奖 + 投票 / 评选。

② 促活：打卡 / 签到 + 比赛 + 排名 + 竞猜 + 征集 + 换装。

③成交：拼团＋红包＋抽奖。

④传播：比赛/排名＋故事＋换装＋小游戏。

2）列出活动自检清单（表2-1）。

表2-1　活动自检清单

活动目标	这个创意是否能够帮助达成本次活动目标
业务	这个创意是否与公司的核心产品和业务相关
	这个创意是否与公司的品牌调性或价值观一致
资源	这个创意需要的资源，公司是否能够给到
	这个创意需要的资源筹措是否需要很多时间，能否支持快速上线
用户	目标用户对这个创意感兴趣么？为什么感兴趣
	在这个创意下，用户参与的收益和成本分别是什么？收益会大于成本吗
	在这个创意下，用户有机会去炫耀和分享么
	这个创意是否在市面上已经流行过了？用户是否已经无感了
	在这个创意下，用户是否比较难理解活动的玩法

提示：活动必须围绕目标来策划，也就是强调活动目标；创意与公司的核心产品的调性不能出现差异；只有当用户前面的参与收益高于参与成本时，他才会愿意参加；创意流行过多、步骤太复杂都不好。

3. 活动策划方案

活动策划方案包含活动背景、活动目标、活动主题、活动时间、活动创意/玩法、活动流程、推广渠道、资源需求和活动预算9大元素。

（1）活动背景　活动背景必须要说明的4件事：是否是在特定的背景下的活动？活动是否对业务/公司有特殊的意义或价值？活动面向的用户群体是谁？活动向用户提供的价值是什么？

（2）活动目标　活动目标需要注意的问题是活动目标是唯一还是多个？活动目标必须是可量化的数字指标（图2-22）。

（3）活动主题　活动主题是用一句话清晰凸显活动亮点，来吸引用户参与活动。常见的活动主题设计方式如下：

1）直接式。直接式主题就是直接告知用户本次活动的主题是什么。

2）福利式。福利式主题就是直接让用户看到有福利可得。

3）反常理。反常理标题中的信息（一般是两种）看似有矛盾或冲突，违背常理，但却因为强烈的对比而突出了重要信息。

4）免费式。只要标题带上"免费""限免""部分免费"字样，大部分用户都会比较感兴趣。

图 2-22　活动目标数字化

5）打折式。打折式主题体现商品打折，给用户优惠。

6）送钱式。送钱式主题即表示要给用户送钱，如新用户首单免费或送相应金额的优惠券等。

7）挑战式。挑战式主题即表示要向用户发起挑战，引起用户的好胜心。如今日头条的"一箱油极限挑战"（图 2-23）。

8）分享式。分享式主题即表示要向用户分享有趣好玩的活动。

9）有奖式。有奖式主题通过奖品来拉动活动参与度。

图 2-23　一箱油极限挑战

10）共鸣式。共鸣式主题通过"相似情境"换起用户记忆中的情境模块，从而带动用户的情绪体验。

11）推荐式。推荐式主题直接向用户推荐相应的活动。

12）买就送式。这种主题就是告诉用户买某个商品送另外一个商品。

13）情怀式。情怀式主题利用一些感性的词语或句子来显示情怀。

14）情感式。情感式主题利用人的感情或情绪勾起用户的兴趣。

15）鸡汤式。鸡汤式主题采用鸡汤文的形式，引发用户共鸣。

16）节日式。节日式主题利用法定节日或人造节日作为活动的噱头。

17）话题式。话题式主题利用用户关注的话题提高用户对活动的关注度。

18）借势式。借势式主题借势热门事件、话题元素提高活动的传播速度。

19）谐音式。谐音式主题利用大家熟知的成语或俗语的谐音增加活动的趣味性和动感元素。

20）赢好礼式。该类主题突出参加活动赢好礼。

21）巧用数字式。数字能给用户带来一定的冲击力和感染力，让用户被活动吸引并能够准确地捕捉到活动重要信息。

22）利用时间元素式。该类主题利用时间元素给用户一种"过了这村就没这店"的感觉，如限时免费、活动设置期限等。

23）群体效应式。群体效应式主题是结合某个用户群体特性。

24）名人效应式。名人效应式主题是利用知名人士、明星等来吸引用户的关注和参与。

25）亲自体验式。亲自体验式主题是以用户分享的口吻表示体验过活动，且得到了相应的奖品，并呼吁其他用户积极参与，提高活动的真实性。

26）切入生活场景式。该类主题切入用户的某个生活场景，让用户觉得此活动对其确实有用。

27）特殊体验式。该类主题站在用户的角度，给用户一些特别的体验。如参与活动获得VIP 特权或其他体验等。

（4）活动时间

1）活动启动时间：重要节假日，"五一""十一"、中秋等；重要事件发生时点，世界杯、双十一等；近期热点（48h 内）；产品所在的垂直领域用户比较聚焦的时间。

2）活动结束时间：限定期限，1h、1 天、3 天、7 天、30 天等；基于历史数据考虑是否能在结束前达成目标。

活动结束时间应给用户紧迫感，不能太晚，否则用户就会觉得什么时候参加都不迟。也不能太早，否则目标都难以达成。

（5）活动创意/玩法　活动创意/玩法会通过一定的活动形式呈现出来，比如H5、网页、海报、文章等优先选择比较"轻"的活动形式。如果要做 H5，尽量借助一些有成熟模板的第三方平台，而不是单独开发 H5 页面。

活动创意 / 玩法填写参考格式示例如图 2-24 所示。

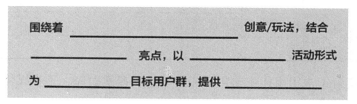

图 2-24　活动创意 / 玩法填写参考格式示例

（6）活动流程　设计活动流程要从用户的视角出发，来描述用户参与的关键活动环节。

（7）推广渠道

1）常见的产品内部渠道：APP 启动页面、网站首页 Banner、APP 上的 Banner、登录后弹窗提示、APP/ 站内的消息推送、自有社群。

2）常见的产品外部渠道：短信 / 邮件、微信订阅号模板消息、微博、百度 SEM、广点通、其他第三方推广渠道。

（8）资源需求　资源需求主要分为特殊渠道推广需求、活动奖品的预算需求、支持创意实现需要的特殊资源，特殊资源比如请大咖分享，这可能是整个活动的核心，需要重点关注。

（9）活动预算　活动预算是根据资源需求进行评估的，一个合格的运营，都需要会制作活动预算表（表 2-2）。

三、汽车业务网络营销策划要点

策划网络营销方案必须关注的要点是：方案要解决的问题、需要实现的目标、可创造的价值；创意、编制、执行、实施的组织分工；如何推广以及推广涉及的关联要素；提出策划方案和执行方法的理由；时间安排和营销方案执行的具体过程；各系列活动的操作要点，操作过程中遇到新问题的解决方案；方案预算等。

表 2-2　活动预算表

一级项目	二级项目	成本	数量 / 工时	总价
渠道	渠道 A			
	渠道 B			
	渠道 C			
奖品	奖品 A			
	奖品 B			
	奖品 C			
	奖品 D			
特殊资源	A			
	B			
人力成本	产品			
	设计			
	开发			
	测试			
	运营			

汽车行业网络营销常用媒体主要包括门户网站、搜索引擎、垂直媒体和其他网络媒体（图 2-25）。

图 2-25　汽车行业网络营销常用媒体

1. 微博营销策划的要点

（1）微博内容策划　微博内容策划从用户偏好开始（表 2-3）。

（2）微博互动策划　微博互动要有针对性。经销商可在微博上开展在线答疑、销售反馈、售后服务等业务，此外，与行业内意见领袖、潜在用户的互动也很重要，微博互动是提升企业微博影响力的重要方法之一。微博互动的主要技巧是：评论他人微博，需要做到严肃慎重；创造有意义的体验和互动，用户才会愿意交流；主动搜索行业相关话题，主动去与用户互动；发布内容给感兴趣或与此信息相关的人；不要关注过于低俗的人，特别是有违法违规风险的人。

表 2-3　用户偏好

类别	占比	话题示例	内容
产品	30%	品牌故事汇 品牌车型知识	品牌文化、历史、产品卖点、促销信息发布
区域	10%	新鲜事	区域活动、热点新闻、交通信息
行业	10%	聚焦业内	行业政策、行业新闻
服务	20%	人车生活	售后服务、在线答疑、维护常识
生活	30%	吃在广州 游在海南	趣味话题、电影、音乐、摄影、当地餐饮、购物、娱乐信息

（3）微博活动策划　个人微博可依靠个人魅力来增加粉丝，提升影响力。经销商微博属于企业微博，需要不断地开展线上线下活动来滚动增长粉丝。

（4）微博发布策划　微博要有规律地进行更新，每天 5~10 条，一小时内不要连发几条，上班、午休、下午 4 点后、晚上 8 点是高峰发帖时间。微博内容要有趣味性，为粉丝提供有价值的信息。微博要严格执行内容规划中的内容性质划分，不宜过多地发布广告。微博要注重参与和行业相关的重大新闻。

2. 微信营销策划的要点

（1）受众人群　微信受众人群年龄多数在 18~45 岁，多为年轻人、白领阶层、商务人士，随着智能技术的普及，越来越多的退休老年人也逐步纳入受众群体。

（2）微信改变着用户的生活　微信改变的不只是人与人之间的沟通方式，更给用户的生活、商业模式带来了很大改观，比如微信的免费国际沟通。语音、视频、图片等让沟通更便捷，成本更低廉。微信上的小功能往往能给企业带来惊喜，例如微信的"朋友圈"可以让客户免费做转介绍；微信的"扫一扫"功能可以直接扫来生意。

（3）微信营销策划要点　在活动规划前，必须做好预热工作；顺势而为，借助节日打造营销热潮；不应只重视前台，还要发挥后台作用；利用落差，产生巨大传播力；创造兴奋点，激发用户踊跃参与；实体店营销必须与网络营销同步配合；坚持自己的特点，做出自己的特色；设置微信功能，简单就是力量；高度重视培养客户的信任感，而非一味促销；推得好，更要聊得好，重视与客户的主动互动。

3. QQ 群营销策划的要点

（1）目标群选择　汽车经销商必须对汽车行业的趋势有所了解，QQ 群营销最好的办法首先是加入与汽车行业相关的 QQ 群，因为在这里，会有很多机会与行业前辈和同行进行交流，也便于寻求合作。作为网络营销人员，不但要加入更多的行业 QQ 群，而且要正确选择目标群。

（2）QQ 群营销策划要点　加入 QQ 群切记不要一进入就大发广告，留下链接。

好的方式有：转发式，例如在 QQ 群广泛发爱心广告，这是隐性的 QQ 群发营销，而且还会有人帮忙宣传；揭秘式，例如指出同行的不足，引起讨论并获得消费者认可，同时展现自己的优势，但这种方法不宜多用；变群友为好友，把群里的意向客户加为好友，便于进一步和意向客户交流和增加新客户来源。

4. 短视频营销策划的要点

（1）热度最高的短视频 KOL　汽车垂直短视频 KOL 多为汽车媒体人或资深车迷，他们在媒体平台已经积累了大量忠实粉丝。进入短视频领域后，他们以专业的汽车内容产出实现粉丝的裂变增长，建立起较强的影响力。

（2）最受用户欢迎的汽车短视频　汽车测评类内容占据主流，原创趣味视频播放量更高，下面 5 类汽车短视频内容最受欢迎，占比超 80%：

1）专业汽车知识类：详细测评类占比最大，买车导购、大咖体验等实用内容占据主流，更强调"有用"。

2）制作精良的汽车广告：新品上市、车展、极限表演等是厂商短视频营销的常见内容，更彰显"精致"。

3）用户原创趣味视频：与汽车相关的生活场景剧、汽车趣味最容易引发网友兴趣与分享欲望，更突显"有趣"。

4）定制类故事 IP 短剧：品牌多与 PGC、UGC 合作产出定制化内容，多为车主游记、用户专访等。

5）捆绑明星话题内容：视频内容与流量明星关联关注度最高，音乐舞蹈类挑战活动用户参与度高。

5. 直播营销策划的要点

（1）确认直播主题　确认直播的主题与嘉宾，并制订相关的商业宣传海报以及制订商业直播推广计划。

（2）确认直播设备　计算机、高清摄像机、音视频采集卡、导播台、4G/5G 流量卡、三脚架、收音话筒（根据机位确定，有几个机位就要几套，现场有调音台也可以直接从调音台输出声音，流量卡根据场地网络环境确定）。有的企业因为成本、技术等原因，不可能配齐这些设备，这时候需要和专业的摄像、调音团队配合。

（3）提前调试设备　使用专业设备时，有密集的按键、纠缠的线路、复杂的操作，所以要提前对设备进行调试，避免直播出现不必要的麻烦。

1）熟悉企业直播推流软件的基本操作并设置好直播画面 logo、广告贴片、暖场视频等。

2）测试外接设备，保证设备的正常使用。测试音视频采集输出是否正常，保证直播画面的声画同步与高清流畅。

3）查询 4G/5G 卡流量以及测试现场的网络情况是否稳定以避免网络波动导致直播卡顿出现，同时要注意 4G/5G 卡充值避免欠费断网。

（4）确保直播流畅稳定

1）让场外同事注意直播情况，关注直播中画面或声音是否正常，如信号出问题要及时沟通。

2）多机位画面切换要平缓，否则容易造成直播画面效果差和观众观看体验差。

3）直播过程中可发弹幕进行交流，让每一个直播观众都能参与其中，调动观众的积极性，也可以发红包活跃气氛。

4）直播完成注意设置回放视频，以便没有来得及观看的观众能有机会观看直播内容。

对于商业直播来说，选择一家靠谱的企业级的视频直播服务商很重要，因为无论是推流的稳定性，还是网络分发的过程任何一个环节出了问题都会影响商业直播的效果，极大的影响企业的品牌形象。

四、常用的数字媒体制作工具

数字媒体是指以二进制数的形式记录、处理、传播、获取过程的信息载体。这些载体包括数字化的文字、图形、图像、声音、视频影像和动画等感觉媒体以及表示这些感觉媒体的表示媒体（编码）等，通称为逻辑媒体，还有存储、传输、显示逻辑媒体的实物媒体。

1. 数字媒体的分类

按时间属性，数字媒体可分成静止媒体和连续媒体。静止媒体是指内容不会随着时间而变化的数字媒体，比如文本和图片。而连续媒体是指内容随着时间而变化的数字媒体，比如音频、视频、虚拟图像等。

按来源属性，数字媒体可分成自然媒体和合成媒体。

按组成元素，数字媒体又可分成单一媒体和多媒体。顾名思义，单一媒体就是指单一信息载体组成的载体；而多媒体是指多种信息载体的表现形式和传递方式。"数字媒体"一般就是指"多媒体"，是由数字技术支持的信息传输载体，其表现形式更复杂，更具视觉冲击力，更具有互动特性。

2. 数字媒体制作工具在电子商务中的应用

目前数字媒体制作工具主要分为图像工具和图形工具，图像工具以 Adobe 家族的工具软件为代表，主要是对文字、图片、视频、音频等信息进行编辑，图形类工具是对数据进行可视化表达的制作工具。

1）Adobe Photoshop 在网店图片信息处理中的应用。在网店经营中，需要将销售的商品图片放置到网店中进行展示，为了凸显自己网店商品的独特性，吸引更多消费者的眼光，需要将商品图片进行美化处理，而图片信息的美化处理则需要借助 Adobe Photoshop 软件。

① 抠取图像。网店的商品图片需要商家进行实物拍摄，由于商家拍摄水平有限，其拍摄的图片需要进行美化处理，首先需要将拍摄的原图抠取出来，Photoshop 的抠取工具比较多。

② 色彩调整。在完成抠取图片后，就需要根据销售商品图片的信息等，对其色彩进行调整，以此达到吸引消费者眼光的目的。

③ 水印制作。水印主要包括网店的店名和 logo，它是网店商家避免被他人冒用的一种有效自我保护手段，也是网店应对侵权行为的一种有效法律证据。一般水印以不透明的形态出现在商品图片中的显著位置，水印制作的程序比较简单，它只需要在图片中添加一个图层即可。

2）Adobe Photoshop 在电子商务平台网页制作中的应用。电子商务活动的开展离不开一定的网络商务平台，利用 Photoshop 软件可以有效地完成商务网页的制作。在网页制作中，需要处理很多图元素，如网页按钮的制作、网页背景图片的设置与选择、网页底纹设置、网页背景设置等，这些工作都离不开 Photoshop 软件。

此外，利用 Photoshop 软件还可以完成网页的动画制作。在电子商务网络平台中，经常会看到一些动画图片或视频，这些动画能够增加商品的动感美，提高消费者购买商品的欲望。而利用 Photoshop 软件系统中的 ImageReady 软件包，就可以有效完成各种形式的动画制作，从而营造良好的网络营销环境，实现商品营销额度的提升。另外，还可以利用 Photoshop 软件制作 Web 照片画廊，通过各种连接实现对各个网店信息的访问。

任务四　汽车业务新媒体营销战略目标制订（高级）

任务描述

汽车电商企业诚信汽车计划在国庆节开展"金秋十月，喜迎国庆"的线上活动，请结合网络整合营销战略的内容制订一份线上活动的战略目标方案，要求包含具体实施步骤内容。

任务目标

1. 能够掌握网络整合营销策划的内容，熟悉整合营销策划思路。
2. 能够掌握网络整合营销原则与要求。
3. 能够分析网络整合营销的优劣势。
4. 能够独立制订企业线上活动战略目标。
5. 能够掌握汽车企业电商平台发展管理的内容。

建议学时

2 学时

相关知识

一、网络整合营销策划概述

1. 整合营销的概念

整合营销是传统的以 4P 为核心的营销框架，4P 是产品（Product）、价格（Price）、渠道（Place）和促销（Promotion），重视的是以产品为导向而非真正的以消费者为导向，制造商的经营哲学是"消费者请注意"。面对 20 世纪 90 年代市场环境的新变化，企业在营销观念上逐渐淡化 4P、突出 4C（Consumer、Cost、Convenience、Communication），制造商的经营哲学变成更加注意消费者。整合营销传播（IMC）的核心思想是：以整合企业内外所有资源为手段，再造企业的生产行为与市场行为，充分调动一切积极因素以实现企业统一的传播目标。IMC 强调与客户进行多方面的接触，并通过接触点向消费者传播一致的、清晰的企业形象。整合营销具有如下特征：

1）在整合营销传播中，消费者处于核心地位。

2）以建立资料库为基础对消费者进行全面深刻的了解。

3）整合营销传播的核心工作是培养真正的"消费者价值观"，与那些最有价值的消费者保持长期的紧密联系。

4）以本质上一致的信息为支撑点进行传播。企业不管利用什么媒体，其产品或服务的信息一定要清楚一致。

5）以各种传播媒介的整合运用为手段进行传播。凡是能够将品牌、产品类别和任何与市场相关的信息传递给消费者或潜在消费者的过程与经验，均被视为可以利用的传播媒介。

尽管对于整合营销的定义仍存在很大争议，但基本思想是一致的，即以客户需求为中心，变单向诉求为双向沟通，树立产品品牌在消费者心目中的地位，建立长期关系，达到消费者和厂家的双赢。

整合营销包含两个层次的整合：一是水平整合，二是垂直整合。水平整合包括信息内容的整合、传播工具的整合、传播要素资源的整合3方面。

垂直整合包括市场定位整合、传播目标的整合、4P整合、品牌形象整合4方面。

2. 如何做好整合营销

（1）市场调查　只有了解了竞争对手，了解消费者真实的消费需求，才能结合企业的资源和现状，制订有针对性的竞争策略，这是成功的前提，而这一切营销策略制订的依据都来源于市场调查。市场调查包括对企业的内部调查和对市场环境外部调查两部分。

（2）SWOT分析　通过对市场调查信息的整理，可明确企业的优势、劣势，明确市场机会和竞争威胁。市场机会对每个企业都是均等的，关键看企业能否结合自己的实际情况把握机会，对任何企业来说，都有做大做强的机会。企业首先要了解清楚自己的现状，理性地认识自己的优势和不足，同时还要看到来自竞争对手的威胁，这样才能制订出有竞争性的营销战略和策略。

（3）市场定位和经营战略　经营战略具体包括年度销售目标、赢利目标、产品规划战略、竞争战略、品牌战略、市场推广战略和渠道战略等。经营战略包括长期和即期战略，要结合企业现状和市场动态来确定。

（4）制订针对性的营销策略　营销策略的制订，要结合竞争对手和消费者的需求，需要制订企业的产品策略、价格策略、渠道策略、针对经销商和消费者的促销策略、终端策略等。

（5）品牌规划与低成本企业整合营销传播策略　品牌建设是企业一切营销活动的积累，是企业长期系统营销活动的结果。品牌建设对于企业销量的提升不言而喻，品牌规划和品牌传播是许多企业完成原始积累后再次跨越发展的一道坎。品牌规划包括品牌定位、品牌诉求、品牌视觉形象识别系统设计等，而品牌的传播要结合企业现实的资源来确定，在企业资金有限的情况下，就要考虑低成本的品牌营销传播活动，比如终端、软文等地面渗透传播。在企业具备一定的实力后，再考虑高成本、高效的硬广营销活动。

（6）制订竞争性的区域市场推广策略　在经过市场调查了解了竞争品牌的市场策略及市场机会和现状后，企业就要制订自己的市场推广策略，具体要结合企业的实际资源情况确定。

（7）招商规划和策略、经销商的管理　建立了完善的经销渠道，等于在市场上占据了有利的阵地。要进行系统规划，审视自己的条件，列明自己的优势，其次要考虑找什么样的目标，通过什么样的媒介途径把信息发布出去。在发布信息之前还要考虑什么样的传播内容更有吸引力，等有了潜在的目标后，就要考虑如何沟通获得客户。招商要进行系统的规划、准备和实施。招商规划要明确招商目标、招商条件、企业政策支持、招商方式和途径、招商沟通规范、招商步骤和计划等。

（8）营销团队建设及管理（人员、业务、信息等管理）　营销团队的组建要结合企业的战略和市场推广策略来进行，首先要完成营销组织架构规划，明确营销机构的部门组成，每个部门的职能职责，然后确定配置什么样的人员，具体要明确到每个人的岗位描述，让每个营销人员都明确自己的职责和权力，比如大区经理、省级经理、城市经理、销售主管、市场策划员等，最后要制订每个人的职位说明书。

结合岗位描述，要确定每个职位的薪资体系。完善的薪资体系设计对稳定和培养一批能征善战的营销人员、调动其主观能动性具有重要作用。针对营销团队的管理要建立一套系统针对人员、业务、信息反馈等的营销制度和流程，营销制度可以激励、监督、惩罚营销人员的行为，流程可以保障营销活动开展的效率，保证营销计划的执行力度和深度。

（9）营销预算与年度营销实施计划　要根据企业现实的资金、资源情况来进行营销预算和费用控制，并制订具体的年度营销计划和行动措施步骤等。

有了以上的"九步法则"，企业就能根据企业自身情况制订适合自己企业的整合营销规划。

二、网络整合营销战略及实施

1. 网络整合营销的要求

（1）传染性　就网络整合营销而言，曾经有人提出过"病毒式营销"的概念。网络的互动性，让网络营销具有滚雪球的效应，从而使得网络营销具有无限放大的可能。要有效地发挥网络营销传染性的作用，至少可从以下4个方面着手：

1）利用社会性事件。

2）利用突发性事件。

3）利用追星的心理。

4）利用反传统心理。

前面2个方面一般是可遇而不可求，平时更应从后面2个方面入手。

（2）重合性　重合性不同于重复性，重复性是指利用同一个媒体重复地出现同样的广告。重合性是在不同的媒介上以统一的形象或是在同一个媒介上以不同的形式出现（如定位、卖点等）。

在进行网络营销的时候，除了重复地进行宣传外，还需要考虑利用多种形式和多种媒介整合宣传提高广告宣传效果。

（3）背书性　"背书"指一个权威的或可信的媒介传递出信息，来为另外一个媒介之前披露的信息进行确认和佐证，网络宣传也需要"背书"。

（4）落地性　所有广告运动，归根到底都是希望达到促销作用，最终让消费者产生购买的行为。网络营销广告作为广告的一种，自然也不例外。

营销作为一种"接力"的运动，只有"落地"营销才能发挥销售作用。很多快速消费品公司在做大规模电视广告的时候，首先会做好分销网点的广泛覆盖以及高铺货率工作，这也就是在做"电视广告落地"工作。

（5）差异性　操作网络广告不同于操作传统的报纸、杂志、电视和电台广告，尤其是新兴的网络广告形式更是与众不同，几乎没有广告代理公司，也没有广告人员所熟知的刊物。网络广告也有相似于传统媒体广告的地方，以平面媒体报纸广告为例，在操作广告的时候，需要通过设计、文案等来突显与竞争广告的差异，以期望从众多广告中脱颖而出，这被称为"差异化"。同样网络广告也需要这样的差异化来提高竞争力。不过需要注意的是，千万不要因为需要差异化而差异化，一定要做到有效的差异化，具体就是在广告中，要提供消费者在乎的差异化。

（6）合作性　广告是否有效果的一个关键就在于广告的可信度高低。为了提高网络宣传公信力，可以让网站来背书。

网站本身的内容也需要不断更新以吸引网民的访问，同时大多数网站为节省开支不可能配备大量的编辑人员，这样必然产生对稿件的渴求，且网站的编辑很难有业界权威信息，这样网站就更需要业内企业中从业人员的支持。

网络营销的合作性，类似于平面媒体操作时所用到的软文宣传，平面媒体的版面相对稀缺，而网络几乎没有版面的限制，因此网络操作的空间相对要大得多。

2. 网络整合营销的原则

网络整合营销主要遵循4I原则，即趣味（Interesting）原则、利益（Interests）原则、互动（Interaction）原则、个性（Individuality）原则。

（1）趣味（Interesting）原则　将营销信息巧妙包裹在趣味的情节当中，是吸引客户的有效方式。

（2）利益（Interests）原则　网络是一个信息与服务泛滥的领域，营销活动不能为目标受众提供利益，必然寸步难行。广告的最高境界是没有广告，只有资讯。消费者抗拒广告，但消费者需要其需求产品的相关信息与资讯。直接推销类的广告吃到闭门羹的概率很大，但是为消费者提供的资讯，消费者接受度自然会大增。

（3）互动（Interaction）原则　网络媒体区别于传统媒体的另一个重要的特征是其互动性。只有充分挖掘网络的交互性，充分地利用网络的特性与消费者交流，才能扬长避短，让网络营销的功能发挥到极致。

（4）个性（Individuality）原则　个性化的营销，能让消费者心理产生"焦点关注"的满足感，个性化营销更能投消费者所好，更容易引发互动与购买行动。

3. 网络整合营销实施的优劣势

（1）主要劣势　网络企业传播的信息容易被其他互联网信息淹没；应用大众媒体进行强势促销的可能性比较小，在促销过程中主动权掌握在消费者的手中；由于浏览和点击的方便性，原有客户的转移成本低，网站容易流失客户群体。

（2）主要优势　易获取客户行为资料。登录的客户数目以及客户在每一个网页停留的时间、客户的浏览习惯都能够通过程序轻松地记录下来，同时还可以在数据仓库中记录下客户曾经购买的商品、购买的次数、客户的偏好和客户的资料，从而为有效分析客户的心理和行为特征提供充足的数据资源。

传播渠道多样。如可在相关的网站、软件、报刊、电视和海报上刊登广告，还可以通过精心设计的市场活动推广公司的品牌。易采用电子邮件等形式实施一对一营销，还能利用虚拟社区和论坛的方式增加客户参与机会，发挥关系营销的作用，建立忠实的客户群体。网络广告具有互动性强、传播范围广、成本低、效率高、受众数量易统计的优点，为互联网企业提供了非常好的营销传播工具。

4. 网络整合营销战略实施的步骤

（1）确定目标客户群体，分析客户心理特点以及行为特征　营销的第一步就是要评估消费群体的未来价值，确定目标客户群体，充分挖掘客户群体的价值，达到盈利的目标。此外，需要强调的是在分析客户心理特点和行为特征的过程中，绝不能忽视客户数据仓库的存在，客户数据仓库以及数据挖掘技术是准确制订营销策略的科学依据。

（2）确定整合思路，明确整合方法　特别需要注意的是同一个阶段整合的核心只能为一个，过多的整合核心不但会使整合营销传播的战略不明晰，而且还会降低整体的营销效果，更会使下属部门和渠道商感到无所适从。

（3）选择传播渠道，限定传播范围　传播渠道要依据公司的营销目标和公司的特点进行选择，做到针对性强，宣传力度大。这样做的好处是传播受众比较集中，传播的范围比较小，传播的效果也比较显著。

（4）拟订方案　网络企业在制订传播策略的时候应该依据行业的发展状况和公司的营销目标制订切合实际的传播策略。

（5）获取客户的反馈意见，保持与客户的紧密联系，在此基础上建立客户数据仓库　做好接触管理的工作，通过电子邮件或免费电话回答客户提出的问题，进一步完善客户资料库。同时，切忌等很长的时间才回复客户的电子邮件，这样做的代价是使到手的商机轻易地流失掉。

（6）评价是否达到预期的效果　不能以财务指标上的变化来衡量传播策略是否成功，评价要从传播的周期和公司的未来发展目标入手，尽量做到具有前瞻性和全局性。网络整合营销战略实施步骤如图 2-26 所示。

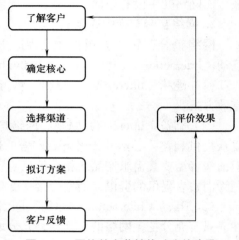

图 2-26　网络整合营销战略实施步骤

三、汽车企业线上活动战略目标制订

1. 企业战略目标制订的原则

企业在制订战略目标的过程中，应遵循下列基本原则：

（1）关键性原则　这一原则要求企业确定的战略目标必须突出有关企业经营成败的重要问题，有关企业全局的问题，切不可用次要的战术目标作为企业的战略目标，以免滥用企业资源而因小失大。

（2）可行性原则　确定的战略目标必须保证能够如期实现。因此，在制订战略目标时，必须全面分析企业各种资源条件和主观努力所能达到的程度。既不要脱离实际，凭主观愿望把目标定得过高，也不可不求进取把目标战略定得过低。

（3）定量化原则　要使企业的战略目标明确清晰，就必须使目标定量化，具有可衡量性，以便检查和评价其实现的程度。因此，战略目标必须用数量指标或质量指标来表示，而且最好具有可比性。

（4）一致性原则　它又称平衡性原则。它要求：第一，战略目标组合中的各个分目标之间应相互协调，相互支持，在横向上形成一个系统；第二，总公司的长期战略目标和短期战术目标要与战略经营单位和职能部门的短期战术目标协调一致，形成系统，而不能互相矛盾，互相脱节。

（5）激励性原则　制订企业的战略目标既要具有可行性，又要考虑到它的先进性。所谓先进性，就是要求制订的目标要经过努力才能实现。只有那些可行而先进的战略目标才具有激励和挑战作用，才能挖掘出人的巨大潜能。

（6）稳定性原则　企业的战略目标一经制订和落实，就必须保持相对稳定，不可朝令夕改而引起企业战略的变更。当然，如果经营环境发生了变化，战略目标调整后，所有的经营单位及职能部门的短期战术目标也要做出相应的调整。

2. 企业战略目标的内容

企业战略目标从不同侧面反映了企业的自我定位和发展方向，采用不同战略的企业其战略目标也不一样，因此企业战略目标是多元化的，既包括经济性目标，也包括非经济性目标；既包括定量目标，也包括定性目标。总结来说，有如下关键领域的目标：

1）市场方面的目标：应表明本公司希望达到的市场占有率或竞争中占据的地位。

2）技术改进和发展方面的目标：对改进和发展新产品，提供新型服务内容的认知及其措施。

3）提高生产力方面的目标：有效地衡量原材料的利用情况，最大限度地提高产品的数量和质量。

4）物质和金融资源方面的目标：获得物质和金融资源的渠道及其有效利用。

5）利润方面的目标：用一个或几个经济指标表明希望达到的利润率。

6）人力资源方面的目标：人力资源的获得、培训和发展，管理人员的培养及其个人才能的发挥。

7）职工积极性发挥方面的目标：对职工激励、报酬等措施。

8）社会责任方面的目标：注意公司对社会产生的影响。

企业的战略目标一般包括以下内容：

1）赢利能力：用利润、投资收益率、每股平均收益、销售利润率等来表示。

2）市场：用市场占有率、销售额或销售量来表示。

3）生产率：用投入产出比率或单位产品成本来表示。

4）产品：用产品线或产品的销售额和赢利能力、开发新产品的完成期表示。

5）资金：用资本构成、新增普通股、现金流量、流动资本、回收期等来表示。

6）生产：用工作面积、固定费用或生产量来表示。

7）研究与开发：用花费的货币量或完成的项目来表示。

8）组织：用将实行的变革或将承担的项目来表示。

9）人力资源：用缺勤率、迟到率、人员流动率、培训人数或将实施的培训计划数来表示。

10）社会责任：用活动的类型、服务天数或财政资助来表示。

四、汽车企业电商平台发展管理

1. 汽车电商平台发展重要性

网络技术的迅猛发展与普及，推动了世界范围的信息交流和经济交流。近年来基于网络的电子商务正逐渐成为商业化发展的重要内容。电子商务以不受地域时间限制、成本低、效率高、快速、方便等优势，受到越来越多企业和用户的欢迎，在世界范围内保持着快速、持续发展的态势。目前，电子商务应用已经从零售、运输、外贸等个别领域扩展到各类企业和各个行业，显示出强大的生命力。

纵观国内外的形势，我国汽车工业要保持支柱产业的地位，在经济全球化的今天参与国际竞争，必须充分利用电子商务这一先进的商业方法。我国电子商务近十年取得了非常显著的发展成果，其在汽车行业的发展势头也是非常强劲，大汽车品牌纷纷开始在线上汽车销售市场占领自己的一席之地，但是一个好的线上平台的搭建和推广所消耗的投资是非常大的，所以很多的汽车品牌就与现有的比较大的线上销售平台，例如与天猫，京东等线上销售巨头达成合作。借用其他平台的方式虽然不会消耗很大的资金，但是将汽车放在线上综合销售平台，很难达到预期的目标，对于品牌的维护，用户信息的维护，都十分困难，而这些问题将会对该品牌日后的线上销售产生非常大的阻力。

由于借用现有平台存在以上问题，所以部分财力雄厚的汽车生产企业会选择自建电子商务销售平台。自建电商平台，虽然花费巨大，但是具有很大的自主性，对于用户信息的维护，发掘消费者消费趋势的变化，指导汽车研发生产具有非常大的协助作用。

2. 汽车电商平台发展遇到的问题

（1）消费者观念问题　在当前环境下，由于网购商品比较方便，且日常生活用品在网上的价格相对而言比较便宜，故人们倾向于网上购买这些物品。但对于那些珠宝首饰、化妆品等比较贵重的消费品，消费者往往会去实体店进行购买。而汽车的价格普遍比较高，故消费者通常是通过网络来进行咨询，然后去相应的店面进行选购。

（2）物流配送问题　物流服务质量与企业的形象紧密相关，同时还会影响消费者是否会再次购买。汽车商品明显比较特殊，其物流配送环境通常会受到诸多因素的干扰，比如配送不及时、配送信息未能及时更新以及费用较高等。这些因素会影响消费者网购汽车的热情。

（3）汽车电商人才较少　对于新兴产业而言，人才资源是极为关键的。由于汽车行业电子商务人才需要掌握各个方面的知识，比如计算机、网络技术以及汽车专业知识等，而很多高校并没有安排相应的课程，使得汽车电子商务人才明显偏少。

（4）服务问题　消费者的满意程度与服务水平有着密切的联系。当全部汽车企业的产品以及价格保持一致时，那么服务情况将能够在很大程度上决定着消费者的购买意愿。在实体店，消费者往往能够感受到非常舒适的服务，但是电子商务服务很难达到这项要求，因为电子商务服务未能提供面对面的交流。

3. 汽车电商平台活动的机制及策略

（1）产品策略　汽车核心产品又称实质产品，是指汽车产品能向消费者提供的基本效用或利益。这是产品的最基本的层次，是满足消费者需求的核心内容。它是客户购买的目的所在，是客户追求的效用和利益。客户购买汽车产品，不仅是为了占有一件有形的、可触摸的汽车实体，而是为了满足自身特定的需要和欲望。因此在汽车产品策划中必须设计出真正满足消费者需求的产品。

1）形式产品。汽车形式产品是指核心产品借以实现的形式，即汽车产品形体或外部特征，包括品质、式样、特征、包装和商标等。汽车产品的效用或利益都必须通过某种具体形式表现出来。在汽车产品策划中，要对形式产品进行精心设计，在体现产品核心与实体的基础上展现产品具有个性魅力的物质形态。

2）汽车期望产品。汽车期望产品是指客户购买汽车产品时通常期望得到的与产品密切相关的一整套属性和条件。如：汽车消费者期望得到舒适的车厢、导航设施、安全保障设备等。

3）汽车附加产品。汽车附加产品是指客户购买汽车产品时所获得的全部附加利益与服务，包括提供产品说明书、产品保证、维修、售前与售后服务等。如现在的汽车销售服务4S店不仅出售汽车，而且提供汽车上牌、保险、维修维护等一系列服务项目。可以预见，未来市场竞争的关键在于产品所提供的附加值，因此，汽车企业期望在激烈的市场竞争中获胜，必须极为重视服务，注重售前、售中和售后服务的策划。

4）汽车潜在产品。汽车潜在产品是指最终可能实现的全部附加部分和新转换部分，或者与现有产品相关的未来可发展的潜在性产品。潜在产品指出了产品可能的演变趋势和前景。

（2）定价策略　汽车产品价格的构成要素包括汽车进价、汽车流通费用、国家税金和经销商利润4个方面。

汽车直售价格的具体构成是在进价的基础上加上一定汽车直售费用和汽车直售企业一定百分比的利税。其中，经销商的进价就是汽车的出厂价格。经销商的进价 = 汽车出厂价格 = 汽车产品成本 + 汽车生产企业的利税；汽车直售价格 = 汽车生产成本 + 汽车生产企业的利税 + 汽车直售费用 + 汽车直售企业一定百分比的利税。

汽车经销商掌握汽车定价的一般程序对于制订合理的汽车价格是十分重要的。汽车定价目标有以下4种：

① 维持生存目标（维持生存是经销商处于不利环境中实行的一种特殊的过渡性目标）。

② 实现当期利润最大化。

③ 实现市场占有率最大化和最大的销量。

④ 确定价格范围。

（3）渠道策略　汽车销售渠道是指汽车产品从汽车生产者向最终消费者转移的过程，是直接或间接转移汽车所有权所经过的途径。汽车销售渠道的环节主要包括汽车销售渠道的起点生产企业、中间商和终点消费者。汽车销售渠道的中间环节现多为品牌经销商。现有的汽车交易市场、品牌专卖店、连锁店、汽车超市等均是直接面对消费者的销售渠道的具体展现形式。

建设汽车销售渠道是将汽车产品从制造商转移到消费者手中所必须完成的工作。

1）收集提供信息。汽车销售渠道中的汽车销售中间商直接接触市场和消费者，最能了解市场的动向和消费者实际状况。汽车销售渠道能紧密观测市场动态、收集相关信息，并将其及时反馈给汽车企业。

2）促进产品销售。汽车销售渠道系统通过其销售行为和各种促销活动来创造需求、扩展市场。人员促销、营业推广等促销方式都离不开汽车营销渠道的参与。

3）完善客户服务。汽车销售活动必须以客户为中心，各个环节的服务质量直接关系到汽车企业在市场中的竞争实力，因此汽车销售渠道必须为汽车用户提供周到、高质量的服务，提高客户满意度。

4）调整市场。汽车销售渠道熟悉市场的实际需求，并向汽车生产企业及时通报这些情况，有利于企业调整市场配置的各项活动。调整活动主要包括集中、选择、标准、格式化、编配分装、备件产品安排等。这一职能是调整生产者和市场之间的平衡关系，使产品得以顺利、有效的流通。

5）强化物流效益。要使汽车产品从生产者转移到消费者或用户，就需要储存和运输。汽车销售渠道可以协助生产企业解决将何种汽车、以多少数量在指定的时间送到正确的汽车市场上，实现汽车销售渠道整体的效益最佳。

6）生意谈判。汽车销售渠道承担着转移汽车产品的所有权，并就其价格及有关条件达成协议，将厂家生产的产品顺利送达消费者的责任。汽车营销渠道的工作就是寻找可能的购买者，与其沟通促进成交并向生产者反馈市场信息，同时向生产企业订购产品。

7）共同承担风险。汽车市场的销售情况变化多样，有高峰也有低谷，渠道中的每个成员，在产品销售过程中承担与渠道工作有关的风险。当市场销售发生困难时，渠道经销商往往与生产企业共担风险。

8）提供融资。目前，我国的汽车经销商一般采用向汽车生产企业支付"保证金"以及"付款提车"的资金结算制度，这对汽车生产企业加速资金周转、减少资金占用起到重要作用。

（4）促销策略　汽车促销就是促进汽车销售，它是指汽车企业对汽车消费者所进行的信息沟通活动，通过向消费者传递汽车企业和汽车产品的有关信息，使消费者全面了解汽车生产企业和销售企业，了解感兴趣的汽车产品，产生购买的欲望。

面对迅速发展和越来越成熟的汽车消费市场，重塑和提升汽车服务促销理念，重新制订企业经营战略，强化企业竞争力和竞争优势已成为各大汽车公司的普遍做法。

1）深度促销理念。深度促销是指在满足消费者表层需求后以深层次服务促销巩固、保留原有市场并拓展新市场的过程。

汽车产品因其特有的产品特征使得汽车产品在围绕有形产品促销的同时，无形的服务促销也得到广泛延伸。应以战略的方式构筑个性化、多层面和全方位的汽车服务促销的深度促销，如汽车改装和装饰、汽车保险和服务的个性化方案以及从买车、用车到卖车、再买车等多层面的汽车服务。

2）双赢促销理念。双赢促销理念强调的是在商品（服务）的交换过程中，卖方合理利润的获得和买方利益的维护。有关调查表明，汽车用户的用车消费是购车消费的 1/2~3/4。汽车的价格目标（尤其是第一次交易）不应是企业利润的唯一来源。企业的目标在于为客户带来更长期的价值，并因此创造出关系维系更久的客户。企业的利润建立在为客户建立更长期的价值基础之上，这就是双赢的服务促销理念，它带来的是企业长远发展的可能。

3）超值促销理念。超值促销是企业战略的价值取向。它是用爱心、诚心和耐心向消费者提供超越其心理期待（期望值）的、超越常规的全方位服务。

4. 电商平台活动的实施规范

2019 年 1 月 1 日《中华人民共和国电子商务法》（以下简称《电子商务法》）正式实施。该法对电子商务者经营活动进行了规范。无论是淘宝、京东等电商平台上的代购，还是微信朋友圈里的微商，或是在直播平台中卖东西的博主，都属于电子商务经营者，平台经营者建构一个网络交易空间，让其他经营者入驻，成为平台内经营者，并且独立开展交易活动。针对这一特点，《电子商务法》第 27 条要求平台经营者把好入门关，对进入平台开展经营活动的主体的真实身份信息进行核验登记，建立登记档案并且定期核验更新。这一规定的目的在于保护消费者以及与平台内经营者发生交易的相对人。

　　《电子商务法》第 31 条要求平台经营者完整保留交易数据信息。同时,《电子商务法》第 28 条要求平台经营者必须向市场监督管理部门报送平台内进行经营活动的主体信息,向税收管理部门报送平台内发生的涉税信息。

　　总体而言,《电子商务法》通过大量明确具体的法律规范,针对电子商务平台经营者这种新型的市场主体,确立了一系列的要求。这些针对平台经营者的法律规则从中国电子商务发展的实际出发,具有鲜明的问题导向,实事求是地回应了现实生活中围绕平台经营者产生的各种问题,是中国电子商务能够获得长远的可持续发展的最坚实的法律保障。

项目三　汽车业务新媒体推广运营

任务一　汽车电商服务业务线上活动推广运营（高级）

任务描述

某汽车服务企业针对"五一小长假"开展线上促销活动，有关策划方案已经准备完善，要求网络运营负责人协同其他部门按照活动策划要求，完成线上活动推广。

任务目标

1. 能够掌握汽车电商服务业务线上活动执行的工作逻辑，完成线上活动准备、推进及收尾等工作。

2. 能够掌握汽车电商服务业务线上活动复盘的内容，完成线上活动的复盘。

建议学时

4 学时

相关知识

在电商平台的整合营销项目中，需要跨团队整合各方资源，驱动营销、商品、仓配、供应链、产品技术、客服等众多团队，来共同协同落地一场活动。做好线上活动的 3 个关键是策划、执行和复盘。

一、汽车电商服务业务线上活动推广执行

一个完整的活动执行工作分为执行规划、方案和需求沟通、执行推进、活动上线、活动下线。

1. 执行规划

执行规划的重点要想清楚做什么、怎么做、什么时间做、谁来做等。落实到执行细节上，需要梳理物料清单、梳理关键时间点、产出执行标准作业程序（SOP）、产出需求清单。

（1）物料清单　活动物料清单即活动所需的所有物料，关注点在"物"。运营者在清理

所需物料后，需要将每一项物料责任到人。运营部要准备文案、投放渠道相关资源、奖品采购以及其他物料。产品部需要准备流程图、原型图。

下面进行几项举例说明。

1）页面原型图。产品原型是整个产品面市之前的一个框架设计。它将页面的模块、元素、人机交互的形式，利用线框描述的方法，将产品脱离皮肤状态下更加具体和生动地进行表达（图3-1）。

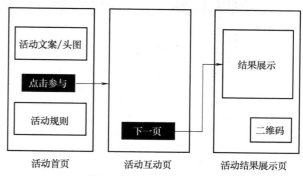

图3-1　页面原型图示例

活动之所以需要原型设计，有以下原因：

① 原型可以理清活动规则及流程：用户通过什么操作进了什么页面及后续的操作及页面。

② 原型可以理清活动的元素、功能、流程，但更重要的是，原型是用来告诉设计师和程序员，活动最后想呈现的究竟是什么形态。

通常由产品经理负责原型图设计，然后让设计师根据原型图去设计每个部分的尺寸，最后交给技术开发。

在设计页面原型图时，需要关注用户参与活动的流程、环节是否足够简单，引导是否足够，活动玩法是否具有吸引力，以此减少用户流失。

2）页面设计图。活动专题页面是承载各种形式的节庆促销、宣传推广、营销产品发布等等活动的页面，形式与内容也多种多样。典型的静态活动页面通常使用页头横幅标题再配以活动入口的展示形式，主要以背景、横幅和标题字体的视觉处理来烘托整体氛围，如今越来越多的活动页会加入游戏等趣味性强的互动方式。

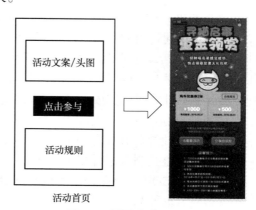

活动首页

图3-2　页面设计图示例

流程和页面的设计，一般是产品经理负责，但文案&关键内容由运营负责，最后经由设计师设计（图3-2）。

3）活动数据埋点的需求。数据埋点，其实也就是在流程的每个步骤界面记录数据，以此掌握各个节点的流失情况。埋点的意思是监测数据。如在推广渠道浏览活动推广素材的人数有多少？进入达到活动界面的人数有多少？参与按钮的人数有多少？完成测试的人数多少？参与抽奖的人数有多少？各项转化率多少？每个不同的节点有不同的数据，要实时关注这些数据，以便监控整个环节是否正常运行（图3-3）。

活动数据埋点的需求和数据统计示例如图3-4所示，如果某个节点的转化率低于目标值，那么此环节需要重点优化。

数据埋点没有做不会影响活动上线，但是如果没有得到有效的数据，就很难做后期的活动复盘，且不能根据活动复盘的经验优化下一次活动。部分活动不需要做数据埋点，比如在软文中做活动，可以省略这一步。

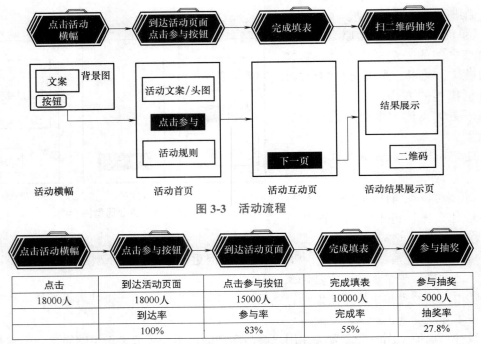

图 3-3　活动流程

点击	到达活动页面	点击参与按钮	完成填表	参与抽奖
18000人	18000人	15000人	10000人	5000人
	到达率	参与率	完成率	抽奖率
	100%	83%	55%	27.8%

图 3-4　活动数据埋点的需求和数据统计示例

（2）关键时间节点　一个活动的跨度基本涵盖 6 个时间阶段，分别是活动启动策划阶段、活动策划通过启动立项阶段、活动需求沟通协同阶段、活动页面设计交付阶段、活动测试开发阶段和活动正式面向用户上线阶段。其中策划、立项以及上线是提前确认好的，沟通、交付、测试是需要确认里程碑的时间点，每个阶段的负责人需要把控各个时间点，重点把控做什么、什么时间完成以及负责人的职责。

（3）活动执行 SOP　标准作业程序（SOP）是将某一事件的标准操作步骤和要求以统一的格式描述出来，用来指导和规范日常的工作。SOP 的精髓是将细节进行量化，即对某一程序中的关键控制点进行细化和量化。

活动执行 SOP 需要保证活动按照既定的方案精确执行，确定方案整体的可行性、排期问题，运营者需要高度关注事、物、人 3 方面，即活动事项、活动物料及团队协作，能及时跟进关键节点。

产出活动执行的 SOP 主要由如下操作组成：

1）步骤一：估算产出各物料需要的时间。根据物料清单估算每个任务需要多长时间，以及确认每个任务需要由谁来完成。通常依据每个负责人的排期以及他的工作经验最终确认时间和截止日期（表 3-1）。

2）步骤二：分析各物料之间的上下游关系。确定各条物料制作的先后顺序，比如页面原型需要产品经理先做出原型，然后给到设计部门去研发，进行页面文案的构思。文案制作完成，需要进行页面设计图的制作，然后是线上活动页面、有功能的活动页面。物料上下级关系示例如图 3-5 所示。

表 3-1　物料产出时间示例

物料	用途	产出用时 / 天
页面原型图	用于设计师设计页面	0.5
页面设计图	用于前端工程师开发	2
线上活动页面	正式面向用户的页面	4
活动的横幅图设计	放在渠道 / 入口上推广活动	0.5
活动海报图设计	放在朋友圈 / 社群推广活动	0.5
活动文案	活动页面 / 海报 / 横幅 / 微信朋友圈转发用文案	1
数据埋点需求	用于工程师协助埋点，方便数据统计	0.5
活动数据统计表	用于活动数据监控	0.5
活动说明的 FAQ	用于客服解答用户关于活动的咨询	0.5
活动执行 SOP	用于做项目管理	1
活动上线邮件	用于信息同步	0.5

图 3-5　物料上下级关系示例

　　3）步骤三：分析各物料之间占用的资源关系。通过分析物料上下游的关系，确定各个物料的执行部门，确定资源关系（图 3-6）。

　　4）步骤四：将占用同样资源或同类型的工作放在一起处理。通过以上操作环节，最终输出相应的表格，将占用同样资源或同类型的工作进行合并处理。比如活动海报图和横幅图，可以事先写好文案和设计需求，一起发给设计师做（表 3-2）。

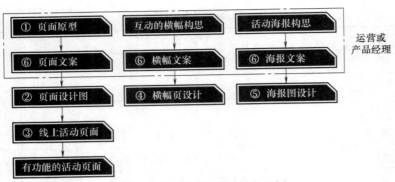

图 3-6　物料与占用资源关系示例

表 3-2　资源分配示例

分工	物料	用途	产出用时 / 天	设置完成的截止时间点
运营（或产品）	页面原型图	用于设计师设计页面	0.5	
	活动文案	活动页面 / 海报 / 横幅 / 微信朋友圈转发用文案	1	
	数据埋点需求	用于工程师协助埋点，方便数据统计	0.5	
	活动数据统计表	用于活动数据监控	0.5	
	活动执行 SOP	用于做项目管理	1	
	活动说明的 FAQ	用于客服解答用户关于活动的咨询	0.5	
	活动上线邮件	用于信息同步	0.5	
设计师	页面设计图	用于前端工程师开发	2	
	活动的横幅图设计	放在渠道 / 入口上推广活动	0.5	
	活动海报图设计	放在朋友圈 / 社群推广活动	0.5	
研发工程师	线上活动页面	正式面向用户的页面	4	
	有功能的活动页面	—	—	

5）步骤五：将产出所需时间与关键时间节点匹配。将物料产出的时间段与关键时间节点进行一一匹配，比如将设计师的设计阶段与产品的时间节点设计阶段相匹配。

6）步骤六：调整关键时间节点安排。匹配时间后，调整关键时间节点安排或想办法压缩工期，时间充裕的前提下调整关键时间节点，时间不充裕的情况下，调整运营部门的物料生产占用时间，尽量给下游职能部门多预留一些时间。

7）步骤七：产出活动执行 SOP。活动执行的 SOP 版本比较多，下面介绍一种简单的活动执行 SOP，包含事项、负责人、截止时间、完成情况等（图 3-7）。

（4）产出需求清单　根据原先的物料清单产出需求清单，方便在需求沟通会上说明需求。

2. 方案和需求沟通

完成活动执行 SOP 后，接下来就需要找不同的负责人沟通需求，切合实际情况调整方案。

一级事项	所需完成天数	二级事项	负责人	截止时间		完成情况
方案策划	2	开会脑暴创意、沟通	小A	9月13日	11:00	完成
		提交策划方案		9月13日	16:00	完成
		给经理审查方案并优化		9月14日	10:00	完成
		给总监审批方案并通过		9月14日	18:00	完成
沟通调整方案	2	和产品、研发、设计、推广等相关负责人沟通确认方案需求和评估可行性	小A	9月17日	18:00	完成
		确定设计、研发接期表		9月18日	11:00	完成
		整体方案确定、邮件告知领导及相关负责人，整理推广资源需求		9月18日	18:00	完成
页面设计	2	提交设计需求	小A	9月19日	10:00	进行中
		活动物料设计初稿（横幅、海报、页面）	宇萌	9月20日	18:00	未开始
		审核和优化	小A	9月21日	14:00	未开始
		设计物料定稿	宇萌	9月21日	18:00	未开始
技术开发测试	4	设计物料交付开发	小A	9月24日	10:00	未开始
		页面前端开发	小杨	9月25日	14:00	未开始
		页面后端开发	小王	9月26日	14:00	未开始
		页面测试和调整	基芽	9月27日	16:00	未开始
		上线部署	小方	9月27日	18:00	未开始
上线前准备	1	推广资源到位	婷婷	9月28日	12:00	未开始
		上线通知邮件	小A	9月28日	16:00	未开始
		客服培训				未开始
活动上线	2	活动小范围上线	小A	9月29日	10:00	未开始
		若无问题，全国上线				未开始
		各渠道推广操作	婷婷	10月1日	12:00	未开始
活动监控和调整	5	解决用户反馈问题和调整活动	小A	10月3日	22:00	未开始
		每日活动动态、数据公示		10月3日	22:00	未开始
活动收尾	5	公布结果、联系用户寄送奖品	小A	10月3日	22:00	未开始
		统计数据、整理活动资料		10月5日	18:00	未开始
		提交活动复盘报告		10月9日	18:00	未开始

图 3-7　产出活动执行 SOP 示例

沟通案例：小森对新媒体同事说需要 10 月 1 日在公众号发一条推文，新媒体同事反馈当天没有排期了，如果换到 9 月 30 日可以安排，但是小森马上提供给活动目的、产品卖点等相关内容，方便新媒体同事准备推文，所以小森就要调整一下方案排期。接下来，小森又去找了设计师说要做一张海报图，在 9 月 29 号之前给他，设计师可能会说最近在忙国庆节的活动，设计需求都堆成山了，而且设计需求都是要提早 5 个工作日提交的，不然来不及做，小森的提交已经有点晚了，那么小森可能又要去做另一个调整。

所以最初构成的方案和活动执行 SOP，与评估完调整的版本可能会有一些差别，需要提前做好预案。

3. 执行推进

沟通调整方案后，需要执行 SOP，推动每一步完成进度。每个人都有大量的工作，作为活动负责人，要推动各个部门的责任人按时完成工作。

项目管理是为达成项目的目标（如进度、预算和质量），通过一系列有起止时间的活动产生一定数量和质量的交付物的过程，而项目管理的方法论则可以定义为通过对知识、技巧、工具和技术的运用来满足或超过项目的期望。

项目进度跟踪工作可分为：

1）收集项目的进展信息。收集项目的进展信息是进度控制的基础，主要是通过各种方式，收集项目的进展信息，作为执行下步工作的依据。

主要的工作方法有两种：进度汇报和进度查验。由下属进行主动汇报的方式来完成项目进展信息的收集工作，被称为进度汇报；针对某些工作，可采用直接检查的方式来获取进展信息或验证汇报信息的准确性，也就是进度查验。为了获得准确的项目进展信息，必须将两种方法有效地结合使用。

需要收集的项目进展信息包括任务执行状况和变更信息。任务执行状况包括：任务的实际开始和结束时间，当前任务完成的程度等；变更信息包括范围变更、资源变更、与项目进度相关联的变更内容等。

2）项目实际进度与计划的比较。将收集到的项目实际进展信息与项目的进度基准计划进行比较，看是否出现了进度偏差。如果没有偏差，进展检查到此结束，否则执行下一步工作。使用项目进度管理工具，可根据甘特图编制进度计划，再根据计划与实际进度作比较，分析判断项目是否存在问题。

3）针对出现的进度偏差，寻求最佳解决方案。如果出现了进度偏差，应针对这些偏差进行分析和研究，发现其中的问题，并针对问题寻找解决方案，及时修改进度计划。

4. 活动上线

1）上线前一定要亲自做好测试，确认推广资源到位。待所有物料开发调试都准备妥当后，负责人需亲自测试活动流程，反复尝试各种活动环节有无问题。都没有问题后，才能上线发布。

2）同步活动信息（邮件）。上线前要面向相关人员发活动上线邮件通知，邮件内容要清晰讲明如下内容：活动形式是什么、活动时间是什么、活动有问题联系谁、活动常见问题解答等。

如果活动影响较大，要做活动宣讲会，给客服提供培训。活动一旦开始，如果用户不清楚活动的细节，或者是发现了问题，会直接联系客服部门，这时候客服就会起到关键作用。从另一个角度来看，如果用户咨询客服的时候，得不到有效解决，会对整个公司品牌印象造成较大影响。

3）上线后及时做数据监控。活动宣传和推广启动后，通常就会迎来一个活动参与的高峰期，这时候需要随时去监测活动的效果，看看数据怎么样，是否在预期中，如果数据出现异常，就需要去了解原因，考虑是否要调整。

例如活动 H5 上线了，打开率很高，但是跳转到第二页后，用户的数量锐减，那通过数据得出的结论可能就是活动的宣传很到位，但是用户进来后停留的时间很短就流失了，这时候就需要检查一下在活动的首页出现了什么样的问题，是文案写的不够好还是其他的一些技术性问题。同时还需要关注用户的反馈，用户反馈可能会在多个渠道出现，如微信群、贴吧、微博、朋友圈等。反馈也是多种多样，如活动有 BUG、活动规则有问题、奖品领不到等，根据这些反馈需要及时调整活动细节。

4）收集素材，二次传播。除此之外，在活动中，可能还需要去收集一些素材来做二次传播，进一步扩大活动的影响力。如做了一个故事的征集活动，后期就可以再出一篇推文来展现这些用户故事。

5. 活动下线

首先需要将活动页面下线，然后需要确认活动的结果来发放奖品。

确认活动的结果就是给用户一个交代，尤其是线上有奖活动，很多活动参与者就是为了奖品来的，所以活动一结束他们最关心的就是自己有没有中奖以及大奖到底是谁拿了。所以运营人在活动结束后，首先要做的就是尽快把中奖的结果传达给用户。

例如在微信公众号做了一个活动，就需要推一篇文章，在文章的最下方公布活动的中奖结果。在这里要注意的是，活动结果的公布一定要及时而且透明，这样不仅可以让辛辛苦苦参与活动的用户知道他们有没有中奖，还可为下次活动积攒口碑。

二、汽车电商服务业务线上活动复盘

活动复盘，是提取关键数据和结果，进行分析对比，积累活动经验，对活动各环节进行分析，为下次活动做经验总结。通过复盘能够知道哪些环节做得不够好，哪些环节有优化的空间，哪些步骤效果还不错，下次活动可以借鉴，甚至直接复用。有效的活动复盘可真实地体现出活动运营水平。活动复盘一般包含以下内容。

1. 回顾活动目标

回顾活动开始设定的目标，查看活动最终结果是否达成。若达成目标是超出了多少，若未达成目标还差多少，做到"心中有数，纸上有据"。

2. 分析活动结果

将活动中的一些关键实操环节和数据整理记录，将其与心理预期以及往期数据常规范围值进行比较，分析产生结果的原因和下次活动解决办法。如某个互推渠道转化的参与用户数量并不理想，是否渠道质量不高，下次可否停用渠道；自有渠道活动文章推送时间在晚上8点，是否这个时间点用户并没有查看手机的习惯，下次可否调整到晚上9点；活动文案是否过于生硬，没有抓住用户的眼球；活动海报的风格是否过于严肃，与活动和品牌的调性不太相符，下次改进等。

3. 给出活动结论

将所有的活动优缺点整合起来，对应着每一条内容，进行合理优化调整。复盘完成，意味着一场活动结束。每一场活动都不会是完美的，在活动中遇见各种突发情况，也是活动运营中的常态。只有在操盘活动的过程中，不断地积累经验，调整优化，把每一个环节做到极致，活动运营能力才能不断进步。

任务二　汽车业务新媒体推广运营（中级）

任务描述

诚信汽车大众4S店根据其业务需求，计划针对迈腾、速腾、高尔夫这3款车型进行短视频录制宣传，并对迈腾车型进行线上直播促销，请结合相关要点，编写短视频制作方案及直播策划。

任务目标

1. 掌握汽车业务短视频的拍摄方法与技巧。
2. 掌握汽车业务短视频的策划思路。
3. 掌握进行汽车业务直播的技能。
4. 掌握汽车业务直播的策划方法。

建议学时

2学时

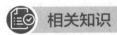 相关知识

一、汽车电商服务短视频推广运营

1. 内容策划

以抖音与快手两个短视频平台为例，介绍汽车业务短视频的内容及技巧。

（1）抖音　通过手机上的应用下载软件，搜索"抖音"，找到抖音短视频软件（其 logo 为黑底加彩色音符），即可下载抖音（图 3-8）。

图 3-8　下载抖音

不注册登录账号时，只能观看和分享保存视频，没有关注、拍摄、点赞等功能。主界面的大量按钮都可以直接跳转注册页（图 3-9）。

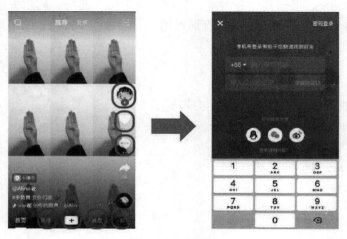

图 3-9　注册抖音

上下滑动屏幕换视频，左滑到搜索页，右滑到达当前用户首页。上端主要是主动搜索栏，右侧为互动栏，下方是视频信息，最下端为不同界面切换按钮（图 3-10）。

图 3-10　抖音主界面

关注界面有已关注用户的视频更新；消息界面有新增粉丝、点赞、"@ 我"的信息以及自己视频评论和在他人视频留言后被回复的信息，还有好友私信、抖音官方信息；"我"界面有个人信息、数据、作品库、系统设置、收藏信息等（图 3-11）。

图 3-11　不同界面信息

个人信息、风格、内容的展示还可以看曾经点赞视频、保存的内容、寻找可能认识的人以及其他抖音软件的设置，例如清除缓存、登出等（图 3-12）。

通过点击界面栏的"+"可开启视频拍摄。根据需要选择音乐、拍摄模式、贴纸，即可完成简单拍摄。需要注意的是音乐和拍摄模式在开始拍摄后无法切换。其中音乐在后期编辑时可再次修改（图 3-13）。

拍摄时通过选择快慢速、切换滤镜、倒计时等工具，可完成高难度拍摄。注意快慢速中的"快"和"慢"指视频完成后动作的快慢。滤镜可从美化按钮中切换，也可通过左右滑动屏幕切换不同滤镜。倒计时适用于需要双手出镜或到固定时间需要切换镜头的场景（图 3-14）。

图 3-12 "我"界面介绍

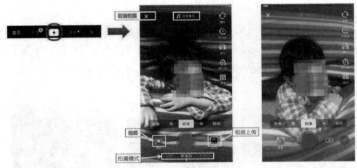

图 3-13 拍摄入门

图 3-14 进阶拍摄

视频后期阶段可再次更改音乐、前后景音乐的音量，并选择视频封面。后期可为视频增添复杂多样的特效、贴纸，并可再次整体添加滤镜（图 3-15）。

图 3-15　视频后期

视频发布界面中，可编辑视频文案并根据需要添加话题并 @ 好友。添加位置可更快被附近人看到，私密设置中可选择视频隐私范围。在这一步可随时返回拍摄、返回后再次编辑。当存为草稿时，也可随时回到本页以及拍摄、后期页面。但点击发布后，就无法再次修改文案、位置等信息，也无法再次编辑视频（图 3-16）。

图 3-16　视频发布界面

视频合拍功能：可点击多功能按钮中的合拍按钮，与他人或是自己的视频合拍。拍摄流程与直接拍摄完全一样。

抢镜拍摄功能：可点击多功能按钮中的抢镜按钮，拍摄与他人或自己的抢镜视频。拍摄流程与直接拍摄完全一样。

抖音 APP 使用过程中要注意以下几点技巧：

1）发布时间：选择抖音用户活跃的时间段发布。

2）主页设置：主页封面图起引导、确定调性的作用，个人资料的描述也可增加用户好感度，快速了解账号信息，用最亮点镜头、关键人物做美观清晰的封面图，增加互动。

3）人格化内容运营：使用开放式文案引导评论，积极回复评论、私信，拉近与粉丝的距离，可增加整个账号的活跃度与粉丝黏性。

4）视频内容：视频较高的清晰度，音乐的选择与画面同步等，能优化用户体验，视频拍摄格式、剪辑的流畅性，演员表情、表演细节能为创意内容助力。

（2）快手（图 3-17）

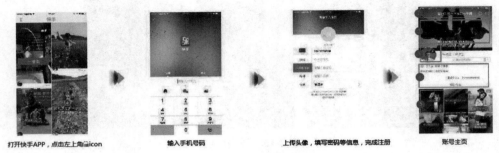

打开快手APP，点击左上角icon　　　输入手机号码　　　上传头像，填写密码等信息，完成注册　　　账号主页

图 3-17　快手注册流程

1）账户名。账户名应是品牌名或品牌员工名，拟人化，建议名称统一。账户名最好风趣幽默，在适当的时候可加一些冠名，会更亲切。

2）账户 logo。账户 logo 即头像，在任何作品中都会出现在下角标中，尺寸为 100×100，因为是小脚标，只能出现一个人物头像，或者一个主题，可以是模特的脸，可以是产品，也可以是品牌 logo。

3）账户头图和文案。文案可写上地址，介绍账户发布的内容，吸引关注，它是展示品牌形象的第一个窗口。

4）视频形式。建议一个账户以 1~2 个模特、1 种视频方式长期出现，更能精准定向到喜欢该风格内容的粉丝，增粉更迅速。

5）封面。封面图片选择竖版优于横版，画面必须是视频中的一帧，需要足够精彩。封面文案需要配合封面图片，最好模拟第一人称。

6）声音。音乐与视频情绪一定要相呼应，例如动感的视频一定要配动感的音乐，快手云音乐里有众多分类可供选择。音乐可以是录音，但一定要清晰明了。

7）视频文案。在视频中每一帧都可以穿插文字，作用是呼应视频内容，或者是用字幕与用户互动。

8）视频底部文案。它可以引导用户点赞和关注，说与不说的效果差异非常大。

9）推荐顺序。推荐顺序是视频、相册电影、录屏、图集、长图，也需要通过商品特性决定适合的视频类型。

10）视频制作方法。通过快手拍摄、发布时，可选用快手直播伴侣，一键完成发布，建议使用手机拍摄。

11）发布规律。内容：如果广告内容很生硬，建议采用"5+1"方式，即 5 条与内容相结合的作品，1 条广告作品；时间：建议两天发布一条作品，发布时间建议中午 11：00~12：00，晚上 18：00~22：00。最优质的内容留在周五或周末发布。

所有短视频平台均应注意相关法律、法规及平台规则，避免触及红线导致账号封禁产生不良影响。主要应注意如下几点：

① 内容积极，不能违反相关法律法规以及涉及宗教、政治、地域、特殊群体等存在较

大争议的内容。

② 尽量避免危险动作，避免易引起模仿、易造成人身伤害的危险行为。存在安全风险的道具需要做好安全提示，视频中禁止出现仿真枪支。

③ 抽烟、喝酒等易影响未成年人身体健康的内容，需要规避。脏话、痞话不要提及。

④ 未满 10 岁的未成年人是不可以参与广告的，素材中可能涉及未成年人的，需要特别注意。

⑤ 为其他账号直接导流、导关注是被禁止的，视频中需要委婉表达。

⑥ 竞品内容规避。视频中包括手机屏幕、背景墙等明显区域，不能出现短视频平台的竞品内容，若涉及，需要进行模糊处理。

2. 用户运营

（1）用户运营的含义　广义来说，围绕用户展开的人工干预都可被称为用户运营。用户运营的核心目标主要包括拉新、留存、促活、转化 4 部分。一切用户运营的手段、方法都围绕这 4 个核心目标展开。

对于短视频平台，几乎所有内容产品的用户运营工作都可分为这 4 个核心目标。用户规模是商业化的基础，拉新和留存是为了保持用户规模最大化，促活是为了提高用户活跃度，增强用户黏性和忠实度，而用户和创作者之间的信任关系又是促成最终转化的关键动力。

（2）阶段与侧重点　用户运营核心目的很明确，但随着内容产品的不断发展更迭，不同阶段用户运营的侧重点不同。

例如，在起步阶段时，拉新工作是重中之重，而当用户达到一定规模时，需要考虑促活和转化问题。内容产品的生命周期决定了运营的侧重点。可以将用户运营工作分为以下 3 个阶段：

1）萌芽期。在内容产品萌芽期阶段，运营工作的首要目标就是拉新，培养第一批核心用户。对于用户运营来说，可细分为寻找潜在目标用户、筛选过滤目标用户、培养用户忠实度 3 部分工作。具体的拉新方法主要有以下几种。

① 以老带新。以老带新是内容产品在萌芽期最有效的拉新方式之一，即通过已有的大号协助推广，把粉丝引流到新的账号，有利于最初一批种子用户的积累。

② 蹭热点。蹭热点不仅可有效节约运营成本，而且能大大提高内容成为爆款的概率。尤其是平台官方推出的热点话题，大大提高了萌芽期内容的曝光率，再加上一些短视频平台算法推荐机制的加持，只要抓住时机蹭热点，完成流量的原始积累并不是一件难事。

③ 合作推广。在资金允许的前提下，寻求大号合作推广，或利用人脉圈子资源，带动新账号的成长，这也是内容萌芽期拉新的常见手段。

第一批用户进来后，一定会有部分用户流失，这就是用户筛选过滤的过程。并不是所有的目标用户都会对这个阶段的内容感兴趣，留下的是与账号内容匹配的用户。匹配用户需求和内容最实用有效的方法就是借助数据工具研究这批用户的用户画像（图 3-18）。当用户画像结果与预想一致时，说明内容和用户需求的匹配度较高，内容大方向不需要做调整。如果用户画像与预想出入较大，应进一步思考是否需要调整内容大方向，或进行新一轮拉新，再测试结果。

过滤匹配完成后，下一步要做的就是突出自身差异化优势，逐渐建立口碑，从而培养用户忠实度。

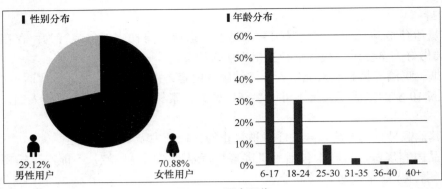

图 3-18　用户画像

2）成长期。在内容产品的成长期阶段，运营工作的主要目的是解决增长模式和用户活跃度的问题，对应到用户运营上，可细分为拓宽用户增长渠道、加强内容质量把控、提升活跃度这 3 部分工作。

拓宽用户增长渠道的方式主要有两种，一种是增加内容分发渠道，从而覆盖更多潜在用户，提升影响力；另一种则是打造内容矩阵，发挥各个账号之间的辐射作用，建立科学的用户增长机制。

其次，对于成长期的内容产品，提升内容质量是提升留存率的根本手段。只有加强对内容质量的把控，重视数据反馈，并根据数据反馈对内容进行定向优化，才能源源不断地产出好内容。

此外，成长阶段的内容产品应该重视提升用户的活跃度。活跃度高、黏性强的用户，更容易转化为最终的消费者，具体方法主要有以下几种：

① 在内容中设置讨论话题。在内容中添加互动环节，加强内容与用户的交流感，可加深用户对内容的印象，而且话题互动本身也构成了内容的一部分。

② 定期策划运营活动。节庆日、周年纪念都是重要的运营活动节点，通过活动促活也是大部分创作者会采用的方法。好的运营互动不仅可提升用户活跃度，还可形成二次传播，完成新一轮的拉新目标。

③ 社群促活。将用户沉淀到社交平台，通过社群促活也是一种有效提升活跃度的方式。此外，社群还为粉丝意见收集、问题反馈提供了一个有效的途径。成长期的内容产品面临的机会最多、挑战也最大，这个阶段的影响力基本决定了内容是否能够在市场中脱颖而出。

3）成熟期。商业变现通常会在内容产品的成熟期开展，当然部分以电商盈利的内容产品也会在成长期就开始踏入商业化进程。内容的商业化方式多种多样，主流的商业化方式有 4 种，第一种是针对内容本身的商业化，即内容付费；第二种是广告植入；第三种是通过电商变现；第四种是 IP 衍生品开发。通常情况下，大部分创作者会把这 4 种商业化方式结合使用。在成熟期阶段，用户运营的工作重点就是将用户转化为消费者，并及时收集用户对商业化行为的反应。在没有取得用户信任的前提下，频繁的商业化行为或无趣的硬广会让用户产生很强的排斥心理，用户和内容之间刚刚建立的信任感会被摧毁。

以广告植入为例收集用户对商业化行为的反馈。当内容中植入了广告，运营人员可通过评论、弹幕内容分析，判断用户对商业化行为的接受程度。图 3-19 所示数据舆情分析显示，这位创造者在内容中植入了广告，他的粉丝对于广告的接受度非常高，说明这位创造者和粉丝之间的信任关系非常牢固。

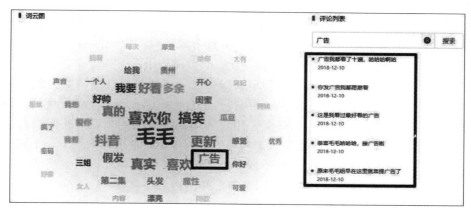

图 3-19 数据舆情分析

行业竞争愈加激烈，用户注意力越来越稀缺，在这样的行业环境中，缺乏用户思维的"好"内容大多数只是创作者的自嗨，很容易在市场竞争中被淘汰。只有在内容产品的不同发展阶段，根据实际情况不断调整运营侧重点，才有可能在市场中走得更远。

3. 渠道推广

近几年来，乘用车市场新车销量增速放缓，在用户消费理念日渐成熟的趋势下，汽车品牌竞争变得异常激烈，追求精细化营销投放已成为必然。在此前提下，汽车类投放的目标已然清晰。女性和 90 后成为消费主力，年轻消费市场已是各车企的必争之地。而拥有 5 亿独立用户、日均使用时长超过 70min 的短视频平台自然是汽车行业年轻化营销的不二之选。

（1）对于首购车人群 首购车人群更关注车的价格、实用和性能。因此，推荐广告主用快手平台，原因在于：①流量精准，快手在各线城市都广泛分布有主力用户市场，其中三四线及以下城市用户占比 54%，90 后占比 80%，与汽车首购车用户人群相符。这类人群相对一线城市没有房贷、车贷压力，且拥有超前消费意识，车已经成为其理想代步工具；②老铁经济，快手营造了一条有温度、信任度和忠诚度的深度社交关系链，相比于抖音，快手的"老铁经济"让 UGC 红人具有更强的圈层影响力、穿透力，能够更好地辐射并影响其关注的人，更容易带动销量转化。

针对快手平台，推荐以下两种营销方式：

1）联合 KOL 众包发声。围绕用户的核心需求，结合 KOL 的风格特色、粉丝偏好，进行接地气的内容创作，联合多 KOL 众包创意，将平台流量转化为品牌流量。首购车人群的核心需求为经济、实用、性能、性价比。在启用 KOL 做传播的时候，可围绕这些卖点，结合 KOL 风格、调性、粉丝特征等去做内容原生众创。内容方向建议：三四线城市人群主要需求仍然以泛娱乐、泛生活需求为主，他们对搞笑段子、心灵鸡汤、健康养生、本地新闻、情感／两性等关注度更高。因此在 KOL 的内容方向选择中，可选择这些符合主流用户偏好的内容，去进行产品／品牌植入，效果更佳。

2）建立官方账号矩阵。建立母子品牌矩阵或品牌＋门店矩阵，以构建在快手平台该品牌的商业生态链，层级化扩大声势，以覆盖更广观众，产出的内容风格也更多变。矩阵化账号运营为快手特色。母子品牌矩阵：母品牌和子品牌共同管理。让不同车型的品牌主张、品牌调性通过不同企业号传播，方便内容定调，不会因风格多变给观众错乱感；也有利于在共同发声时，渗入不同用户圈层，提升品牌张力，并激发不同需求用户的情感共鸣。

品牌 + 门店矩阵：通过对明星门店、明星员工的打造，建立内容风格，此类 UGC 内容产出，成本更低，更符合短视频生态；主品牌负责形象建设，沉淀品牌在平台上的社交资产，门店账号负责激活门店活力，拉动销售转化，实践战略下沉。

（2）对于增、换购车人群　增、换购车人群多在一二线城市，经济实力强，关注车的档次、品牌、品质、性能。因此推荐广告主用抖音平台，原因在于：①匹配度高，抖音平台一二三线城市用户占比超过 72%，且以女性用户为主，与增换购车人群匹配度高；②内容垂直细分更好，内容生态更完善，用户对于内容的包容度更好，能够围绕车企不同的卖点定向输出内容；③用户年龄优化，抖音平台 24~30 岁的用户占比 40% 以上，消费力旺盛，也是增换购车主流人群，年轻有活力的他们对潮流酷炫的内容更喜爱。

针对抖音平台，推荐以下两种营销方式：

1）圈层化 KOL 营销。爆款内容仍然是抖音粉丝"收割机"，而 KOL 的自"圈层"影响力能够帮助车企获得更多的关注。舞蹈、美食、情景剧、美妆、游戏、二次元，这些纷繁的垂直领域背后都活跃着千万计的粉丝，抖音红人垂直细分度极高，拥有小哥哥、小姐姐、音乐、舞蹈、情感、搞笑 / 段子、生活技能、美食、创意、汽车、美妆等 20 多个细分内容类别，红人的垂直化程度高，用户对内容的包容性也更高，进行内容创意时，应用更为开放的心态去拥抱 KOL 营销，效果定会超出预期。

2）人格化企业号运营。人格化运营对于企业号来说至关重要，以更为统一的人设进行内容输出，能帮助企业快速地建立起自身在抖音上的品牌识别系统，让品牌价值、理念、产品 / 品牌特色 / 卖点，更直观地"立"于用户眼前。首先，分析品牌在抖音上的目标；接着，通过数据找到品牌目标在抖音上共同关注；然后，深度分析 KOL 的年龄、性别、内容风格，找到最为契合品牌调性的 KOL 原型基，人格化品牌形象；最后，以此为基础，人格化品牌形象，并通过持续优质的内容，丰富、强化品牌人设。

宝骏汽车运营之初曾推出过一个头戴马头面具的人设，产出一支 15.8 万点赞的动画视频，但后期并没有坚持此人设，实在可惜。

总体来说，在快手上做"娱乐化人群的转化矩阵"，更为强调产品卖点（如性价比、性能等），通过独具魅力的"老铁"经济，促进转化；在抖音上做"人格化品牌的爆款内容"，更为强调品牌理念、品牌态度的输出，通过优秀的作品与年轻用户建立深度沟通。用户触媒习惯的演变给了品牌营销许多新的可能，抓住机遇期，打破常规，找准平台，才能迅速打开局面，抓住流量红利，"智胜"营销。

4. 数据分析

（1）数据分析确定短视频方向　虽然在制作短视频前就有制订大致的规划及走向，但是却很难掌握用户真正喜爱的方向是哪个，有些用户的喜好往往会偏离以往的认知，所以，不能凭主观判断来断定，而要借助数据的力量了。

（2）数据分析确定内容发布时间　相似的内容不同时间发布出去，出现的结果却是截然不同的，所以要借助数据来分析哪些时间段是用户浏览的高峰期，哪些时间段发布的效果不好。将规律摸清楚后，在下次发布短视频的时候就可以选在一些特定的时间段发布，增大曝光率。

（3）数据分析确定用户画像　关注用户画像有什么样的特征，比如男女的比例，年龄层次的分布等，根据这些画像来找用户的特征。

数据分析是必不可少的一项技能，互联网的数据可反映一些本质的问题，比如抖音视频播放量断崖式下滑，点赞关注趋于新低，想要知道实际原因和解决办法，都离不开数据分析。

二、汽车电商服务直播推广运营

1. 汽车业务直播内容策划

在直播开始前要做好充分预热，进行活动信息与直播信息的宣传及客户邀约工作。直播进行中组织好客户签到工作及留意直播节点，解答客户问题，积极与客户互动。直播后做好本次直播视频的分享，并留意潜在客户进行跟踪。

汽车企业的直播活动，主要围绕产品、品牌宣传开展，其最主要的目的在于促进销售，目前汽车企业直播主要形式有以下几种：

1）新车上市前的话题预热。在直播中，通过主播（销售顾问）和粉丝互动并引发粉丝的关注和猜测，比如在网上放了一条神秘视频，一只集装箱的监控录像，里面发出了撞击集装箱的响声，引起粉丝的好奇，同时，跟进集装箱动态进一步揭秘、制造悬念。

2）4S店新车上市、促销等活动现场直播。通过直播现场实况、互动游戏、炒热话题或采访客户以及直播某个销售过程。

3）试乘试驾直播体验。邀请客户或销售顾问自己进行试驾体验，分享感受。

4）汽车自驾游活动直播。可根据汽车的特点策划活动，比如自驾游直播，通过汽车文化和精神来聚合人群。

5）内训课程直播（拆车、实车对比）。可将4S店内训拆解件的课程直播，将本品与竞品进行对比测评。

6）后市场服务直播。美容、打蜡、改装音响等汽车后市场服务直播会很有吸引力。直播能提升店铺在客户心中的诚信度以及体现车间、技工的规范以及专业度。

7）汽车针对性测试直播。可在汽车的经济性油耗、碰撞实验等方面做直播。

8）客户答疑。在中国汽车市场，大部分都是新手驾驶人，对车并不是很熟，遇到故障，首先就会问销售员，4S店可事先通过征集的方式，知晓客户对于品牌车型的一些疑虑或是对于4S店业务的疑惑，进行答疑直播。这能极大程度帮助4S店拉近与客户之间的距离，并增加客户对于4S店的信赖感。

汽车业务直播成功与否取决于多方面的因素，在进行汽车业务直播策划前，应理清其中关系，避免在没有搞清楚状况之前草率制订直播策划，这样会导致事倍功半，得不偿失。汽车业务直播策划应注意以下几点：

1）汽车受众与短视频用户画像高度吻合。据统计，短视频用户以男性为主，且90后居多，并呈现出全线市场覆盖的趋势。

2）全域营销。"全域营销"是指汽车品牌在营销中要围绕不同人群，基于不同传播需求，在营销周期的不同阶段，进行不局限于直播的全社媒渠道的传播。这是因为现在的购车人群特点多元化，购车需求个性化，且整个购车周期非常长。消费者从决定购买到最终实现购买的不确定性因素太多，所以需要品牌在传播方式还有营销策略上更加周密，实现对目标人群的"全域"覆盖。

3）KOL 筛选应"垂直＋跨界"并举。除了全域分发，选择 KOL 进行视频原创或直播也是汽车品牌常用的一种营销手段。这是因为很多汽车品牌非常偏爱投放垂直类汽车自媒体。

2. 汽车业务直播技能

1）团队准备。一个良好的直播团队应包含摄影师、直播组、后勤组。通常采用"1+2+1"组合，即 1 人摄像 +2 人互动直播 +1 人在评论区与客户互动及记录问题，其中主播建议使用艺名以方便记忆，摄影师的水平会影响直播效果。或采用"1+1"组合，即 1 人主播 +1 人在评论区与客户互动及回答问题。

2）设备准备。设备准备分为两个方案，方案一为使用手机＋稳定器＋无线麦克风，手机要求能满足 1080P 和 60 帧拍摄，稳定器可提升画面稳定效果，麦克风增强收音效果；方案二为使用手机＋耳机组合。

3）物料准备。直播物料一般包含但不限于桌卡、销售顾问名片、店名、展示车辆及直播内容中规划使用的相关物料等。

4）账号准备。账号建议使用公司专用手机号进行注册，申请企业认证，开通直播权限。

5）直播规划准备。规划安排直播节奏及流程时间表，明确方向及目标。

6）直播场地准备。直播场地主要分为展厅、户外、车间 3 种，无论选择哪一场景都应确保直播环境整洁、安静无杂音；直播环境中应尽可能多地体现品牌信息；直播环境中宽带要足以支撑正常直播所需要的带宽。

7）主播准备。提升粉丝热情：互动越多，越能体现粉丝热情／兴趣，粉丝在直播中参与感越强，越容易停留；提升直播间热度：直播间热度越高，越容易吸引更多观看和粉丝的关注；提升粉丝停留时长：体现直播间有看点，有助于提升直播间同时在线人数；熟悉直播内容：店内车型配置介绍内容、同级别车型对比内容、新车首发看点、试乘试驾体验介绍、养车用车介绍、各类热点政策解读等。

案例

上汽"汽车直播营销"

案例介绍：

一场百万人关注，50 万人参与的汽车直播营销活动打破了当下"汽车停摆"的状态，再次释放生机，点燃活力，开启了汽车网上直播营销的先河。

这就是上汽乘用车借助"情人节"在网上举行的直播营销活动案例。这场名为"特别的爱给特别的你"的活动如同"欢乐戏剧人"，以网红名义引爆网民关注，并在上汽荣威 APP、MG Live APP、抖音、天猫、腾讯汽车商城等平台同时播出，一时成为媒体争相热议和追踪的话题。

公开资料显示，此次直播，至少有 50 万人观看并在线互动，直播长达一个多小时。最应景的话题是"共话战疫，出行防疫"，最刺激的活动是送出了价值百万元的"用户关爱健康福袋"和"超级锦鲤福袋"大礼。直播介绍了旗下产品（荣威和名爵）的"三级渐进式健康防护系统""零接触购车服务"等，回答了消费者和用户关心的问题。

此外，在非常时期提供服务方面，上汽乘用车的做法是，联合全体经销商上线提供"零接触服务"，在线就能轻松实现看车、选车、试驾、订车和提车的全套购车流程，让用户足不出户成为有车一族。另外，为保障车主出行无忧，上汽荣威、名爵在疫情期间还上线了宅捷修服务，用户拨打电话可轻松预约工作人员上门进行检测、维护、维修等。这样的举措在平时并不觉得特别，但在非常时期就能看出服务体系的强与弱，尤其是硬件和软件是否到位。其实网上提供销售服务并不是新闻，早就有厂家在做，这是营销手段的一场革命。在疫情之下就显得这项基础性营销服务技术的重要性了。上汽乘用车在这方面布局比较早，倡导"e生活"，从起步时的"数字化汽车"，到"互联网汽车"等，可以说是汽车网络化的新锐和急先锋。

案例分析：

网络平台成了车企纷纷看好的平台，不过，真正能利用好网络平台达到预期传播效果的案例并不多。值得警惕的是，因为门槛低，易操作，如果没有内涵和硬核支撑，无法留下印象，打动不了人，传播效果也就不会很好。

上汽乘用车的网上营销直播适时推出"防疫产品"和"营销服务"等，可谓点子精准，传播到位，关键是百万大礼送出的诱惑也是最大推手之一。

案例

路虎发现——30h连续直播

案例介绍：

时值春分时节，一场"探索"的汽车上市活动直播在早上6点就准时开始了。但不同于其他汽车线上活动，这一场直播的时长达到了惊人的30h！而更让人感到惊讶的是，这一场长达 30h，涉及国内、国外多个场景素材，多名来自不同行业知名人士参与的直播，从提出到实现，不过经历了短短的 14 天时间。

时长 30h 的直播与 14 天的活动筹备时间，其背后体现的是捷豹路虎全球资源整合与调配能力。这场直播也是对路虎发现家族 30 周年的致敬。在这场直播中，借着路虎发现运动版的云游上市，完整地向所有观众展示了其 30 年的传承与革新。正如捷豹路虎中国与奇瑞捷豹路虎联合市场销售与服务机构李大龙先生所说："路虎发现的 30 年，是不断变化的 30 年"。

案例分析：

1）颠覆传统，尝试"云现场"。连续 30h 的抖音直播中，路虎集结了高管、销售、汽车 KOL、旅游 KOL、建筑师、演员、歌手等各路大咖，带给用户一场别开生面的"云现场"。

主播直播环节，高管、销售、各路汽车 KOL 等化身主播，不再局限于单调的图文讲解，而是真正渗透直播间，通过连线户外试驾、展示产品特点、用户答疑、线上抽奖等，借助抖音直播的赋能，重新定义了发布会的模式。抖音直播为发布会带来更多创新点的同时，抖音平台庞大的流量也通过活动的传播引入品牌直播间。

2）线上直播强互动性也大大提高用户参与感，减弱了发布会的商业广告性质。线上连麦环节，路虎市场销售总裁 Richard Shore 在英国汽车博物馆带用户一起探索路虎 30 年来的改变；演员田雨分享全新路虎发现运动版车型；歌手林依轮分享美食，提出自己对于路虎发现的设想。

3）提升用户观看兴趣，坚持以内容为驱动，推进直播质量的发展。在细节方面，路虎产品及市场营销执行副总裁胡波，亲自主持 20—22 点发布会，为多方主播内容连线；还有跳转页面用虚拟真车展示车型；提供预定、加购等。

4）虚拟车型跳转、预定落地页都为品牌的转化带来了赋能。与线下发布会相比，路虎抖音线上发布会从内容可看度、互动频率、细节体验等方面都有很大的提升。历时30h的发布会，售卖了9.9元抵2999元优惠券2300张，20笔路虎汽车定金，直播间互动人数最高峰值近5万。从数据、内容、用户体验度等多方面来说，路虎与抖音直播的碰撞是成功的。

5）抖音打造超级IP，带来新机遇。根据《2019年抖音数据报告》数据显示，截至2020年1月5日，抖音日活用户超4亿。抖音庞大的流量池，成了品牌营销必争地。路虎线上发布会，以内容为核心的线上直播的模式，拉进了品牌与用户的距离。

在这个过程中，品牌通过抖音庞大的流量基础获得了曝光，吸引了更多用户关注。流量的沉淀将逐渐转化为销量和品牌力。

3. 直播复盘

一场直播的结束，只是对于观众来说结束了，但对于商户来说后续工作还在继续中，通过回顾可不断优化直播的整个过程。

（1）直播回顾的重要性　首先要明确回顾上次直播是非常重要的，但回顾不等于总结。总结是一次直播得出的结论，但复盘是回过头重新来看整场直播。做好回顾，至少可以得到3方面的收获：

1）工作流程化。在直播时用一些技巧或套路，能起到事半功倍的效果。但是这些方法并不是唯一的和固定的，每个直播间都是不同的，可根据自己的特点不断摸索最适合自己的方式。回顾就是让直播间的工作更加流程化。

2）不断纠正错误。在回顾的时候，一定会发现直播中有错误的地方，出错的部分要记录下来，进行改正和优化，这样能让每次直播都比上一次进步些。

3）经验转为能力。一次直播一定会遇到突发状况，如果能够解决，就会不断地积累经验，以后遇到紧急状况也能沉着应对，而且要不断锻炼自己，将其转化为个人能力。

（2）有计划地复盘　在了解了回顾的重要性后，还要有计划地进行复盘，主要有如下几个步骤：

1）回顾整个过程。

2）总结优点。

3）列出问题。

4）明确活跃度最高时要怎么做。

5）对直播打分。

任务三　汽车电商服务平台推广计划制订（高级）

任务描述

某汽车服务企业准备针对十一黄金周实施定期推广活动，要求网络运营专员能够结合市场策划的要求，完成线上活动计划的制订，并能够结合电商平台的情况制订推广内容及形式。

任务目标

1. 能够掌握网络推广计划的内容，制订完成电商渠道推广计划。
2. 能够掌握汽车电商平台的类型，选择合适的电商渠道推广活动。
3. 能够掌握电商渠道推广的内容，制订电商平台推广内容和推广形式。

 建议学时

2 学时

 相关知识

一、汽车电商服务平台渠道推广计划

平台推广计划是网络营销计划的组成部分。制订平台推广计划本身也是一种网站推广策略，推广计划不仅是推广的行动指南，也是检验推广效果是否达到预期目标的衡量标准，所以，合理的平台推广计划也就成为推广策略中必不可少的内容。网络营销计划包含的内容比较多，如平台的功能、内容、商业模式和运营策略等，一份好的网络营销计划书应在平台正式建设前完成，并且为实际操作提供总体指导。平台推广计划通常也是在策略阶段就应完成的，甚至可在建设阶段就开始平台的"推广"工作。

平台推广计划书至少应包括 3 方面的基本内容：推广的阶段目标；发布运营的不同阶段所采取的推广方法；推广策略的控制和效果评价。

（1）推广的阶段目标 例如，用户目标是哪些群体、在发布后 1 年内实现每天独立访问用户数量是多少、与竞争者相比的相对排名如何、在主要搜索引擎的表现、网站外链接的数量、注册用户数量等。

（2）发布运营的不同阶段所采取的推广方法 最好详细列出各个阶段的具体推广方法，如登录多少个主要搜索引擎网站、要用哪些网络广告主要形式来推广和进行媒体选择、大致需要投入的费用、如何合理分配等（表 3-3）。

表 3-3 不同阶段平台推广方法示例

进程	事项	具体内容
引流期	用户导入	广告投放、新媒体推广、资源置换、社群拉新、竞品用户粉丝获取等
	平台开发运营	界面优化、关键词优化、图文优化、产品信息优化、商品选择
增长爆发期	商城运营	备货、物流活动营销、品牌商拓展、重点爆品商品推广、付费推广、CRM 营销等
平稳期	品牌打造	用户关系维护、节庆营销等，提高转化率

（3）推广策略的控制和效果评价 如阶段推广目标的控制、推广效果评价指标等。对平台推广计划的控制和评价是为了及时发现网络营销过程中的问题，保证网络营销活动的顺利进行。如果发现推广以来，基本上没有大的访问数增长，那么需要再一次优化平台，重新调整推广方案计划。

下面以案例的形式来说明平台推广计划的主要内容。实际工作中由于每个平台的情况不同，并不一定要照搬这些步骤和方法，只是作为参考。

1）推广目标。计划在平台发布 1 年后达到每天独立访问用户 100 人，注册用户 2000 人。

2）策划建设阶段的推广。在网站建设过程中从内容、结构、页面等方面进行优化，对 Google、百度等搜索引擎进行关键字等优化设计。

3）发布初期的基本推广手段。登录 15 个主要搜索引擎和分类目录、购买 2~3 个网络实名 / 通用网址、与合作伙伴建立网站链接、在访问量稳定的网站做外链接（这个在网站初期很重要）。另外，在线下营销推广也是一项有必要的措施，如在主流媒体和行业网站发布企业新闻等。

4）增长期的推广。当有一定访问量后，为继续保持访问量的增长和品牌提升，要在相关行业网站投放一定量的网络广告，可做一些公司自己的电子杂志，再结合电子邮箱向目标用户定期发送。在这个时期也可做一些网络调查、产品网络调研等。

5）稳定期的推广。结合公司新产品促销，不定期发送在线优惠券；参与行业内的排行评比等活动，以期获得新闻价值；在条件成熟的情况下，建设一个中立的与企业核心产品相关的行业信息类网站来进行辅助推广。

6）推广效果的评价。对主要推广措施的效果进行跟踪，定期进行流量统计分析，必要时与专业网络顾问机构合作进行网络营销诊断，改进或取消效果不佳的推广手段，在效果明显的推广策略方面加大投入比重。

二、汽车电商服务平台分类

目前汽车电商的模式主要分为 6 类，即以天猫、京东等为代表的传统综合电商平台；以汽车之家、易车等为代表的垂直类电商平台；以庞大、正通等经销商为代表的电商营销平台；以苏宁、国美老牌电器产品商为代表的汽车自营电商平台；以弹个车、毛豆新车网等为代表的新兴汽车电商平台；以上汽"车享网"为代表的车企自建电商平台。

1. 传统综合电商平台

传统综合电商平台具备用户群体庞大、平台资源丰富、支付体系完善的优点。下面主要以天猫和京东代表重点介绍传统综合电商平台的特点。

（1）天猫汽车（B2C 模式）　阿里巴巴整合了整车、汽车配件、二手车等资源，在天猫和淘宝的首页都设有汽车、汽车用品等频道，甚至还推出闲鱼二手车平台进军二手车领域，就像天猫和淘宝上的其他产品一样，阿里提供了在天猫、淘宝的平台，汽车厂家及经销商为入驻平台的商户，为用户提供线上预订，线下提车或线下体验服务。

（2）京东商城（C2B 模式）　京东的特点是将汽车电商业务全部放在汽车方面更加权威的投资公司易车旗下的惠买车，惠买车的售车模式使用了与阿里 B2C 完全相反的 C2B 模式。这种模式为底价购车模式，即用户在京东商城上看中一款车时，就可在商城上预付少额的订金（500 元以内），用户即可获得多个商家的报价，用户可选择自己满意的底价，获得电子凭证后，用户可到指定的实体店看车，中意后即可在实体店预付定金提车。

2. 垂直类网站平台

（1）汽车之家　汽车之家成立于 2005 年 6 月，是全球访问量最大的汽车网站之一。汽车之家为汽车消费者提供选车、买车、用车、换车等所有环节的一站式服务。汽车之家致力于通过产品服务、数据技术、生态规则和资源为用户和客户赋能，建设"车媒体、车电商、车金融、车生活"4 个圈,从"基于内容的垂直领域公司"转型升级为"基于数据技术的'汽车'公司"。未来,汽车之家与战略合作伙伴将在"智能销量提升""智能品牌传播""智能新车发布""智能活动管理"这 4 大覆盖汽车营销全场景的领域展开深入合作,合力打造智能营销闭环。

(2)易车网 易车公司成立于 2000 年,于 2010 年在美国纽交所正式挂牌上市。易车网在数百个城市提供本地服务,利用全 IP 定向技术精确引导用户;通过从看车、选车、买车到用车的无缝式服务体系,为用户提供与汽车生活相关的全程场景;覆盖了百余个汽车品牌下的上千车系,拥有上万款车型资料、数万条视频、百万级汽车图片,几万家经销商即时报价;构建了国内较大规模的车型数据库、图片库和报价库。

3. 经销商电商营销平台

(1)庞大汽车电子商城 庞大汽车电子商城定位为专业化汽车在线销售平台,以庞大集团近千家 4S 店为依托,主营整车销售、精品养护服务,汽车金融、保险、延保、会员等增值服务,涵盖汽车销售的各个环节、各项服务,形成线上线下相结合的一体化在线购车平台。这个平台集合了近百个品牌汽车近千款车型,同时还有汽车金融、延保、保险、会员等服务产品。它是一个集汽车整车销售、精品销售、相关服务产品销售等于一体的大型综合类汽车电商。

(2)正通汽车网站 正通汽车是国内首家在我国香港上市的豪华汽车经销集团,业务与营销网络已覆盖全国各地,拥有一百多家子公司,是我国规模较大的汽车销售和服务机构之一。正通汽车网站于 2014 年 11 月 11 日正式上线,正通汽车联合供应商推出汽车用品全部商品线上支付、到店自取活动。正通汽车也有设立汽车物流业务,凭借现有的汽车经销网络及物流服务业务,强化 4S 店经销店客户售后服务。

4. 老牌电器厂商汽车自营电商平台

苏宁和国美作为老牌的电器产品平台,在汽车上也有涉足,但是更多的是专注于汽车配件、装饰、汽车电器等项目,对于整车的销售,苏宁和国美都采取自营的模式,在购车方式上有付全款和交订金购车两种,值得一提的是,对于自营的整车苏宁会负责配送。

5. 新兴汽车电商平台

(1)弹个车 弹个车是杭州大搜车汽车服务有限公司旗下全新汽车金融产品,弹个车基于消费者个人信用提供超低首付、超长分期以及灵活智选的汽车融资租赁个性化解决方案——以租代购,这是一种新型的大额分期购车方式,核心在于将车辆的所有权和使用权分离,汽车融资租赁公司购买客户指定的车辆,将车辆租给客户使用,客户按合同约定支付一定保证金后,按月支付租金,租赁合同到期后,由客户决定是否取得汽车所有权。"弹个车"通过支付宝对用户的个人信用进行评估,生成具体的购车方案,最低可达 0 首付,具有购车门槛低、灵活分期、支付宝超快审批等优势。据悉,弹个车上线以来,业务已经覆盖全国 180 余个城市、2000 余个车商代理,累计成交订单超 2 万笔,成交金额逾 30 亿元。

(2)毛豆新车网 毛豆新车是瓜子二手车的全资子公司,成立于 2017 年 9 月,是一家以线上数据和技术为驱动、融合线下门店服务的一站式汽车融资租赁平台。根据毛豆新车数据显示,毛豆用户超过 74% 是 25~35 岁的年轻人。2017 年 10 月,毛豆新车网在长春、石家庄、成都、东莞、南京 5 个城市建立了线下中心仓,服务覆盖全国 33 个城市。毛豆新车融合线上、线下的新零售模式,可实现线上高效选车、线下便捷对接;对于主机厂商来说,可有效节约成本,并实现渠道快速下沉。

6. 车企自建电商平台

前5类电商平台投入相对较小，客户流量较大，但车企却难以从中对汽车销售线索进行系统管理。在这一背景下，上汽集团2014年推出我国汽车市场首个OTO电子商务平台——"车享平台"，意图全方位打通汽车"看、选、买、用、卖"一站式服务，从线上到线下形成完整的交易闭环。目前旗下已拥有车享家、车享新车、车享二手车、车享付、车享配等多个业务版块。2018年，车享新车累积总销量约40万辆，自营销量约达8万辆，车享二手车实现交易约10.2万辆，汽车销售品牌数量增至46个；车享汽车商城加盟全面开启，网点逐步下沉至三四线城市。

通过以上盘点分析可发现，目前绝大多数汽车电商不可避免的一环就是用户在平台上线上下单后，最终还是要经过经销商这一关。其原因之一是汽车产品不具有淘宝、天猫平台上食品、快销、生活家电等产品的便捷性（网上支付，在家等收货就好），且不能如同其他商品一样可大量储存；原因之二是汽车还涉及试驾、感受以及售后的维护与保修等。还有价格及支付因素，厂商、经销商等环节依然存在，导致优惠力度也没有太大的吸引力；支付巨额车款的交易方式也欠缺（线上支付额度比较小）。另外试驾、售后等服务也多在线下进行，电商平台大多只是线上的促销活动平台。

未来新车电商品牌将呈现以下发展趋势：电商平台更加垂直、更加精准。随着电商平台竞争加剧，未来汽车电商将更集中在新车交易的细分市场；汽车金融成为新的增长点。汽车金融产品可促进汽车销售，未来汽车金融将成为电商平台的一个新的盈利探索方向；未来将有更多新的汽车电商平台合作形式出现，结合电商、车企、经销商的优势，规避如传统4S店成本高、电商平台业务单一等短板。

三、汽车电商服务平台渠道推广

1. 门户媒体广告推广

通过在各类门户网站购买相应广告位，可达到企业品牌及产品宣传的效果。下面介绍汽车行业主流的几种网络广告形式。

（1）Banner广告　Banner广告指横幅广告、旗帜广告，是最普遍的广告形式，一般在APP界面顶部或底部出现，有静态图、GIF图、文字链或多帧图片滚动的动画图等表现形式。其优点是对受众干扰小、制作相对简单、竞价成本相对较低。其缺点是容易被受众忽略，如果设计粗糙或定向不够精准，容易影响受众上网体验，从而造成不良品牌印象及广告费浪费（图3-20）。

图 3-20　Banner 广告

制作指导：

1）选择最有效的尺寸。常见及效果最好的Banner广告尺寸为320×50、640×100等。当然，具体情况还要根据不同APP、不同品牌诉求而定。

2）文案和图片完美搭配。广告主要包含品牌logo、价值主导（产品卖点）、行动召唤3大元素。而这些元素间的配合要层级分明、主题明晰、卖点突出、色彩协调，当然更要符合用户浏览习惯。

3）文件不宜过大。文件最好在 50~100KB，因为用户打开页面后会直接向下滚动，如果文件过大，则加载缓慢，有可能"赶不上"用户的"手速"，让广告无法被看到。当然，文件也不宜太小，因为有可能会损害素材质量和清晰度。

4）动效是加分项，但要谨慎。动效的 Banner 广告通常来说比静态效果好。但要注意：①不要让动画分散了广告的主要信息；②动效要简单、优雅，而非"闪瞎眼"；③动画的最后一帧如果能够配合行动召唤的文字，效果会更好。

5）与页面内容协调搭配。即 Banner 广告要和页面整体风格和上下文风格、内容等完美搭配、相得益彰，不宜靠过度夸张、突兀的设计来强吸眼球；但同时，广告也不要过分融入而让用户难以辨识。其中，美术动态创意中心可自动生成上万组创意，在竞价成功时自动调取与媒体环境契合度最高创意进行展示，提升营销效率和效果。

（2）贴片广告　视频贴片广告指的是在视频中插入自己的广告，广告形式是流媒体，一般分为前贴、中贴、后贴，时长分为 5s、15s、30s、60s 甚至更长。前贴是视频播放前出现的广告，中贴是视频播放中途出现的广告，后贴是视频播放结束后出现的广告。其优点是声影结合，广告冲击力和记忆力强；媒体资源优质、品牌曝光质量高。其缺点是素材制作较复杂（耗时、耗力、耗钱）；价格偏高；广告可能影响用户观影、惹人反感；用户分散化、碎片化使用习惯，使得品牌大规模曝光需求难以满足（图 3-21）。

图 3-21　贴片广告

制作指导：

1）可允许用户观看几秒后跳过贴片广告。如果观众不喜欢看还强迫看，会导致用户体验差，广告主不仅没有收益，还有可能造成负面品牌印象。不如允许用户跳过，并且通过标记跳过时间点来判断这个用户对哪类广告更感兴趣，进而指导后续进行更精准的广告推送。

2）做成高清分辨率（≥ 640 × 360）或超清分辨率（≥ 1280 × 720），建议大小为 2~5MB，不宜过大。

3）如果推广预算有限，不建议投放视频贴片广告。

（3）开屏广告　开屏广告是在 APP 启动时出现的广告，一般展示固定时间（5s），展示完毕后自动关闭并进入 APP 主页面，计费方式大都按每次点击付费广告（CPC）计费。其优点是抢占应用开启的"黄金 5s"，增强品牌记忆度，且广告更具权威性；用户干扰小；开屏广告仅在应用启动时展现，而在一般情况下，同一用户不会频繁启动单一应用，因此与其他广告形式相比，同样数量的广告展示下，开屏广告能覆盖更多的独立用户。其缺点是收费较高；若平台不支持广告跳转，可能会流失一部分目标受众。

开屏广告可根据不同维度划分为不同的类别：

1）按照广告位尺寸划分。可分为全屏式与底部保留式。全屏式是媒体将整个广告位出售给广告主，广告主可投放全屏幕广告，使用户有沉浸式体验；底部保留式是媒体底栏保留一定的尺寸，一般是放自己的 APP logo 以及宣传语，设计前需要明白媒体给予的广告位大小，避免底部被覆盖而造成信息展示不全面。

2）按照开屏广告目的划分。可分为 APP 下载、活动页宣传、活动咨询。部分广告的投放目的是为了推广自己的 APP 应用，拉新用户，如今日头条的广告；活动宣传大都是电商类的广告，如淘宝双十一，京东 618 等，容易引导用户进行商品转化；活动咨询类是指服务类型的广告商，如课程咨询、美容整形咨询、试驾等，一般金额较大，以填写信息询问为主，不会直接购买订购。

3）按照广告交互方式划分。可分为静态可点击、静态不可点击、动态可点击、动态不可点击。不可点击的限制一般用于品牌展示，以计费千人成本（CPM）为主，市场上存在较多的是静态可点击的，短短 5s 中加载动态图片的难度较大，点击可准确将用户引导到广告主的页面。明确广告投放的目的，可定义广告设计的意图是为了活动宣传还是 APP 下载，是为增加品牌的曝光度还是提高转化率。

图 3-22 开屏广告

汽车行业广告主可投放垂直领域（汽车）APP 的开屏广告，如汽车之家、汽车大全、搜狐汽车等；也可投放非垂直领域 APP 的开屏广告（建议选择头部优质 APP，以提高品牌形象和调性），开屏广告如图 3-22 所示。

制作指导：

1）如果推广预算有限（比如低于 10 万元），不建议投放热门 APP 开屏广告。

2）开屏广告媒体素材审核相对更严格，需要提前（一般两天）进行线下审核。

3）如果是电商类品牌主或应用推广类品牌主（下载 APP），最好选择可支持点击跳转的平台。

4）研究发现 3~5s 是开屏广告最佳展示时长。

5）某些开屏类媒体支持地域定向（加价售卖），有此需求的品牌主可定向选择以节省预算。

6）常见素材尺寸有 640×960、720×1280 等。

7）经验表明红包图模式适用于理财类广告，单图模式多适用于品牌广告，拼图多图模式或行动召唤类模式更适用于电商广告等。

（4）信息流广告　信息流广告是在社交媒体用户好友动态或资讯媒体和视听媒体内容流中的广告，在 2006 年由 Facebook 首先推出。这种穿插在内容流中的广告，对用户来说体验相对较好，对广告主来说可利用用户的标签进行精准投放，因此其在移动互联网时代到来后迎来了爆炸式的增长，几乎所有的互联网媒体都推出了信息流广告平台。信息流广告的优势是流量庞大、算法领先、形式丰富、定向精准、用户体验好。结合大数据和 AI 进行精准投放，无论是品牌曝光还是获取效果都可满足需求，信息流广告如图 3-23 所示。

建议优先选择汽车类 APP 中的信息流广告进行投放，如汽车之家、爱卡汽车、易车等。因为相比其他信息流平台，汽

图 3-23 信息流广告

车类APP目标人群（爱车人士）较多，且其浏览的目的就是获取汽车类资讯信息，因此对于广告内容容忍度较强，甚至可能会欣然接受。

制作指导：

1）好的文字与图片创意是提升点击通过率（CTR）的第一步，即信息流素材创意要针对自己产品的人群制作，以事实数据作指导，而非凭借经验"自嗨"。

2）落地页面是承载转化的关键。首先，要保持落地页内容与广告创意内容相一致；此外，落地页界面要清晰、操作容易（比如注册类落地页）；再次，还要提高页面加载速度，防止用户流失；最后，要不断优化落地页设计。可利用热图工具来分析用户访问落地页后的行为，了解落地页哪些内容吸引了大多数访客的注意，从而放上转化潜力最好的内容，以提高转化率。

3）与场景结合，让广告出现得"恰到好处"，即在精准定位目标受众的基础上，根据受众时下所在的时间段、地理位置、天气状态、使用（媒体）场景等的不同，设计与场景高度融合的物料，从而保证广告贴合用户需求，提升广告吸引力和点击率。

4）"有的放矢"而非"错位投放"，即在投放前分析媒体调性、频道类别及页面内容等，进而将企业的推广信息投放在强相关频道类型和内容周围。

（5）VR广告 VR虚拟世界是利用计算机模拟产生一个三维空间的虚拟世界，为使用者提供关于视觉、听觉、触觉等感官的模拟，让使用者如同身临其境一般，可及时、没有限制地观察三维空间内的事物。

现在越来越多的汽车品牌选择尝试VR广告，如宝马、玛莎拉蒂、起亚等。VR广告透过沉浸式的VR环境，能让受众置身在超现实的品牌所塑造的故事场景中，还能让受众产生类似真实的品牌临场互动体验，以更好地感知产品大小、性能等，从而加深受众品牌体验度和好感度、提升受众的购买欲望；此外，通过VR程序化广告后台侦测并计算受众对广告内容的有效观看程度和互动程度等，还能清楚地洞察受众在VR广告体验过程中最感兴趣的是产品哪个部分、哪些功能等，以便后续对广告进行优化和定向营销。

汽车行业广告主如果想尝试VR广告，可选择专业的提供VR广告服务的流量平台，如HTC Vive虚拟现实（VR）程序化广告平台，以探索出更炫酷、更具吸引力的营销新玩法。

2. 竞价推广

竞价推广是把企业的产品、服务等以关键词的形式在搜索引擎平台上做推广，竞价排名是一种按效果付费的网络推广方式。企业在购买该项服务后，通过注册一定数量的关键词，其推广信息就会率先出现在网民相应的搜索结果中，搜索推广效果转化漏斗如图3-24所示。

关键词的选择技巧是要以企业产品和服务为核心，抓住客户搜索习惯及心理。

展现量
推广结果被网民查看的次数

点击量
推广结果被网民点击的次数

访问量
网民到达企业网站的次数

咨询量
网民咨询企业的次数

订单量
订单的数量

图3-24 搜索推广效果转化漏斗

企业网络宣传的核心是企业的产品、服务、品牌。涉及企业产品、服务、品牌的名称词汇自然成了参与竞价的首选。

这些词汇往往是热门词，但是在实际推广中，过热的词推广性价比并不高，企业要不断地观察关键词，适当添加长尾词来提升账户曝光率，真正的优质账户都是在实践中自己摸索出来的。

3. 搜索引擎优化排名推广

搜索引擎优化排名是利用搜索引擎的规则为网站导入高质量的流量，如果公司想长期进行网络营销宣传推广，搜索引擎优化排名是一个不错的选择。低成本、高回报的搜索引擎优化排名得到了大家的一致认可。

搜索引擎优化（SEO）通过技术手段实现网站的长久排名。SEO 按照排名持续时间计费，客户需要的排名时间越长，价格也就越高。但是比起竞价所需的费用，SEO 相对少很多。SEO 每个 IP 收费为 0.95~1.95 元。

（1）SEO 的优点

1）不易被其他网站取代名次。通过 SEO 手段运营的网站，一旦获得好的排名，一般能持续很长时间，不容易被其他网站代替。

2）为自然搜索结果。SEO 运营的网站，显示的是自然搜索结果，这样看起来更加真实可信。

3）品牌形象建立。利用 SEO 手段运营网站，能让自己网站的形象和品牌得到很好的建立，扩大用户的份额。

4）上线越久成本越低。利用 SEO 手段运营网站，网站上线越久，相对而言成本就越低。

（2）SEO 的缺点

1）显示效果较慢。通过 SEO 手段来运营网站，需要周期性的时间，一般的周期是 3 个月看到效果。

2）关键字排序位置精确预估较难。SEO 只能大概预计网站的排名。

4. 新闻媒体推广

新闻媒体推广是借助网络大众媒体，以新闻报道的方式把汽车经销商广告信息传播出去，从而让更多的人来关注企业及其产品，从而达到推广的目的。新闻媒体推广可快速提升企业品牌形象。做新闻媒体推广的时候，可从 3 方面考虑：一是网络大众媒体平台自身流量，二是平台搜索引擎表现，三是被转载的数量。

常见的主流媒体平台有今日头条、凤凰网、腾讯新闻、网易新闻、搜狐新闻等。热点新闻媒体推广的优势：

1）浏览率高。热点新闻媒体推广的特性在于能够将企业营销信息不露痕迹地添加到热点新闻中，以此达到提升浏览率和推广的目的。

2）真实度高。由于广告的表达形式太过于浮夸，造成大部分人都不敢轻易相信，甚至还有排斥的心理。热点新闻相对于广告而言，具备更高的真实度，大众也就更愿意相信热点新闻里边的内容。这有利于提高品牌的影响力、信誉度，为品牌树立良好的形象与口碑。

3）嵌入不留痕迹。大众对于传统式广告是排斥的，因此大部分人看到广告就直接划走，一篇有吸引力的热点新闻能够不露痕迹地将广告嵌入，以此做到"润物细无声"的效果。

4）事件炒作性强。根据某些网络热点、噱头开展企业新闻营销炒作，能够迅速提升企业的曝光度。

5. 论坛口碑推广

（1）推广方法

1）寻找目标市场高度集中的行业论坛。在主题集中的论坛上进行论坛营销，往往会起到事半功倍的效果。

2）参与论坛，建立权威。在论坛营销的前期，要时刻留意其他会员的动态情况，当发现其他的会员有问题和困难的时候，应主动出击，积极帮忙，久而久之，会在各位会员的心目中建立起一个权威的形象。建立了权威性，在这时候推广产品和服务，其可信度一定会大大提高。

3）不要发广告。据了解，基本上所有的网民都会排斥论坛上的广告，而且会对发广告的人产生抵触的心理。

4）在论坛签名中促销。论坛签名是一个比较好的促销平台，当然促销的效果与签名的吸引力密切相关。

5）个人图像和免费推广位。在论坛注册后，制作一张尺寸大小适中的广告图片作为个人图像，可加大公司的曝光率。有些论坛的主题会有一个免费的广告位，可利用这个广告位刊登产品、服务信息，充分达到了推广营销的效果。

（2）推广技巧

1）收集整理论坛。对所收集的论坛进行分类（如娱乐、地区、女性、财经、综合等）并加上属性标注（如人气、严肃程度、是否支持可链接 URL）。

2）注册账号。注册统一的中文 ID，以提高后续发贴效率。注册账号要求所有账号资料必须填写完整，必须上传头像，并且用户名必须使用中文，这样可使账号更加正式，增强账号的可信度。

3）发布主题。将事先撰写好的软文发布到论坛相应的版块，要求找准版块并分析版块内容及气氛，防止主题与版面内容偏差太大，导致高删贴率。必要时可根据版面内容调整文章标题或内容，使软文最大限度贴近主题。

4）跟踪及维护。主题发布后，将主题 URL 整理成文档存放，以便后续效果分析及维护。主题发布后，要定期回访主题，回访项目包括：检查主题是否被删除、是否被执行管理操作（如加精、提升、置顶、掩埋），是否有人回复提出问题或质疑、回复用户的疑问、顶贴。

账号维护：对于热门论坛，需要培养高级账号，使用该高级账号与论坛成员建立互动关系，提高账号知名度、美誉度、权威性，使该账号成为该社区的舆论领袖，从而使由该账号发布的主题更具说服力。

5）效果评估。效果评估参数：发布论坛数、发布主题数、贴子浏览量、贴子回复量、贴子被加精数、置顶数、删贴率等。

（3）运作

1）关键一，推广论坛。这是开始论坛营销的必要条件，首先，站长们要有自己的论坛推广团队，团队成员要去一些大型的、人气比较高的论坛去推广论坛，增加曝光度。也可按照论坛营销的产品不同，去相关的论坛建立马甲，从而更能有针对性地推广。

2）关键二，吸引人气。站长们如果把第一步做好，吸引到了人气，接下来就需要去维护人气。

3）关键三，话题营销。对于论坛营销来说，话题营销是一个非常的方法，每天找一个用户比较热衷的话题，让管理者们都参与讨论，增加论坛曝光度。

4）关键四，正确引导回帖。如果之前采用了话题营销，很可能会遇到争论，争论可增强论坛互动性与曝光率，甚至演变成大范围病毒式营销，但是要避免给论坛带来不好的影响。

5）关键五，多增加新内容。新内容才能带来更多的新鲜血液。

6. 网络视频推广

制作一些视频短片，并发布到各大视频网站，可达到帮助企业品牌及产品宣传的目的。

与图文相比，短视频的传播性更强，更容易让人有代入感，同一时间段视频比图文能传达的信息量高出几十倍，视频标题是决定用户会不会点开的关键，要根据不同的行业及面向的消费人群来做不同的视频，这跟传统推广一样，都要提前做好标签。视频团队的能力决定了视频的质量，不仅要找专业的视频人员还要找具有互联网营销思维的视频团队来做，而不是一味地去录视频。

（1）视频推广手段　互联网上利用视频进行推广的手段大致可分为3类：

1）自媒体模式。自媒体的模式必须有自己独特的内容，必须要网友认可。正是由于内容为王的特点，这种模式也存在着显著的优势和劣势。

> 优势：内容新颖独特，可以吸引相对精准的人群，在自然而然中完成了粉丝筛选，为日后的流量转化埋下很好的伏笔。
>
> 劣势：要创造好的内容，就需要好的题材，这样会占用很大的人力、物力，前期付出很大。
>
> 适用范围：适合团队操作。

2）热门事件模式。这种模式的特点是具有时效性，只是在特定的时间具有巨大的效果，流量来得快，走得也快。热门事件模式也具有一定的优势和劣势。

> 优势：简单快捷，门槛低。在百度风云榜找到热门关键词，用几张图片很快就能做出一个相关视频，在极短的时间内就能完成推广。
>
> 劣势：流量不长久，有效期可能只有几天；流量不精准，后期转化存在弊端。
>
> 适用范围：适合个人批量操作。

3）视频外链模式。这种模式由于所操作的视频网权重较高，在很短的时间内即可获得排名。这种模式的特点就是简单直接。

> 优势：操作简单，只需要上传视频，不用管视频内容是什么，因为推广内容在标题上。
>
> 劣势：需要大量持续操作，因为这种视频通过率低，而且被删除概率大。
>
> 适用范围：适用于个人利用软件批量操作。

这种模式不仅限于网站推广，也可以用来推广QQ、微信等。

（2）视频推广转化方法

1）直接转化。直接转化是指直接把推广信息加入到视频中，这种转化方法适合于自媒体模式。这种方法的特点是转化的粉丝非常精准，比较容易产生价值。

2）间接转化。间接转化是指并不明目张胆地把推广信息打出来，而是在视频中插入与视频不相关的推广信息。这种转化方法常见于热门事件模式和视频外链模式。这种转化方法的特点是形式较为隐蔽，可避开视频网站的审核，但是转化率较低。

任务四　汽车电商服务平台推广体系完善与优化（中级、高级）

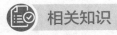

任务描述

为了更好地提升汽车服务企业品牌效应与服务质量，公司决定对如今的电商服务营销模式进行改进与优化，请利用所学专业知识，优化完善企业网站。

任务目标

1. 能够掌握相关汽车品牌的信息动态。
2. 能够分析电子商务营销的现状及问题。
3. 能够掌握电商平台栏目规划。
4. 能够制订长期战略性的公共关系策略和高价值的相关商业建议。
5. 能够对企业网站进行完善与优化。

建议学时

2学时

相关知识

一、汽车电商营销的现状及存在的问题

1. 汽车电商现状

汽车电商主要分为整车、汽车配件和汽车后市场3大领域。汽车后市场涵盖汽车金融、汽车维修美容、二手车及租车等，每个领域的市场规模均是万亿级。汽车电商属于重电商领域，因为涉及线下和非互联网的支撑，所以汽车电商的成功，除了具有互联网的基因外，还

需要和汽车产业紧密结合在一起。

国内汽车整车电子商务相对国外起步较晚，但也已初见成效。长城汽车于2013年建立独有的B2C电子商务平台，并将哈弗H2作为线上、线下同时销售的首款车型。还有更多的汽车制造厂商通过与电商平台合作的方式进行试水，如宝马、奥迪、沃尔沃、一汽丰田、东风日产、北京现代、长安汽车等都已进入天猫商城。同时，由于受到一线城市汽车限购政策的持续影响，迫使厂商的渠道进一步下沉到二、三线城市。而在厂商不断开拓新渠道的同时，网络购物潮也影响了汽车产业，中国的汽车厂商不得不开始思考，互联网是否也是一个可以被利用的集中销售渠道。

因为中国汽车配件市场存在巨大商机，汽车配件电子商务这一新途径也正在被各个行业的参与者尝试。通过互联网，零配件生产企业、流通企业和维修应用企业可得到有效串联，尤其是生产和流通型企业可获得直接面对消费者的机会，从而提升企业覆盖范围和业务深度，为企业提供了良好的机遇。

汽车售后领域的4S店也在顺应潮流加快发展各自的售后电子商务系统，包括连接客户的客户关系管理系统（CRM）、连接厂商的企业资源计划（ERP）系统和供应链管理系统（SCM）、汽车配件电子商务、汽车金融电子商务等。

2. 汽车电商营销存在的问题

（1）社会信用体系不完善　相比居民日用品的小额交易，汽车产品的交易额较高，对网络安全、网络信用的要求也更高。作为电子商务的提供方，应在信息技术方面不断改进、不断创新，严格保守客户的信息安全，保障交易安全有序地进行，应采取措施维护数据库的安全，防范不法分子进行新型的网络犯罪。

（2）无法实地驾驶　随着市场的发展，中国消费者购车越来越理性，越来越多的消费者要求购车时提供实车体验和试驾服务，而如今汽车电商却将这一非常重要的服务剥离了出来，消费者依然要自行前往4S店进行体验和试驾。这不仅影响消费者的体验，也将消费者大部分的注意力留在了线下，这对汽车电商来说无疑是巨大的损失。作为购车链条上处于前端且越来越重要的环节，实车体验必须整合到汽车电商的服务里。

（3）网上价格优势不明显　电商价格战不如消费者想象中的激烈，消费者已经对电商大战出现审美疲劳。

（4）地域限制无法打破　电子商务平台在产品展示方面的确存在很大的局限性。于是，众多潜在客户仅仅将汽车生产商的官网当作查询信息、了解汽车性能、进行参数配置比较的工具，而不是真正的购买平台。

（5）售后服务难处理　互联网不同于传统经销商模式，在虚拟的网络平台上尤其是跨境和跨地区的交易，信息的自由流动和选择性决定了一旦发生贸易纠纷往往很难解决。

（6）汽车配套体系不成熟　汽车电商的市场涉及汽车行业、交通运输业、机械行业、物流行业、信息技术行业、电子商务行业、市场营销等行业，涵盖政治、经济、建设、服务、生产加工等学科。另外，汽车电商企业还面临行业供应链上下游的协调问题、电子订单的配送问题、服务保障问题、信息及时更新问题等风险和挑战，需要产业链条的各个方面协同解决。

二、电商服务平台栏目规划

通常把网站的结构大体上分为逻辑结构和物理结构两种。

逻辑结构描述的是网页文档间的链接关系；而物理结构描述的是网页文档的实际存储位置。如果说逻辑结构是为用户而设计的，那么物理结构就是为管理员而设计的。一般把逻辑结构的设计称为栏目规划，把物理结构的设计称为目录规划。

在网页站点中，有线型、层次型和网络型 3 种主要的逻辑组织形式。

（1）线型　最简单的线型模型如图 3-25 所示，它是按照顺序展现各个页面的内容。这种形式有个很大的好处就是提供了许多预见性，因为设计者确切知道用户下一步要去访问哪一个网页。

图 3-25　线型模型

在纯线型的基础上进行扩展，能演变出更有灵活性的线型结构。图 3-26 所示的为带抉择的线型模型，它可以根据用户不同的抉择（比如回答"yes"或"no"），来访问不同的下一个网页。

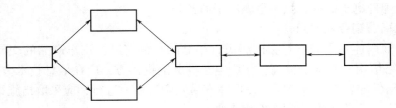

图 3-26　带抉择线型模型

（2）层次型　几乎任何站点在整体栏目规划的时候都采用层次型结构。层次型结构又称为树型，如图 3-27 所示，用户要通过树从上到下一级一级访问，才能最终访问到最底层的网页。

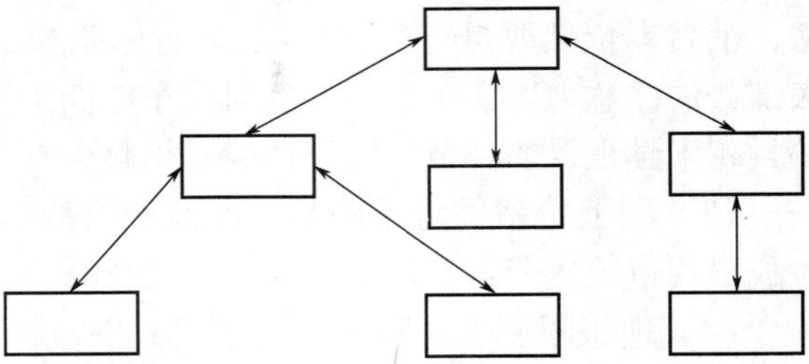

层次型模型让站点的网页组成一棵树，使得站点内容划分得十分清晰，用户在访问某个网页时，很容易知道自己处于站点的哪个栏目的哪个子页面中。但是这种组织形式会将很多信息隐藏起来，使得用户不容易发现这些信息，在访问较低层的页面时变得有些困难，解决这种问题有两种方法：一种是缩小站点的层次，比如 2~3 层，这时相当于从顶层网页发散出许多分支；另一种是建立一个良好的站点导航系统。

图 3-27　层次型模型

（3）网络型　网络型是指多个页面之间都相互链接的一种结构，网络型模型如图 3-28 所示，在任意一个网页上都可以通过一次点击就能到达其他任何一个页面。网络型是在所有的网页

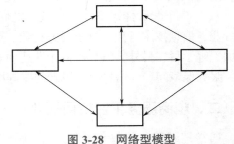

图 3-28　网络型模型

上都保留其他网页的链接。这种结构能使用户更方便地在站点上游弋，但也带来链接过多的问题。

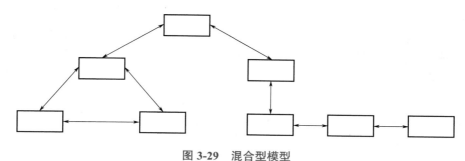

图 3-29　混合型模型

（4）混合型　混合型就是把上面介绍的 3 种模型混合在一起。图 3-29 所示就是一个简单的混合型模型。几乎所有的站点都是采用混合型的结构来进行组织。

1. 站点栏目规划

站点的栏目规划就是确定站点的逻辑结构，它通常需要做以下两件事情：

1）确定站点的内容与服务，并将其分为不同的栏目。

2）对各个栏目进行更细的栏目规划。需要做的主要有设定栏目的名字、确定栏目所含页面的内容和逻辑结构等。

每个站点性质不同，所含的内容与服务也不同，但是它们可遵循一些共同的准则来进行栏目规划，这些准则包括：

① 细致地划分主要内容栏目。

② "开门见山"地列出主要内容。

③ 首页设置超级链接和搜索引擎。

④ 设定双向交流的栏目。

⑤ 设置信息下载和咨询服务栏目。

比如要建设一个有关汽车行业的 B2B 电子商务站点，它应包括新能源、微型、小型、紧凑型、中型、中大型、大型、SUV、MPV、跑车等栏目，每一个栏目下又按价格、排量、品牌、关注度等进行分类，根据以上提供的准则，主页与各个栏目之间可采用层次型的结构。用户注册与登录栏目事务性比较强，所以采用线型结构。由于客户可能需要查看多种类型的车辆，所以各车型的分类栏目采用网络型结构，使其更容易在不同的类别中进行切换，这样基本结构就规划出来了。

2. 网站的目录规划与链接结构

设计目录结构的原则是方便网站的管理与维护；设计链接结构的原则是方便浏览者的阅读。

（1）网站的目录结构　网站的目录是指建立网站时创建的目录，它们通常是一个个的文件夹，在建立目录结构的过程中，应该注意以下几个问题：

1）合理安排文件的目录。

2）按栏目内容建立子目录。

3）在每个一级目录或二级目录下都建立独立的图片目录。

4）目录的层次不要太多，一般目录的层次不要超过 5 层。

5）不要使用中文目录。

6）使用意义明确的目录文件名，以便于记忆管理。

（2）网站的链接结构　网站的链接结构是指页面之间相互链接的拓扑结构。它建立在目录结构基础上，但可以跨越目录。若每个页面是一个固定点，链接则是在两个固定点之间的连线，一个点可以和另一个点连接，也可以和多个点连接。一般建立网站的链接结构有两种基本方式：

1）树状链接结构（一对一），首页链接指向一级页面，一级页面链接指向二级页面。

2）星状链接结构（一对多），类似网络服务器的链接，每个页面相互之间都建立有链接。

三、汽车电商服务平台营销推广模式改进方法及建议

1. 优化组织结构

为了改进汽车电商服务平台的营销情况，需要对其组织结构进行优化。数字营销部下设立 4 个科室，分别是互联网品牌产品宣传科、互联网销售科、互联网售后科和数据分析科。

互联网品牌宣传科的具体职责是负责公司所有与互联网、无线互联网、专营店网络营销等相关的品牌的推广和管理业务，包括设计互联网品牌推广模式、组织并跟踪实施，负责品牌数字化互动传播信息管理，包括品牌数字互动传播信息监控和更新。

互联网销售科的具体职责是负责公司所有与电子商务服务平台相关的产品销售业务和管理业务，包括与销售部和品牌传播部沟通，确认不同车型适合的电子商务销售模式，并组织网络发展部和电商平台共同搭建销售渠道、确保最终落地实施。

互联网售后科的具体职责是负责互联网（含移动互联网）售后服务相关的管理业务，包含互联网售后模式的设计和建设。

数据分析科成立的目的是通过对海量数据的挖掘和运用，为公司未来的发展提供指导。该科室负责对汽车互联网相关的数据进行搜集、整理和分析；通过互联网用户行为数据，为前期研发部门提供产品需求建议、为互联网营销提供指导建议。

2. 增强推广营销能力

1）建立完善的任职资格模型。能力建设的第一步是确定能力标准，为此，数字营销部建立了完善的任职资格模型，从人员学历、背景、品德、知识、技能和个人素质几方面进行综合评估，将人员分为了 6 个级别。人力资源部门安排每半年进行一次任职资格评估，能力有提升的员工，级别也应随着上升，由其承担的责任也越大。

2）合理的薪酬制度。以任职资格模型为基础，应针对级别制订阶梯式的薪酬制度，确保能力强、承担责任大的员工可得到更多的报酬，保证薪酬制度的合理性和公平性。

3）必备的培训体系。为保证员工的培训能定期开展，任职资格模型应将员工的内部培训和被培训经历纳入必备经历，级别越高的员工，需要更多的培训，若培训课时达不到必备经历的要求，不允许参加任职资格评估，级别不得提升；对于级别低的员工，培训的课时达不到要求，同样不允许参加任职资格评估，级别也上不去。

3. 处理好 4S 店与汽车电商服务平台的冲突

由于我国的电子商务发展与发达国家相比还存在差距，因此，目前比较理想的操作方式

应是电子商务与传统模式有机结合，在使用电子商务手段的同时，满足本行业客户的具体需求，把服务落在实处。各企业要建立产品数据库、技术信息库以支持销售，方便各级客户查询；建立自有的具有一定数量的实体库存，借用社会专业力量，以企业联盟及其他方式建立覆盖当地市场的仓储、配送力量，把虚拟库存的产品调配落到实处；以品牌为龙头、网络为手段、产品为纽带、仓储和配送力量为支持，发展包括配件经销商、汽车修理厂、汽车养护中心在内的连锁体系，在开放式信息平台的支持下，更大范围地联合行业内的企业，借助各自资源共享市场，合作而竞争，共同获益。

电子商务平台网络如图 3-30 所示，客户可将自己的需求通过零售网点和总经销商传递到厂家，同时客户和总经销商也可通过电子商务平台来实现订单的传输，在需求的传递过程中可完成报价工作。

维修网点、总经销商可通过传统和电子商务渠道来完成结算工作，同时客户也可实现"网上交易、网上结算"。其分销方式的创新之处就是可以部分地将总经销商的配送网络变成自己的配送网络，甚至可以让总经销商承担中转库的角色。如果将各大片区的维修中心建在总经销商处，那么遍布在全国的总经销商就构成了维修网络的主要结点，大大降低了维修网络建设的成本。通过搭建电子商务平台并将其与呼叫中心相集成，客户就可以直接通过网站和呼叫中心获取技术服务和支持。

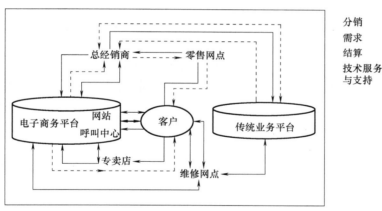

图 3-30　电子商务平台网络

4. 平台推广规划

确定推广的阶段目标，如在发布后 1 年内实现每天独立访问用户数量、与竞争者相比的相对排名、在主要搜索引擎的表现、网站被链接的数量、注册用户数量等。

确定在发布运营的不同阶段所采取的推广方法。如果可能，最好详细列出各个阶段的具体推广方法，如登录搜索引擎的名称、网络广告的主要形式和媒体选择、需要投入的费用等。

进行推广策略的控制和效果评价。下面以案例的形式来说明平台推广计划的主要内容，作为实际工作的参考。

（1）确定平台推广的目标

1）整合各行业资源产品信息，改变零散且杂乱的资源信息分布现状。

2）创新现有行业交易运作模式，真正做到产品信息详细、分类齐全有序、查找产品快捷。

3）提供一部行业资源产品信息大全，替代传统工具手册。

4）解决行业孤岛问题，真正实现资源共享，推动行业快速发展。

5）平台能够提供可互动、亲切且简洁的产品发布，能提供信息查询功能。

6）平台能实现网上推广营销、资料收集、信息共享。

（2）在平台发布运营的不同阶段所采取的推广方法

1）平台发布初期的基本推广手段。登录 10 个主要搜索引擎和分类目录（列出计划登录网站的名单），与部分合作伙伴建立网站链接。另外，配合汽车企业其他营销活动，在部分媒体和行业网站发布企业新闻。

2）平台增产期的推广。当有一定访问量后，为继续保持访问量的增长和品牌提升，在相关行业网站投放网络广告（包括计划投放广告的网站及栏目选择、广告形式等），在若干相关专业电子刊物投放广告，与部分合作伙伴进行资源互换。

3）平台稳定期的推广。结合公司新产品促销，不定期发送在线优惠券；参与行业内的排行评比等活动，以期获得新闻价值，同时群发邮件；在条件成熟的情况下，建立一个中立的与核心产品相关的行业信息类网站来进行辅助推广。

5. 站内优化

1）内容策略改善。内容策略改善的方法包括增强流量、提高网站的 IP 影响力、强化网络品牌，其中，品牌建设是最困难的，因为品牌需要得到用户和行业的认可，以下是品牌建设的 3 个方法：

① 高端内容。高端内容包括行业领先的评论、独家权威数据等，必须是原创的。

② 高端人士。高端人士包括高端人群、专家，可开展高端人群访谈，建立专家栏目等，将业内最优秀的人员带到网站。

③ 帮助用户。如果无法提供高级服务，还可以帮助用户解决问题，获得大量本地用户的支持，并建立品牌。

2）站内优化的方法还包括网页标签元素优化、代码优化、路径地址优化、页面内容优化等。

6. 站外优化

（1）自建博客友情链接（每天访问更新）　在新浪、搜狐、163、汽车之家以及其他汽车行业的网站建友情链接，后期应注重交换链接的质量以提高排名。

（2）友情链接　可导入高质量链接，导入新闻网站、本行业权威网站，购买高质量友情链接。

（3）网站数据分析

1）网站流量分析。引入一套流量统计工具，分析浏览页面和入口，判断网站中哪个页面被浏览的次数多，并分析客流是从哪个页面进入网站的。

2）客流地区分布。分析网站浏览者的地区分布，并以图表方式显示出各个地区浏览者的比例。

3）搜索引擎关键词分析。分析通过各个搜索引擎所带来的流量比例，并分析搜索关键词。

项目四 汽车业务大数据客户关系管理

任务一　汽车电商服务平台客户信息管理（初级、中级）

 **任务描述**

诚信汽车电商根据其工作安排，现针对多平台客户信息进行录入，请从运营专员这一岗位角度出发，完成客户信息的录入、分类及整理，最终达成客户意向转化。

任务目标

1. 掌握在线客服的概念与标准。
2. 掌握汽车企业客户关系管理的概念。
3. 掌握汽车企业客户关系管理的特征。
4. 掌握汽车企业客户关系管理的工作方法。
5. 掌握汽车企业客户关系管理系统的操作方法。
6. 掌握客户意向转化的方法。

建议学时

2 学时

相关知识

一、在线客服

在线客服是公司通过互联网直接面向广大客户群，为客户提供各项咨询和服务，处理客户各项日常需求，维护公司与客户的良好关系，提升客户对公司的美誉度和忠诚度的服务性岗位。

客服是企业与客户直接沟通的桥梁，客服的一言一行代表公司的形象，而"客户第一"是永久的服务宗旨，客服应满足客户需求，提供真正有价值的服务，帮助客户更好地使用产品。

（1）服务标准　应坚持以服务质量和服务满意度为标准；以"微笑"和"诚挚"的服

务态度，以"专业"和"快速"的服务水准，建构规范和专业的服务体系，第一时间解决客户应用中的问题，为客户提供量身定做的专业性服务；通过长期不懈、坚持永续的服务，持续提升客户服务价值，达到客户满意的服务效果。

（2）所涉及部门及相关职责

1）客户服务部：它是客户服务体系的最高管理机构，负责制订客户服务整体发展规划、客户服务规范及服务流程等，为市场销售部门提供全面的后援支持工作；同时负责处理用户投诉及热线咨询服务、互联网网上相关技术支持和咨询服务，并将相关的有效信息统计整理成文档反馈给相关部门（如产品问题反馈给产品部，销售问题反馈给市场销售部等）；定期进行客户电话回访、定期整理有效求购信息，通过 Email、传真等形式反馈给商务通会员，定期统计查看会员的活跃情况，对于活跃度差的有效用户进行电话回访通知；定期统计新注册用户，并将有效注册用户统一整理编排反馈给市场部负责人。

2）市场产品部：作为产品规划部门，应将所规划且由公司高层确认并实施的产品计划及时反馈给客户服务部门负责人，以便客服人员及时正确地反馈给客户。

3）技术部：作为产品研发的幕后支持者，在客户服务部为客户提供相关服务、解决相关技术支持等问题时，应给予相关的技术支持，以便第一时间响应客户的需求。

（3）客户反馈问题的处理原则　服务意识是全员概念，无论作为专职的客服人员还是作为相关配合部门，均应树立强烈的客户服务意识，应积极配合，以维护客户的合法利益和公司的形象。

凡客户反馈问题，无论大小均应 100% 给予回复处理，在处理过程中应严格履行服务承诺，处理结果应全力满足客户合理要求。

二、汽车企业客户关系管理概念及特征

（1）概念　现代客户关系管理产生的原因可归纳为 3 方面：客户资源价值的重视（管理理念的更新）、客户价值实现过程需求的拉动、信息技术的推动。客户资源对企业的价值主要体现在以下 4 方面：成本领先优势和规模优势、市场价值和品牌优势、信息价值、网络化价值。

可将客户关系管理理解为理念、技术、实施 3 个层面。理念是 CRM 成功的关键，它是 CRM 实施应用的基础和土壤；信息系统、IT 技术是 CRM 成功实施的手段和方法；实施是决定 CRM 成功与否、效果如何的直接因素。按应用集成度，可将 CRM 分为 CRM 专项应用、CRM 整合应用、CRM 企业集成应用 3 类。按系统功能分类，可以将 CRM 分为：操作型 CRM、合作型 CRM、分析型 CRM 3 类。

（2）特征

1）客户资源是公司最重要的资产。客户资源是一个企业最终实现交易并获得现金流入的唯一入口，是实现企业利润的唯一来源。企业如果没有客户资源，其产品就不能实现交换，那么企业的一切活动都将是无效活动。因此，可以毫不夸张地说：客户是企业的衣食父母。

2）以客户为中心是 CRM 的最高原则。以客户为中心既是一种战略，也是 CRM 的核心思想和最高理念。以客户为中心是与以产品为中心相对的一个概念，可从不同的角度看两者的区别。

①从营销理念的发展历程看两者的区别。

生产导向：若产品供给不足，则企业只要有生产能力，不管生产出来的产品质量如何，都不愁没有销路。此时企业关注的焦点是提高生产效率、扩大生产规模、降低生产成本，客户的市场控制力为"无选择"。

产品导向：若市场欢迎性能好、质量高的产品，则此时企业关注的焦点为提高产品性能和质量，但往往忽略产品的实用性（功能、性能冗余）。客户的市场控制力选择余地不大。

销售导向：若产品是被"卖"出去的，而不是被"买"走的，则此时企业关注的焦点在各种销售技巧，千方百计将产品"推销"给客户，客户的市场控制力为"有一定的选择余地"。

市场导向：若产品没有人买，生产便没有价值，企业就不可能生存，更谈不上获利，信奉"客户至上"的经营哲学。此时企业关注的焦点在客户需要什么，以满足客户需要为前提组织、协调企业的一切活动，通过满足客户需要实现赢利，客户的市场控制力为产品极度过剩，客户有极大的选择余地，买方市场形成。

社会导向：当客户的需求与社会的甚至客户的利益不一致时，应兼顾客户、企业和社会的长远利益。此时企业关注的焦点在企业与社会协调发展，即自觉考虑企业和社会的可持续发展，不能以掠夺性使用有限的社会资源或污染环境为代价换取企业的短期发展，否则企业总有一天会走到尽头，因为随着社会的进步，可持续发展的要求和理念必将从软约束转为硬约束，没有提前做好准备的企业必将被淘汰出局。

生产导向、产品导向和销售导向属于以产品为中心的经营理念，市场导向和社会导向属于以客户为中心的经营理念。

②从价值链看两者的区别。以产品为中心：资产/核心能力→投入原材料→产品/服务→销售渠道→客户，适用于市场控制力量在企业手上时。

以客户为中心：客户偏好→销售渠道→产品/服务→投入原材料→资产/核心能力，适用于市场控制力量在消费者手上时。

③从营销要素看两者的区别。以产品为中心：4P，即产品（Product）、促销（Promotion）、分销渠道（Place）、价格（Price）。

以客户为中心：4C，即产品以消费者的需求和欲望（Customer's needs and wants）为导向、促销以与用户沟通（Communication with customer）为前提、渠道以便于用户购买（Convenience to buy）为原则、价格以消费者为满足其需求和欲望愿意付出的代价（Cost and value to satisfy customer's needs and wants）为指导。

三、汽车业务客户关系管理的工作方法

（1）建立客户忠诚是企业实施客户关系管理战略所追求的根本目标　客户忠诚是指高度承诺在未来一贯地重复购买偏好的产品或服务，并因此产生对同一品牌或同一品牌系列产品或服务的重复购买行为，而且不会因为市场态势的变化和竞争性产品营销努力的吸引而产生转移。

客户忠诚是企业取得竞争优势的源泉，因为忠诚客户趋向于购买更多的产品，对价格更不敏感，而且主动为本企业传递好的口碑、推荐新的客户。因此，拥有长期忠诚客户的企业比拥有低单位成本、高市场份额但客户流失率高的对手更有竞争优势。随着对客户忠诚重要

性理解的不断加深，客户忠诚已替代客户满意而成为多企业 CRM 战略追求的一个基本目标，企业实施 CRM 的目的就是通过合适的客户保持战略，不断强化客户的关系持续意愿，最终建立客户忠诚，从而实现长期稳定的客户重复购买。

（2）客户关系具有生命期　客户忠诚的建立需要经历一个进化过程。客户关系具有明显的周期特征，客户忠诚从萌芽到成熟要经历一个不断发展的进化过程。一个完整的客户生命期包括考察期、形成期、稳定期和退化期 4 个阶段。考察期是客户关系的孕育期，形成期是客户关系的快速发展期，稳定期是客户关系的成熟期，考察期、形成期、稳定期客户关系水平依次增高。稳定期是供应商期望达到的理想水平，但客户关系的发展具有不可逾越性，客户关系必须越过考察期、形成期才能进入稳定期。退化期是客户关系的逆转阶段，关系退化可能发生在考察期、形成期、稳定期 3 个阶段的任一阶段。

满意、信任是忠诚的低级形式，精神忠诚、可持续忠诚是忠诚的高级形式，满意、信任、行为忠诚、精神忠诚和可持续忠诚，代表了不同的客户忠诚水平，它们通常按一定的时序出现在客户关系生命期的不同阶段。

（3）识别和保持有价值客户是客户关系管理的两项基本任务　并不是每个客户都具有同样的价值，根据 Pareto 原理，一个企业 80% 的利润往往是由 20% 最有价值的客户创造，其余 80% 的客户是微利、无利，甚至是负利润的。企业要保持的是有价值的客户，因此，有价值客户的识别是客户关系管理必须首先完成的一项基本任务。有价值客户识别出来以后，如何留住他们（或说培育他们的忠诚），并实现他们对企业的价值最大化，即所谓的客户保持，是客户关系管理必须完成的另一项基本任务。必须用发展的观点来看待客户保持问题：客户保持不只是现有关系水平的维持问题，而是一个驱动客户关系水平不断发展的问题。当客户关系处于低水平时必须积极促进其发展，使客户关系尽快进入稳定期，否则客户关系是难以保持的，而且低水平客户关系的保持，无法实现客户对公司的价值最大化。因此，客户保持是一个促进客户关系不断发展的过程，体现了"以关系发展促客户保持"的理念，具体包括如下 3 方面：

1）促进客户关系尽快进入稳定期。客户关系的发展需要一个从低级向高级不断进化的过程，考察期是关系的萌芽期，代表关系的起始状态，是关系水平的低级阶段，稳定期是关系的鼎盛期，代表了关系的成熟状态，形成期是关系水平从低级向高级快速过渡的一个重要阶段。如何促进关系从考察期进入形成期，再进入稳定期是客户关系保持的首要使命。

2）持续延长稳定期。稳定期是客户关系水平的最高阶段，客户在这阶段对企业的价值最大，但是进入稳定期是客户保持追求的第一个目标，不是最终目标，客户保持的终极目标是使客户关系持续保持在稳定期。如何使客户关系在高水平的稳定期延续是客户关系保持的核心任务。

3）客户关系的修复。由于种种原因，客户关系在发展的任一阶段任一时点都可能出现倒退，不论出现在考察期、形成期还是稳定期，一旦出现这种情况，如果不能及时恢复关系水平，都可能提前终结客户关系的生命周期，从而造成客户流失。因此，当客户关系出现倒退时，如何尽快恢复关系水平也是客户保持十分重要的使命。

（4）客户全生命期利润（CLP）是客户价值的判别依据　广义客户全生命期利润（Customer Lifetime Profit，CLP）是指公司在与某客户保持买卖关系的全过程中从该客户处所获得的全部利润的现值。对现有客户来说，其 CLP 可分成两个部分，一是历史利润，即到目前为止客户为公司创造的利润总现值，二是未来利润，即客户在将来可能为公司带来的利润总现值。公司真正关注的是客户未来利润，故 CLP 一般仅指客户未来利润。

利润是任何一个企业追逐的最终目标，因此 CLP 作为判别客户对公司价值大小的标准，正在被学术界和企业界逐步接受。

（5）客户认知价值、客户满意、客户信任和转移成本共同决定客户忠诚　在生命期不同阶段，它们的作用不尽相同。最新的研究表明，客户认知价值、客户满意、客户信任和转移成本是驱动客户关系不断从低级向高级发展的主要决定因素，但 4 个因素不在同一个层次上：客户认知价值和转移成本是 2 个基本因素，客户满意和客户信任是 2 个派生因素。它们在不同阶段的作用也不尽相同：客户认知价值是客户关系保持的动力，贯穿于客户关系生命期的每一个阶段；客户满意的基础是客户价值期望的满足，一系列的客户满意产生客户信任，长期的客户信任形成客户忠诚，客户满意和客户信任是通向客户忠诚的两个重要里程碑，分别在客户关系生命期的前期和中期起着至关重要的作用；转移成本是在客户关系发展过程中自然或人为形成的产物，主要在客户关系生命期的中后期起作用，是阻止客户关系倒退的一个缓冲力。该理念对 CRM 实践具有重大指导意义：

1）仅管理客户满意无法控制客户流失。"满意度"曾经风靡一时，产品或服务提供商以最大化客户满意为目标制订营销战略，并投入大量资源追踪和度量客户满意，但宣称满意或很满意的客户大量流失现象在各个行业均屡见不鲜，这一比例在 65%~85%，汽车行业甚至高达 85%~95%。该理念解释了这一现象：客户满意仅是决定客户关系主要因素之一，但不是唯一因素，甚至不是最重要的因素，如果企业在实施 CRM 时仅把注意力放在管理客户满意上的话，将无法有效地控制客户流失。因此，要保持住有价值的客户，企业必须全面管理客户认知价值、客户满意、客户信任和转移成本。

2）树立"价值为本"的理念。客户认知价值是客户关系的本质决定因素，不仅有最重要的直接影响，而且决定了客户满意和客户信任。大量的企业实践和实证研究表明，向客户提供卓越的价值是唯一可靠的获得持续客户忠诚的途径，即使在竞争性相对小的市场也是如此。如果供应商提供的价值不能满足客户不断提升的价值期望，将无法建立真正的客户满意和客户信任，更无法建立客户忠诚。因此，企业在实施 CRM 战略时必须牢固地树立一个理念，即"只有成为客户最有价值的供应商，才能赢得真正的客户忠诚，进而才能与客户建立长期稳定的关系"。这就要求供应商不仅能提供最好的公共价值，如卓越的产品质量、适时交货、高性价比等，而且必须提供竞争对手难以模仿的个性化增值服务。

3）利用转移成本锁定目标客户。转移成本包括两部分：一是过去投入的、在转移时将损失的关系投资；二是建立一个新的替代关系涉及的潜在的调整成本。转移成本的种类较多，B2B 背景下转移成本主要有专有投资、风险成本、契约成本、学习与被学习成本、搜索成本等，广义的转移成本还包括可替代供应商的吸引力和人际关系。大多数转移成本是一种累积成本，随着时间的推移转移成本越来越大。转移成本是客户关系的一个重要决定因素，转移成本越大，客户流失的可能性越小，供应商应重视转移成本对控制客户流失的作用，因为当客户面临着很高的转移成本时，即使供应商提供的价值一时达不到客户的预期而出现关系退化，客户也不会轻易退出，转移成本的这种作用为供应商修复客户关系赢得了足够的时间。因此，供应商要想锁定客户，除了提供高客户认知价值外，必须同时设法提高客户的转移成本。

4）客户关系的不同阶段应制订不同的客户保持策略。在客户关系生命期的不同时期，客户关系4个决定因素的内涵、作用、焦点不同，客户的价值期望不同，客户为企业创造的利润不同。因此，企业必须依据客户关系当前所处的生命期阶段制订不同的保持策略。

需要说明的是，上述理念是根据传统商务背景下的客户忠诚理论提炼出来的，在电子商务背景下，客户认知价值、客户满意、客户信任和转移成本仍是客户忠诚的4个主要决定因素，但各个因素的内涵和重要性将发生一定的变化，客户忠诚更难建立。

电子商务是一种全新的交易式，它势必影响客户对供应商价值和转移成本的主观评价，进而影响客户满意、客户信任，并最终影响客户忠诚的发展模式。最新的一些研究表明，在电子商务背景下，客户认知价值、客户满意、客户信任和转移成本仍是客户关系的4个主要决定因素。但与传统商务背景相比，电子商务将给客户关系管理至少带来2个方面的变化：

1）客户关系4个决定因素的内涵和重要性将发生一定的变化。客户认知价值项目除了产品质量、交货速度、售后服务、技术支持外，将增加一些新的项目，如交易系统的性能、可靠性和安全性，电子支付的风险，网上售后服务和技术支持的比率等，另外因为沟通更加便捷，客户对个性化价值的要求更高；客户满意的基础仍然是客户认知价值，但客户的价值期望将发生改变，价值期望的起点可能会更高，因为客户获取信息更容易、更快捷、更便宜；客户信任建立的基础仍是客户满意，但企业形象、企业声誉对客户信任的建立将变得更加重要，客户信任在客户关系4个决定因素中的地位也将更加突出；转移成本仍是客户关系的一个影响因素，但电子商务背景下客户转移的成本降低，如学习与被学习成本降低、搜索成本降低、人际关系淡漠，转移成本作用被削弱。

2）客户忠诚更难建立，但忠诚客户带来的间接效益更大。为客户提供个性化增值是建立客户忠诚的关键，但在电子商务背景下个性化增值创新被竞争对手模仿的速度加快，因此要建立高水平的客户忠诚，供应商必须具有更强的个性化增值创新能力，另外由于转移成本的降低，当客户对供应商提供的价值不满意时，客户随时都可能退出关系，留给供应商修复关系的时间更短，这也使得建立客户忠诚更加困难。忠诚客户愿意为供应商传递好的"口碑"和推荐新的客户，这些给供应商带来巨大的间接效益，网络使得"口碑"的传递、新客户的推荐更快、更便捷、更广泛，从而使得间接效益被放大。

（6）CRM软件是实施客户关系管理的支持平台　客户关系管理是一套先进的管理模式，其实施要取得成功，必须有强大的技术和工具支持。CRM软件是实施客户关系管理必不可少的一套技术和工具集成支持平台，它基于网络、通信、计算机等信息技术，能实现企业前台、后台不同职能部门的无缝连接。

四、客户信息分类分级与潜客跟进

客户分类分级管理就是根据客户对于企业的贡献率等各个指标进行多角度衡量与分级，最终按一定的比例进行加权。根据分类标准对企业客户信息进行分类处理后，可在同类客户中根据销售信息进行统计分析，发现共同特点，开展交叉销售，做到在客户下订单前，就能了解客户需要，有针对性地进行商品推荐，实现营销。

客户分类分级的目的是便于对客户进行有效管理，从而实现客户由公司的资源转变为资产，最终成为公司的核心竞争力。

根据与客户是否接触把客户分为潜在客户、保有客户和战败客户3类。潜在客户是有联系信息，且可能有购车意向的客户；保有客户是通过经销店销售获取的客户，包括本品牌自销保有客户、本品牌他销保有客户、他厂品牌保有客户；战败客户是留下购车信息后，没有购买该品牌的汽车，而购买了其他品牌汽车的客户。

通过汽车服务企业客户的分类可了解到，企业要获得更多的效益，要将潜在客户转为企业的保有客户，同时必须要降低战败客户的数量。

汽车服务企业主要是依据客户的购买意愿、购买行为、购买周期对客户进行分级，在初次与客户接触时需要依据如上几点对客户级别进行划分；同时在对客户跟进后，应根据跟进情况对客户分级进行调整。一般分级有 H 级：7 天内有订车可能；A 级：15 天内有订车可能；B 级：30 天内有订车可能；C 级：2~3 个月内有订车可能；N 级：新接触客户；O 级：已签合同、未提车或订单客户。

潜在客户的判定与回访规则如下：

N 级：客户刚接触，互相留了联系方式，所购的车型 / 颜色 / 付款方式 / 购买时间等还有没有确定，除了初步的询价，没有过多的交流。这些通常是销售热线接进来的客户，或者是客户时间很紧，匆忙离开，此类的客户原则上应 24h 内回访，重新确认级别。

C 级：客户有初步的购买意向，但是目前的预算不够或者需求不是很紧迫，通常这个阶段客户的购买周期在 2~3 个月。

B 级：车型有两三款在比较，预算明确，需求突显，徘徊于品牌车型之间，通常此阶段的客户购买周期在 1 个月左右。

A 级：车型已基本锁定在两款车之间比较，需求紧迫，预算清晰，付款方式基本决定，颜色也锁定一两种，正在进行一些价格的比较、性能的比较。通常此阶段的客户 15 天左右会购车。

H 级：品牌车型已基本确定，预算到位，付款方式明确，需求明确，付款方式确定，车辆颜色确定，询问上牌保险事宜，在做最后的考虑和与家人或朋友做最后的决策，更多地关注产品本身的质量和价格的合理性。此阶段客户 7 日之内通常情况要购车，属于最为优质的资源，也是最容易战败的资源，回访显得非常重要。

五、客户沟通的意义与技巧

（1）客户沟通的意义　沟通是销售人员与客户之间的"桥梁"，如何建好这座"桥梁"是每个销售人员面临的重要问题。现代企业必须不断提升管理水平，汽车服务企业重在"服务"，良好的服务理念是企业成功的重要组成部分，而沟通技巧是企业服务理念中的核心。

（2）客户沟通的重要性　销售的艺术其实就是沟通的艺术，销售业务员所有的工作都离不开沟通。销售业务员的沟通意识、技巧与方法直接影响销售人员的销售成果，影响到企业的品牌建设和发展。树立沟通意识和掌握正确的沟通技巧与方法是每一个销售业务员应该具备的，只有有效沟通，才能向客户提供优质高效的服务，更好地推销产品。

（3）客户沟通的要点　首先明确沟通的目的。不管什么样的沟通交流活动都必须事先明确目的，销售人员与客户的沟通就是在使客户满意的同时为企业创造更大的价值。

人与人之间都是平等的、相互的，只有事先尊敬别人，才能得到别人的尊敬，学会倾听是尊重客户的第一步，有些客户在购买汽车时为了降低购买价格可能会提出一些"不实"的异议，汽车销售顾问要耐心倾听，不要随意打断客户的发言，不管客户提出的异议是否正确，汽车销售顾问都要认真倾听，并耐心解答。汽车销售顾问重要在"顾问"两字，所谓顾问式销售就是站在客户的基础上帮助客户买车，而不是把车卖给客户。销售人员只有认清自身定位才能在客户沟通中做到真诚地对待每一位客户，让客户感到销售人员的真诚，满足被尊重的需求，这样客户才会愿意将沟通进行下去。

不断学习，提高自身能力。信息时代的消费者，特别是汽车这种大额消费品的消费者，在购车之前大多数会通过网络等多种形式了解相关信息，关注自己喜欢的车型，也会和其他车主互动以了解车辆实际使用情况。在这种情况下，汽车销售人员应该不断学习，了解熟悉自己销售的产品的情况，同时也应该熟悉竞争对手的相关信息，掌握一定的汽车专业知识，这样才能在沟通中言之有物，为客户提供的信息才能使之信服。也要提高自身素质，在语言艺术、待人接物礼仪方面做到使客户如沐春风，这样才能使客户满意，同时为企业创造更大价值。

任务二　大数据环境下汽车电商服务平台客户异议处理（中级、高级）

📋 任务描述

为了更好地提升汽车服务企业品牌效应与服务质量，公司要定期进行客户关系维护，并且利用网络营销宣传产品品牌，定期进行网络舆情管理，维护公司形象。

🎯 任务目标

1. 能够定期维系客户关系。
2. 能够正确处理客户异议。
3. 能够通过网络公关提升企业品牌效应。
4. 能够管理网络舆情并应对舆情危机。

⏰ 建议学时

2 学时

📋 相关知识

一、汽车企业客户关系维护

1. 客户关系维护

客户关系管理与维护注重的是与客户的交流，企业的经营是以客户为中心，而不是传统的以市场为中心。客户关系的日常维护分为以下 3 方面：

（1）通过提高内部员工的工作效率来提升企业在主机厂心目中的地位　驻主机厂的销售代表、客户经理、售后人员及销售人员要共享客户信息，减少信息断点，节省客户信息反馈与搜索上的时间，各部门人员要配合起来，严格按照公司的业务流程，减少和避免因人为因素产生的错误，迅速准确地解决问题，及时有效地满足客户的需求，客户自然会感到满意。

（2）同客户保持长久的稳定合作关系　所有的关系都会或多或少地带有一定的情感因素，任何技术应用都比不上企业员工对客户真诚的、通情达理的态度。企业需要提高客户的依赖性，就要适时适当地向客户表示一些"感性"关怀。

（3）增加营业收入，提高利润率，达到双赢才是双方企业共同的目标　如何让公司盈利是最终目标，客户关系维护得再好，公司没有盈利也是空谈。汽车主机厂在把终端客户的心声反馈给各个零部件供应商的同时，也会把降低成本的压力传递过来。这时，作为供应商就要用真诚、认真的态度细致地做出数据分析，在盈利的基础上做出适当让步，并耐心地与客户相关人员进行讲解与沟通。

当突发状况发生时，需要用到危机关系的处理。不同的危机处理方式将会给企业带来截然不同的后果。成功的危机处理不仅能成功地将企业所面临的危机化解，而且还能够通过危机处理过程中的种种措施增加客户对企业的了解，并利用这种机会重塑企业的良好形象。与此相反的是，不成功的危机处理或不进行危机处理，则会将企业置于极其不利的位置。

危机关系的处理最重要的是及时有效地解决问题，所以组建危机管理小组至关重要。小组负责人应负责请相关员工共同研究讨论制作出应急计划方案和补救措施，以达到最佳效果。公司应在科学的危机调查和准确的危机预测基础上迅速做出决策，把握机遇及时控制、解决危机，否则就可能失去宝贵的解决危机的机会。

对于主机厂来说，危机处理小组即使不能立刻给出清晰的解释，也要先发表一个声明，给出基本的态度、立场，明确危机处理的方法和进度。在这个竞争激烈的行业里，汽车主机厂对零部件供应商的期望值很高，若在发生危机事件时，不能与其进行沟通，不能很好地传递态度和事情处理的进度就会给企业带来致命的打击，甚至有可能导致这个企业消亡。

其次就是与汽车主机厂的沟通只能是小组直接负责人，以控制信息的唯一性和准确性。小组负责人要在与全组人员充分沟通后，做出结论并统一口径，以免互相矛盾。

最后就是危机解决后的善后处理，要查明事件发生的根本原因并尽快解决。汽车主机厂关注的是危机事件发生的真相，以后会不会反复发作，供应商有没有了解到这个真相并已加以控制或解决。在进行善后处理工作的过程中，企业也必须表明在与其合作上以诚相待的决心。

通过以上的日常关系维护和危机关系的处理，主机厂与供应商之间的合作关系就能加强，双方才能在市场上相互扶持。

2. 客户异议处理流程

客户的异议主要有误解、怀疑、反映实际工作中的缺点、实际投诉等几种情况。对这些异议采取的处理方法有澄清、证明、显示整体价值、以长补短、以行动补救等。处理客户异议一般来说要经历以下程序：

第一步是鼓励客户。鼓励也是最重要和最困难的步骤，因为这与一般人受到攻击时的自然反应背道而驰。人受到攻击时都会为自己辩护，客户经理看到异议时，总是希望立即提出解答，这是错误的处理方法。

第二步是发问。在鼓励客户畅所欲言后，可向对方提出问题，以澄清异议。客户经理往往无法找出客户对某个问题的实际疑惑。很多时候，实际的异议与客户最初表达的有很大出入。发问可以找出客户具体的疑惑。在发问这个步骤中，必须谨记以下要点：不应立即假设自己明白对方提出的异议，许多客户经理自找麻烦，原因就是自己以为明白实际的异议，其实一点都不明白，必须确定自己听清楚实际的异议，才可以继续下一个步骤。

第三步是确认。当客户开始描述异议的性质，在回复客户之前应先查证自己是否真正地了解问题所在。在继续下一个步骤之前，必须清楚地知道客户的想法，同时表明自己已经确认了解。

第四步是解答。在掌握了客户异议的性质后，应解答对方的异议，答案要尽量具体。

第五步是查证。查证客户的异议是否已解决，可以直接问对方是否满意回答，若对方不满意，先鼓励客户，然后发问找出实际的异议。

二、网络公共关系管理

1. 网络公共关系概述

（1）网络公共关系的定义　网络公共关系是指企业在网络里建立良好的公共社会关系，通过利用各种网络传媒技术，宣传产品特色，树立企业形象，唤起公共注意，培养人们对企业及其产品的好感、兴趣和信心，从而提升知名度和美誉度，并为后续营销活动准备良好的感情铺垫。通过网络公关，企业可获得信息反馈，促进和消费者、合作伙伴和竞争者以及社会各机构的沟通协调，树立企业形象、建立信誉，并提高企业营销效率。

（2）网络公共关系的发展　网络公共关系发展于电信网络的使用，具体到媒介有电报、电话、广播及电视等。

第一阶段是电报电话以及传真用于公共关系。电话沟通、见面细谈，已经成为目前公关的必经程序，已经出现要求普通话标准、沟通能力强、语言表达能力强的电话公关职业。

第二阶段是广播、电视用于公关业。据调研数据显示，广播受众具有年龄低、文化程度高的特征。与网络媒介相比其具有覆盖范围广、到达率和重复率高的优势。

第三阶段是互联网用于公关传播。互联网在网络公共关系发展史上是一个重大转折点，也是公关发展史上的一座里程碑。

网络公共关系从在"2000年中国国际公共关系大会"上成为热门话题，到2001年中国公关网就开办了，企业网络公共关系便如雨后春笋般生长起来。

目前网络公共关系在国内发展的现状是一方面我国公关业和企业有了自己的门户网站和宣传平台，可以以最快捷的速度向国内外交流企业的信息，不少大的企业已经开始配备专职人员做网络媒体代表，负责处理协调网络媒体传播事项；许多企业的企业推广部在自己的核心媒体名单里，也开始加入网络媒体，对核心的网络媒体做重点沟通与维护。但是，另一方面，很多企业的公关部在做网络公关的时候，缺乏系统的操作体系，往往顾此失彼，难以组织有效的立体式网络公关战役，从而使企业公关宣传的效果大打折扣。

（3）网络公共关系的特征

① 网络公共关系强化了传统公共关系的"软营销性"。在工业化大规模生产时代，传统营销有两种"强势"营销手段：传统广告和人员推销。它们不考虑公众是否需要这类信息，企图凭借信息强制灌输的方式在消费者心中留下深刻印象，人们常以"不断轰炸"来形容传统营销方式。公关与广告、人员促销有着明显的区别。它虽然是以信息传播为主，却是一种

柔性调节手段，目的是协调企业和公众之间的关系，以建立良好的企业形象，促进销售，维护企业利益，人们称它为"软"营销工具。网络公共关系由于网络的特点强化了传统公共关系的这一特性。在真实世界中，由于信息容量有限，传统公共关系活动只能选相对重要的信息进行传播。在网络的虚拟世界中没有容量限制，而且还可以将企业公共关系资料链接到其他相关信息上，"超链接"这个功能使网上互动性公共关系资料的信息容量远远超过真实世界中的静态公共关系资料。网络是建立庞大、精确、动态的公共关系资料数据库的理想工具。

② 网络公共关系资料的直接性。网络公共关系直接联系企业和公众。在传统的新闻传播中，编辑、记者等新闻工作者充当"守门员"角色，他们决定企业的新闻消息能否见诸大众传媒。与传统新闻的这种局限性相比，网络使公众可在线直接查询企业数据库，而企业也可直接面向消费者发布新闻或是通过查询相关的新闻组、网络论坛来发现新的客户群体，研究市场态势，为企业营销提供有价值的信息。

③网络公共关系的个性化。随着网络技术迅速向宽带化、智能化、个人化方向发展，用户可在更广阔的领域实现声、图、像、文一体化的多维信息共享和人机互动功能。互动性和个人化把"公关到群体"推向了"公关到个人"。这种发展使得传统公共关系模式有了革命性的变化。网络公共关系具有了创建企业和客户"一对一"关系的能力。

在满足个性化需求的驱动下，企业必须严格执行"以公众需求为出发点，以满足公众需求为归宿点"的现代公共关系基本概念。这样，就首先需要把公共关系客体整合到整个公共关系过程中来，从他们的需要出发开始整个公共关系过程。不仅如此，在整个公共关系过程中都必须坚持不断地与公共关系客体进行交互作用，每一个公共关系策略都要从公众需要出发，以公众反馈为依据。

2. 企业网络公共关系的形式

（1）网上新闻发布和发布会　其主要平台有网络门户或网络媒体，一般有综合性门户网站、行业性门户网站或媒体、新闻媒体的网络版、网络出版物等类型。

（2）论坛和社区公共关系　其主要平台有门户网站专业论坛及专业社区网站等，以下举例几种典型的情况：

1）门户网站或行业门户的专业论坛。

2）专业社区网站。

3）网络媒体开设的论坛。

（3）网上公共关系活动　其与线下的公共关系活动相对应，网上的公共关系活动主要是指企业在网络上开展或组织的企业公共关系活动，主要平台有重要媒体网站、门户网站和社区等。

3. 网络公共关系常用的几种方法

（1）论坛小区传播　潜在受众群体会因为共同的爱好而聚集在各大门户网站的生活板块、大型论坛小区的生活板块和一些时尚论坛里面，会对汽车相关的话题和网友进行相互讨论和分享。在讨论的过程中，网友往往相约共同去体验试驾、分享心得。

论坛小区进行大规模的信息传播能大幅度提升产品在网络上的品牌知名度，让更多人能够认识、了解并记住产品。

（2）新闻稿发布　潜在用户受到在论坛小区大规模推广宣传的软文的影响时，有大部分用户会对软文当中提及的产品知名度，产生怀疑，然后会通过搜索引擎来查询确认，此时新闻稿的影响力就会体现出来。

新闻稿应发布在大型门户网站上，在权威的第三方媒体平台上发布关于产品的相关信息。同时借助门户网站的知名度和强大的流量来提升品牌和产品的曝光度。新闻稿被搜索引擎收录，对于产品的品牌知名度会有极大的提升。

（3）问答平台传播　问答平台信息发布是目前对于潜在受众群体比较好的一种宣传方式。通过在百度知道、雅虎知识堂、新浪爱问、天涯问答、腾讯问问等问答平台发布相关信息，可将产品做精准营销，并在搜索引擎上面取得一个非常好的排名，有利于产品的品牌推广。

（4）博客营销　博客作为网络时代展现企业和个人的主要平台，已经深得广大网民的信赖。合理利用博客这个平台，可使产品及知名度更加深入人心。从大型门户网站建立专博，在博客上发布与产品相关的文章，能把品牌在一些圈子中宣传出去，从而达到品牌推广、获取潜在受众群体的作用。

（5）图片营销　图片营销比视频更简洁，比文字更形象，比声音更具体。在处理图片的过程中，可在不影响用户体验的情况下，在图片上放置相关说明信息，把图片放置于论坛、小区、博客交互式信息平台上面，当用户看到图片时，有可能通过搜索引擎查询图片相关信息。

（6）论坛签名档营销　每一个论坛小区的 ID 在发过贴后，帖子下方都会有一个黄金位置，即"论坛签名文件"，可利用此位置对品牌和产品进行大规模的曝光宣传，以展示给潜在用户。

（7）社交网络服务（SNS）小区营销　根据"六度理论"而产生的 SNS 小区，通过"熟人的熟人"进行网络社交拓展，成为口碑传播的绝佳地带。在 SNS 小区内，朋友圈内关系往往真实度很高，非常可靠，互相之间不存在所谓网络的"假面具"，因此，比较容易实现实名制；SNS 基于人传人联系网络，一传多，多传多，利用网络这一低廉而快速的平台，信息传播的速度会非常快，这又使得口碑营销的成本进一步降低。针对产品，选择 SNS 小区传播，可迅速提高企业品牌，并且通过 KOL，可号召圈内朋友宣传品牌。

网络公共关系与传统公共关系有着不可分割的联系，就如同网络与现实一样具有一种相互依存的关系。如今的网络公共关系还包括危机公关、舆情监测、网络活动、网络媒体、网络广告等。网络公共关系行业已经慢慢向行业化、专业化、整体化发展。

三、网络舆论管理

1. 网络舆情的形成

随着信息技术的发展，互联网已成为继报纸、广播、电视之后的"第四媒体"。它为人们获取和发布信息提供了一个新的平台，人们的各种观点、言论在此交汇。因此互联网对于网络舆情的传播起着重要的作用。网络舆情是指在一定的时间范围内，某一事件借助互联网途径在传播沟通中引起公众的广泛关注并促使公众对其产生各种观点、看法、意见或情绪并以此产生一股影响事件发展的舆论流。

对网络舆情形成与发展过程的分析，有助于企业了解这一过程，熟悉每一阶段所呈现的特点，并根据这些特点采取恰当的应对措施。网络舆情在与现实的交互和碰撞过程中，大致经历以下 4 个阶段：开始形成、急速发展、起伏波动、低落直至淡出公众视线。

网络舆情形成后，因为互联网方便、快捷、迅速等特点，在短时间内会急速发展，大范围爆发。由于刺激了越来越多公众的心理，公众的关注点便迅速地聚集在一起，对某件事发表自己的观点，并提出自己心中的疑惑，网络上的意见趋于一致，回帖、转帖的数量急剧上升，加剧了网络舆情的集合速度。

随着时间推移，如果没有新的因素的介入，网民的情绪会逐渐减退，并对自己的观点以及他人的观点进行思考，开始朝着理性方向发展，或者逐渐淡忘导致该事件的网络舆情告一段落，并回归到新一轮的网络舆情产生过程之中。当然有的事件可能是"阶段性的沉寂"。

2. 网络舆情的评估

（1）舆情评估指标　舆情评估是一项需要综合考虑多方面因素和变量的系统工程，网络舆情评估一般需要评估 4 个一级指标，分别是传播扩散、民众关注、内容敏感和态度倾向。

1）传播扩散指标（一级指标）。传播扩散指标是影响网络舆情信息安全的重要指标之一，它用来刻画某一具体的舆情事件或细化主题的相关信息在一定统计时期内通过互联网呈现的传播扩散状况。

网络舆情信息流量变化（二级指标）。网络舆情信息流量变化是指在一定的统计时期内某一舆情信息通过互联网不同的数据源通道形成的报道数、帖子数、博文数等相关信息总量的变化值，它总是通过网页页面数的变化来呈现。根据网页页面在不同的统计期内的数值形成在一段较长时间内连续的网页页面变化走势，能帮助评估者挖掘出舆情波动点所在的时间等重要信息，便于发现舆情信息态势的变化规律。

网络舆情信息网络地理区域分布（二级指标）。这是对网络舆情信息的空间分布特征进行描述，用以体现在一段统计时间内某一舆情信息的流通量在各地理区域上的分布，以此判定信息流通量最大区域及在该时间段内的扩散趋势及分布范围。它往往通过 IP 地址、ID 等因素来获取、查询和定位。

2）民众关注指标（一级指标）。民众关注指标用来刻画在一段统计时期内民众对国家各方面舆情信息的关注情况，有助于从海量的舆情信息中捕捉和发现民众关注的热点所在，通过密切关注该舆情信息的爆发和演化规律，以确保舆论安全。

3）内容敏感指标（一级指标）。网络舆情信息内容敏感是指某一特定的网络舆情信息内容可能造成的危害程度。

4）态度倾向指标（一级指标）。态度倾向指标用以刻画针对某一特定的网络舆情信息，民众所持有的观点态度（即民意）倾向。

舆情评估体系见表 4-1。

表 4-1　舆情评估体系

第一级指标	第二级指标	第三级指标
传播扩散	流量变化	流通量变化值
	网络地理区域分布	网络地理区域分布扩散程度

（续）

第一级指标	第二级指标	第三级指标
民众关注	论坛通道舆情信息活性	累计发布帖子数量
		发帖量变化率
		累计点击数量
		点击量变化率
		累计跟帖数量
		跟帖量变化率
		累计转载数量
		转载量变化率
	新闻通道舆情信息活性	累计发布新闻数量
		发布新闻数量变化率
		累计浏览数量
		浏览量变化率
		累计评论数量
		评论量变化率
		累计转载数量
		转载量变化率
	博客通道舆情信息活性	累计发布博文数量
		发布博文数量变化率
		累计阅读数量
		阅读量变化率
		累计评论数量
		评论量变化率
		累计转载数量
		转载量变化率
	其他通道舆情信息活性	其他通道舆情信息活性值
内容敏感	舆情信息内容敏感性	舆情信息内容敏感度
态度倾向	舆情信息态度倾向性	舆情信息态度倾向程度

（2）网络舆情的评估流程　网络舆情的评估流程基本包括 3 个环节，分别是舆情的收集与整理、舆情的分析与研判、舆情的总结与报告。

1）舆情的收集与整理。舆情信息的收集，也就是进行舆情搜寻、调查和采集，应组织专人或委托专门机构，建立健全舆论信息网络。

① 舆情的收集。应抓住关键渠道收集网络舆情信息，如中央重大政策和改革措施的出

台所引发的舆情，以主流媒体、政府重点新闻网站为主要挖掘渠道；与社会民众切身利益相关性较强的政策、做法所引发的舆情，以权力部门的相应网站为主要挖掘渠道等。应把握有价值舆情点收集网络舆情，舆情点包括舆情热点、舆情焦点、舆情兴奋点、舆情波动点、舆情重点和舆情诱发点。不同阶段应采取不同方式收集网络舆情信息，包括舆情酝酿阶段、舆情初现与发展阶段、舆情形成与外显阶段。

② 舆情的整理。经过搜集而获得的原始舆情信息和样本通常是繁杂无序且真假混合的，因此需要进行整理。整理的过程就是信息样本的组织过程，目的就是使信息从无序变为有序，成为便于分析评估的形式。

2）舆情的分析与研判。应组织专人或委托专门机构分析和评估调查获取后的舆情。舆情分析的重点是舆情发展的未来态势，包括舆论发展的方向、强烈程度以及对社会政治、经济、文化等的影响，尤其是对社会稳定是否存在着潜在危险。舆情研判的标准是看舆情的发展是否符合舆论引导的目的。

3）舆情的总结与报告。最后，对舆情分析资料进行归纳总结，写出舆情评估报告。

（3）网络舆情的评估方法

1）内容分析法。内容分析法是情报学中一种对文献内容做客观系统的定量分析的专门方法，其目的是弄清文献中本质性的事实和趋势，揭示文献所含有的隐形情报内容，对事物发展进行情报预测。

其基本的做法是把信息转化为定量的数据，并以此来分析信息的某些特征。

2）比较分析法。运用比较分析法是对网络公共事件进行分析，突破地域和时间的制约，对同一地区的不同事件进行比较，对不同地区的事件进行比较，对不同时期的同类事件进行比较。

3）抽样分析法。科学抽样是进行舆情事件分析重要的前期环节，应结合互联网传播的特点，科学地抽样，规范与否直接影响舆情分析结论的可靠性。

媒体信息从体裁上分为报道与评论，抽取样本应以评论为主；从地区上分为全国性媒体、地方性媒体与境外媒体；从体制上分为体制内媒体与商业化媒体；从文章来源上分为原创与转载。另外重大涉外舆情事件还要关注境外媒体。

3. 网络舆情的引导

（1）树立新媒介传播观念

1）开放的心态。在新媒介主导下的全媒介时代，开明、开放的心态至关重要，这是适应信息化时代的重要素养。在网络舆论引导中，要保持开放心态。

2）平等的理念。在新媒介环境下的对话，要树立平等意识，否则无法在以互联网为代表的新媒介中立足。

3）包容的气度。包括对事物多样化的包容，对价值多元化的包容，对个性化的包容等。

4）创新的姿态。它指在信息化条件下应具备的对新技术、新应用的适应能力和在使用中对创新的追求的态度。在当前时代，必须提高适应和创新新技术、新应用的能力。

（2）建立健全信息发布机制 需要设立全职的舆情管理人员岗位，给予相应的权责、人员、财政和设备的保障，要力争做到 7×24h 有人负责发布信息，受理平台上的意见并及时反馈。

1）设立专门的机构和团队。建立一支专职的日常运营队伍，确保发布各环节有人盯、有人负责。主要环节包括选题确定环节、信息采集和资料管理环节、编辑和撰写环节、拟发信息审核和修订环节、发布环节、持续关注和回复环节等。管理人员不能仅是一个熟练操作平台发布的人员，也要是对本部门、本专业的业务精通和具有专业素养的人员。

根据实际需要，一个环节可设一人或几人，或者几个环节可由一人或几人共同完成。在面对突发事件需要发布信息、引导舆论时，离不开发布流程的支撑。

2）建立健全发布的程序。发布程序即发布流程，是指一个或一系列有规律的行动，这些行动以确定的方式发生或执行，导致特定结果的出现，是单一或一系列连续的操作。流程是将输入转化为输出的一系列活动。发布流程实际上是发布的机制，即谁来写、报谁审定、谁来发布。

4. 网络舆情危机应对方法

（1）第一时间表明态度　通过第一时间表明态度的主要目的在于让大众知道企业会采取实际行动去处理，敢于承担责任，而非逃避、掩饰、置之不理，从而赢得大众的好感，降低后期危机解决的阻力。

（2）组建舆论危机应对队伍　为提高网络舆情监控的效率，避免涉及人员相互推卸责任，组建一支舆论危机应对队伍很关键，具体的人员构成可从企业的市场、品牌或公关部门挑选。

（3）统一内部口径，建立官方回复渠道　为防止企业内部发生敏感信息泄露以及对外发声口径不一，企业的所有信息出口必须以官方回复为准，内部人员尽量少发声，减少信息前后不一的情况发生。

（4）实时追踪舆论动态　为防止二次危机的发生，企业还需要实时追踪舆论动态，防止危机死灰复燃。可以借助网络舆情监控系统，实时追踪舆论事件的发展变化趋势，包括网民的情绪变化、传播人数、媒体数量等，便于掌握舆论后续的发展演变脉络，做出有效的预测。

任务三　汽车电商服务平台客户数据分析及关系维系（高级）

任务描述

某汽车服务企业在做电商活动时，发现销售额较上一季度减少了，现要求网络运营专员对电商数据进行快速分析，查找原因，同时对客户数据进行分析，这样能够了解客户需求，分析客户特征，评估客户价值，从而为企业客户管理策略的制订、资源的优化配置提供参考。

任务目标

1. 能够掌握电子商务数据分析的基本指标，依据指标对电商运营数据进行分析。

2. 能够掌握电子商务汽车业务销售数据分析的内容，对平台的访问量、客户成交量、客单价、客户转化率以及客户流失率等数据进行详细的分析。

3. 能够掌握电子商务客户数据分析的内容，对客户特征、忠诚度、客户行为进行分析。

 建议学时

4 学时

 **相关知识**

一、电子商务数据分析的基本指标体系

信息流、物流和资金流是电子商务的 3 个最重要的平台。而电子商务信息系统最核心的能力是大数据能力，包括大数据处理、数据分析和数据挖掘能力。无论是电商平台（如淘宝）还是在电商平台上销售产品的卖家，都需要掌握大数据分析的能力。越成熟的电商平台，越需要通过大数据能力驱动电子商务运营的精细化，更好地提升运营效果，提升业绩。构建系统的电子商务数据分析指标体系是电商数据精细化运营的重要前提。

电商数据分析指标体系分为总体运营指标、网站流量指标、销售转化指标、客户价值指标、商品及供应链指标、营销活动指标、风险控制指标和市场竞争指标 8 类。不同类别指标对应电商运营的不同环节，如网站流量指标对应的是网站运营环节，销售转化、客户价值和营销活动指标对应的是电商销售环节。

1. 总体运营指标

总体运营指标见表 4-2。

表 4-2　总体运营指标

类型	指标
流量类指标	独立访客数（UV）
	页面访问数（PV）
	人均页面访问数
订单产生效率指标	总订单数量
	访问到下单转化率
总体销售业绩指标	成交金额（GMV）
	销售金额
	客单价
整体指标	销售毛利
	毛利率

电商总体运营整体指标主要面向的人群是电商运营的高层，通过总体运营指标评估电商运营的整体效果。

2. 网站流量指标

网站流量指标见表 4-3。

表 4-3　网站流量指标

类型	指标
流量规模类指标	独立访客数（UV）
	页面访问数（PV）
流量成本类指标	访客获取成本
流量质量类指标	跳出率
	页面访问时长
	人均页面访问数
会员类指标	注册会员数
	活跃会员数
	活跃会员率
	会员复购率
	会员平均购买次数
	会员回购率
	会员留存率

3. 销售转化指标

销售转化指标见表 4-4。

表 4-4　销售转化指标

类型	项目	指标
购物车类指标	基础类统计指标	加入购物车次数
		加入购物车买家数
		加入购物车商品数
	转化类统计指标	购物车支付转化率
下单类指标	基础类统计指标	下单笔数
		下单金额
		下单买家数
	转化类统计指标	浏览下单转化率
支付类指标	基础类统计指标	支付金额
		支付买家数
		支付商品数

（续）

类型	项目	指标
支付类指标	转化类统计指标	浏览 - 支付买家转化率
		下单 - 支付金额转化率
		下单 - 支付买家数转化率
		下单 - 支付时长
交易类指标	成功类统计指标	交易成功订单数
		交易成功金额
		交易成功买家数
		交易成功商品数
	失败类统计指标	交易失败订单数
		交易失败订单金额
		交易失败订单买家数
		交易失败商品数
	退款统计指标	退款总订单量
		退款金额
		退款率

4. 客户价值指标

客户价值指标见表 4-5。

表 4-5　客户价值指标

类型	指标
客户指标	累计购买客户数
	客单价
新客户指标	新客户数量
	新客户获取成本
	新客户客单价
老客户指标	消费频率
	最近一次购买时间
	消费金额
	重复购买率

　　常见客户指标包括一定统计周期内的累计购买客户数和客单价。客单价是指每一个客户平均购买商品的金额，也即是平均交易金额，即成交金额与成交用户数的比值。

　　常见新客户指标包括一定统计周期内的新客户数量、新客户获取成本和新客户客单价。

其中，新客户客单价是指第一次在店铺中产生消费行为的客户所产生交易额与新客户数量的比值。新客户客单价除了与推广渠道的质量有关，还与电商店铺活动以及关联销售有关。

常见老客户指标包括消费频率、最近一次购买时间、消费金额和重复购买率。消费频率越高，最近一次购买时间离现在越近，消费金额越高的客户越有价值。重复购买率越高，则反映出消费者对品牌的忠诚度就越高，反之则越低。重复购买率可按两种口径来统计：第一种，从客户数角度，重复购买率指在一定周期内下单次数在两次及两次以上的人数与总下单人数之比，如在一个月内，有 100 个客户成交，其中有 20 个是购买两次及以上，则重复购买率为 20%；第二种，按交易计算，即重复购买交易次数与总交易次数的比值，如某月内，一共产生了 100 笔交易，其中有 20 个人有了 2 次购买，这 20 人中的 10 个人又有了 3 次购买，则重复购买次数为 30 次，重复购买率为 30%。

5. 商品及供应链指标

商品及供应链指标见表 4-6。

表 4-6　商品及供应链指标

类型	指标
产品总数指标	SKU 数
	SPU 数
	在线 SPU 数
产品优势性指标	独家产品收入比重
品牌存量	品牌数
	在线品牌数
上架	上架商品 SKU 数
	上架商品 SPU 数
	上架在线 SPU 数
	上架商品数
	上架在线商品数
首发	首次上架商品数
	首次上架在线商品数

6. 营销活动指标

营销活动指标见表 4-7。

表 4-7　营销活动指标

类型	指标
市场营销活动指标	新增访问人数
	新增注册人数
	总访问次数

（续）

类型	指标
市场营销活动指标	订单数量
	下单转化率
	投资回报率（ROI）
广告投放指标	新增访问人数
	新增注册人数
	总访问次数
	订单数量
	UV 订单转化率
	广告投资回报率

7. 风险控制指标

风险控制指标见表 4-8。

表 4-8　风险控制指标

类型	指标
买家评价指标	买家评价数
	买家评价卖家数
	买家评价上传图片数
	买家评价率
	买家好评率
	买家差评率
投诉指标	发起投诉（申诉）数
	投诉率
	撤销投诉（申诉）数

8. 市场竞争指标

市场竞争指标见表 4-9。

表 4-9　市场竞争指标

类型	指标
市场份额相关	市场占有率
	市场扩大率
	用户份额
网站排名	交易额排名
	流量排名

二、汽车电商服务平台销售数据分析及改进

销售数据分析是对销售数据进行分析的方法和过程，它能为制订有针对性和便于实施的营销战略奠定良好的基础。销售数据的出处一定要客观真实，否则不但浪费时间精力，更有可能误导决策。

销售数据即企业在销售过程中产生的数据，如销售额、订单量等交易数据，响应时长、询单转化率等服务数据。

对于电商行业来说，数据分析的核心公式是：销售额 = 流量 × 转化率 × 客单价。因此，分析可从流量、转化率和客单价 3 个维度进行。

销售额以金额的形式呈现，是衡量线上经营状况最佳的"整体主要指标"之一，可用它来衡量业务的整体增长和发展趋势。

1. 流量分析

可从流量分析中发现用户访问网站的规律，并根据这些规律改进网站设计或营销策略，流量分析指标见表 4-10。

表 4-10　流量分析指标

类型	指标	备注
流量数量	独立访客数（UV）	
	访问量（PV）	
流量质量	平均访问深度	
	平均停留时间	
	跳出率	

分析方法包括对比分析、细分分析等。

1）对比分析。从点（指标值）、线（时间维度上的指标值，同比、环比等）、面（不同品类的指标值比较）维度对基础指标进行对比分析。

2）细分分析。

① 细分来源，包括免费流量和付费流量，优化渠道质量。

② 细分访问时间点，分析流量的周访问规律，迎合流量的上行趋势进行营销活动的推广和商品上新。

③ 细分访问页面包括首页、列表页、详情页等，第一，优化用户访问页的质量，降低跳出率；第二，进行热点图分析，通过颜色区分不同区域的点击热度，了解页面设计、广告位的安排等是否合理。

▥ 案例分析

爆 款 引 流

如下图所示为某店铺 5 月 17 日在平台参与活动，成功打造了店铺的爆款。

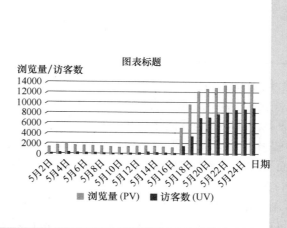

日期	浏览量(PV)	访客数(UV)
5月2日	1431	257
5月3日	1784	389
5月4日	1978	436
5月5日	1751	365
5月6日	1691	320
5月7日	1654	289
5月8日	1564	241
5月9日	1431	216
5月10日	1309	181
5月11日	1485	225
5月12日	1591	351
5月13日	1681	453
5月14日	1573	371
5月15日	1459	301
5月16日	1341	208
5月17日	5140	1561
5月18日	9718	3453
5月19日	12299	7041
5月20日	12781	7198
5月21日	12986	7852
5月22日	13530	8213
5月23日	13641	8671
5月24日	13689	8897
5月25日	13713	9080

从流量变化趋势图可看出：该店铺在最近25天内流量变化很大。5月2日至5月16日，店铺的流量比较低；5月17日至5月19日，店铺的流量几乎呈直线上升趋势，5月20日至5月25日，流量的增加趋于稳态，总体趋势呈平缓上升。预测在未来的3~5天，店铺的流量可能会有所下降。

时间维度	浏览量（PV）	访客数（UV）	平均访问深度	访客回头率
今日	16713	10860	2.78	21.85%
昨日	14219	9446	2.71	23.46%
上周同期	8329	6019	1.23	3.44%

按照时间维度，把流量相关的数据、浏览量（PV）、访客数（UV）、平均访问深度以及访客回头率进行对比分析，从表中可知：爆款带来了大量的流量的同时，平均访问深度和访客回头率也得到了相应的提升。平均访问深度从侧面反映了买家的黏性。买家的平均访问深度越高，说明买家对其他的商品比较感兴趣。当客户对其他关联商品产生兴趣时，就有很大机会提升客单价。

2. 转化率分析

转化率分析即检测用户购买路径的转化情况，算出每步的转化率和流失率数据，优化产品或页面，转化率分析指标见表4-11。

（1）分析方法　分析方法包括对比分析、转化分析等。

1）对比分析。如前所述。

2）转化分析。分析各节点转化率，如首页-列表页转化率、列表页-详情页转化率、详情页-支付页转化率、支付页-支付成功页转化率。

表 4-11　转化率分析指标

类别	指标	备注
成交转化率	静默转化率	
	咨询转化率	
	加购转化率	
	支付转化率	

（2）优化方法

1）优化所有页面。除产品页面外，所有页面，包括主页、"关于我们"页面、类别页面、搜索页面等，都应该进行优化，并且应该针对性地制订策略以实现最终目标。

2）提升网站加载速度。网站加载速度是影响转化率最重要的因素之一。加载用时 2s 的网站页面平均跳出率为 9%，而加载用时 5s 的页面跳出率高达 38%。短短 3s 的差别，可能失去 29% 的访客。

3）制造紧迫感。购物时的紧迫感在电商成交中具有令人难以置信的力量，人们通常很难对时间有限、机会稀少的优惠活动不动心。包括限时免费送货、紧急通知、低库存商品通知和价格优惠等在内的紧迫性情感构建因素，可大大提高转化率，这些元素在产品页面上的作用十分强大。

4）使用大型彩色 CTA。一般来说，CTA 主要包括命令性提示（"立即购买""添加到购物车""继续结账"等）及展示效果（色彩、大小和形状等），可通过这两者不同的组合，通过 A/B 测试，选出最适合的方案。

5）在产品页面、购物车页面、侧边栏或标题中的 CTA 旁展示免费送货服务。客户非常喜欢免费送货的服务，对运费的考虑会导致更高的放弃率。

6）使用高清商品图片。劣质的、低像素的商品图片会产生十分糟糕的影响。高质量的图片代表品牌的专业度，同时使客户能够通过对商品细节、功能进行仔细浏览建立起优质的店内购物体验。

7）将评论展示到产品页面和类别页面。95% 的客户会在购买前阅读评论，从众心理通常被称为一种"社交自我证明"，商品页上的评论以及类别和搜索页上商品旁的星级，都与这种基本心理需求联系在一起，它提供了已消费客户的真实反馈，可消除当前客户的疑虑。

3. 客单价分析

客单价分析能够了解客单价分布、明确用户定位、优化定价策略、有助于促销活动的开展。

（1）分析方法　分析方法包括对比分析、促销分析等。

1）对比分析。如前所述。

2）促销分析。

① 促销商品分类有常规款、引流款和利润款。

② 促销规则有优惠券、包邮规则和多件折扣等。

（2）优化方法

1）提供附加服务。消费一定的金额或消费一定数量商品后可提供附加服务，例如赠送一些纪念用品，可提供"免费刻字"活动；一些需要安装的商品，可策划"满多少免费上门安装"的活动；或者"消费多少免费提供多少日的免费维修服务"等。这些运营方式主要是通过提供更多附加服务来引导客户多买多享。

2）促销活动。运用适当的优惠活动，引起客户的购买欲，提升客单价。不过这种运营方式需要店铺的商品种类多、款式多，这样搭配起来才会产生不错的效果。

3）详情页关联营销。可适当地将互补的商品搭配起来关联销售，如经营男装的店铺，将衬衣和裤子搭配好进行展示，当客户在购买其中任意一种商品时，能同时看到模特身上穿的关联商品，就可能对搭配商品产生兴趣。这种营销方式不仅减少了客户自主搭配的烦恼，提高了客户的购物体验，还可以提高客单价。

4）客服推荐。客服是提高客单价的一个非常重要的方式，客服可通过沟通来直接影响客户的购买决策，通过优质合理的推荐，提高客单价。如经营母婴商品的店铺，新手妈妈在第一次购买母婴商品时会很愿意倾听客服的推荐，从而主动购买更多的相关商品。

案例分析

"双11"最高客单价诞生：汽车电商"买好车"创42.23万元均单纪录

汽车电商"买好车"首度出击参与双11购物狂欢，最终交易的客单价到达了42.23万元，创出了双11购物狂欢节的最高客单价纪录。

汽车电商"买好车"，在其官网上推出了"全民买好车"的大型促销活动，全网疯狂购，车价总让利达5000万。此外，还送亿元购车红包，250万油卡免费领。

此次"买好车"参与双11狂欢的车型主力品牌为宝马、奔驰、保时捷，最终根据交易测算，其客单价达到了42.23万元。

促销活动有15.6万元限量秒杀奥迪A4自动标准型；八五折抢购16款宝马3系，27.7万起；八折抢购14款宝马5系，37.8万起；英菲尼迪Q50L2.0T猛降4.8万，26.18万起；野马美规2.3T基本版降8.5万，31.5万起；中东普拉多2700科威特高配版，38.4万起。

针对消费者的疯狂购车热情，"买好车"还推出了"0首付"和"免息"金融方案。

4. 其他数据分析

电商交易数据需要关注用户、订单等维度。

（1）用户分析及优化方法　留存期是指客户保持活跃状态的平均时间长度。一般客户超过 6 个月没有再次来到店铺购物，通常被视为不活跃客户。

留存期或"客户寿命"可能很难计算。但从本质上讲，是对客户第一次购买行为到最后一次购买之间时间的度量，需要历史数据才能计算出该数字。一般来说，1~3 年是一个很好的估计范围。

留存率和流失率也是有效的指标，两者均与留存期密切相关。

客户留存率用于衡量在给定期间内平均留存的客户数量，可用它来衡量短期内实现客户留存时间增长的效率。如果要提高客户留存率或降低客户流失率，则留存期就会增加，用户分析指标见表 4-12。

表 4-12　用户分析指标

类别	指标	备注
用户数量	新用户数	
	老用户数	
用户质量	活跃用户数	
	沉睡用户数	
	复购率	细分用户：会员复购率衡量会员运营的效果；新用户复购率衡量营销、推广活动的效果 影响要素：商品质量、服务质量、物流满意度 提高复购率手段：建立会员管理体系、优惠券精准营销、会员专享权益、娱乐式互动营销
	RFM	

留存期与购买频率密切相关。提升留存期旨在建立客户忠诚度，而不是单纯地鼓励购买。

可通过以下方法有效地与客户建立持久关系：

1）制订提升客户忠诚度计划。统计数据表明，客户仍然热衷于相应的忠诚度营销，尤其是在电商。

更重要的是，现在的客户比以往任何时候，都更容易通过移动设备参与会员计划。许多店铺都有专门用于其忠诚度营销的应用程序。

2）提供优质客户服务。客户服务是影响品牌忠诚度的主要因素。如果可提供一流的客户服务，客户将不断回购。

3）在社交媒体与客户互动。在社交媒体上与客户互动是加深客户记忆的最佳方法之一，也是打破"商业门面"的绝佳方法。

4）以客户为中心的思路。不要陷入仅针对转化率进行优化的陷阱，需要在高转化率和优质的客户体验（UX）之间建立彼此促进的联系，不断收集客户反馈，并寻求改善。

（2）订单分析及优化方法　订单分析指标见表 4-13。

1）购物车放弃率。购物车放弃率是指将商品添加到购物车后离开而未购买的访问者所占的百分比。

购物车放弃率是一个广泛的指标，由一系列微观转化决定。具体来说，这些微观转化包括点击"继续进行结账"按钮、从购物车页面转到结账页、在结账期间成功完成付款。

表 4-13　订单分析指标

类别	指标	备注
总体指标	总订单量	
	支付订单量	
	取消订单量	
	投诉订单量	
客单价	客单价	
关联分析	连带率	

以下 5 个技巧可降低购物车放弃率：

① 确保 CTA 在购物车和结账页面上显示。

② 在购物车页面中设置紧急心理构建元素（如提醒限时免费送货服务）。

③ 使客户能够轻松更改购物车中的产品数量（包括完全删除它们）。

④ 确保购物车中的商品可保存 7 天（或无限期）。

⑤ 在商品页面上设置建立信任度的元素（如安全封条）。

2）结账放弃率。结账放弃率是指开始结账流程，但未完成购买而离开的访客所占的百分比。结账放弃率的行业平均值为 25%。

如果客户已进入结账阶段，他们很可能要购买商品。因此，较高的结账放弃率通常表明存在可优化的空间，而不是缺少增加购买欲望的要素。关注客户体验是确保最终完成转化的最佳方法。

以下 7 个技巧可降低结账放弃率：

① 使访问者不需要注册账户即可完成购买。

② 收集客户电子邮件作为结账流程的第一步，如果放弃购买可实现继续跟进。

③ 设置浮动标签（显示在输入框的角落）和带有小勾或叉的即时验证功能。

④ 在结账表单中仅设置必填字段。

⑤ 如果客户出现误操作，要提示如何纠正。

⑥ 允许客户在购买之前预先填写所需的个人信息，尤其是在移动端。

⑦ 尽量减少页眉和页脚之类的视觉干扰。

三、汽车电商服务平台客户特征分析

在进行客户特征分析时，常用到的指标有页面浏览量（PV）、访客数（UV）、成交客户数、成交金额、转化率和客单价等。企业从不同维度采集相应指标进行分析，能够得出可指导符合企业策略优化营销需求的客户特征分析结果（图 4-1）。

1. 客户特征分析的作用

（1）精准营销　精准营销是客户特征分析最直接的价值体现。企业在进行营销活动前，需要对客户特征进行分析，通过了解客户的年龄、爱好、性格等信息，制订有针对性的营销策略，选择合适的营销平台，创作能引起共鸣的营销内容等，以便更好地达成营销目标。

（2）助力产品销售　只有符合客户需求的产品，才能获得好的销售成绩。客户特征分析能够帮助企业了解客户购买产品的心理动机，然后结合点击率、留存时间、客户购买数量等数据信息，综合分析客户购买情况。

（3）服务客户研究　对客户特征进行分析，能够帮助企业搭建客户研究体系。通过该研究体系，企业能洞察客户消费趋势，从而优化运营策略和经营方向。比如对各年龄段客户消费偏好、区域客户消费差异等进行分析，企业可了解不同年龄段客户的消费变化情况和不

图 4-1　客户特征分析

同地区客户的消费水平，进而优化产品结构和区域产品结构，达到提升产品销量的目的。

（4）明确营销需求　在了解企业营销需求的前提下，选择合适的维度和指标展开分析，为企业提供有价值的客户特征分析结果，能使企业利用有限的内部资源有针对性地展开营销活动，从而获得更多的目标客户。

2. 客户特征分析的指标

（1）流量　流量是电子商务企业变现的基础，流量越大成交数据越好。吸引流量的关键，是了解客户，要知道客户是谁、客户在哪儿，然后将客户感兴趣的内容推送到对应客户面前吸引其点击浏览。因此，电子商务企业需要针对客户地域、年龄、消费层级、购买时间等进行分析，然后进行精准引流。

（2）转化　引流是将客户引到企业，转化则是实现客户变现，即让客户购买产品。提升转化率的前提是为客户推送的产品符合客户需求和偏好，即要做到"千人千面"。因此电子商务企业需要结合客户特征分析结果将产品推送到对其感兴趣的客户面前。

（3）复购率　复购率解决让客户再次购买的问题，想要解决该问题，企业需要了解哪些客户复购的概率更大，所以企业需要在确定大概率复购客户群体的基础上，对这些客户的特征进行分析。

（4）客单价　客单价解决让客户多买的问题，想要让客户多买，就要了解哪些客户会多买，哪些价位的产品客户会多买等问题，然后匹配合适价位的产品给客户，因此企业需要对客户购买频次、客户消费层级等内容进行分析。

3. 客户特征多维度分析

（1）客户地域与年龄分析　客户地域分析是从空间角度分析客户的来源，比如客户来自哪个国家、哪个省份、哪座城市等；客户年龄分析，是分析客户群的年龄分布情况，不同年龄的客户在性格、爱好、财务状况等方面有很大区别。通过客户地域与年龄分析，企业可明确客户的主要来源地和年龄群，便于其有针对性地分配产品或开展营销。

可利用数据透视图，分析不同区域、不同年龄客户的销售额情况，以"客户年龄"为行，以"客户地域"为列，得到客户地域与年龄销售数据透视表（表 4-14）。

表 4-14　客户地域与年龄销售数据透视表

客户地域	25 岁及以下	26~35 岁	36~45 岁	45 岁以上	总计
贵州	10254	23654	—	25998	59906
湖南	68307	—	—	—	68307
青海	14223	25632	—	29887	69742
山西	15698	50344	31888	29556	127486
陕西	46544	93700	36247	33002	209493
上海	75689	165651	77942	—	319282
四川	32501	60019	16988	—	109508
西藏	—	25698	10236	—	35934
总计	263216	444698	173301	118443	999658

　　为了更直观地展示客户地域与客户年龄的数据分析结果，需要选中数据透视表数据区域并制作三维簇状柱形图（图 4-2），得到不同地域、不同年龄的销售额可视化结果。

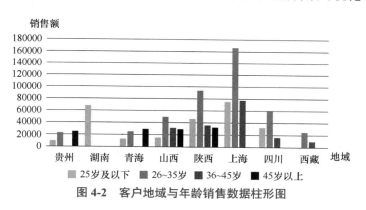

图 4-2　客户地域与年龄销售数据柱形图

　　根据以上分析图表，企业可得到以下信息：整体消费情况最好的年龄群是 26~35 岁，总计消费 444698 元，消费最低的年龄群是 45 岁以上，总计消费 118443 元；各年龄段的客户在各省份的消费能力有所差异，消费能力最高的地域是上海，消费能力最低的地域是西藏。结合以上分析结果，企业可优化区域产品的分配，并明确今后营销活动的首要目标客户群。

　　此外，还可对客户地域中的具体指标进行分析，比如对不同区域成交客户数、客户转化率、客单价等进行分析，让客户分析地域分析结果更为细致精确。如采集某企业不同区域客户数后制作饼状图（图 4-3），通过该图形，可看到该企业在上海、陕西、山西的成交客户数占比较多，3 个区域总占比超过总客户数的一半，西藏、贵州、湖南、青海

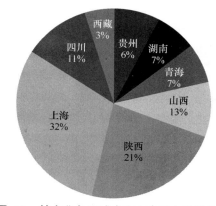

图 4-3　某企业各区域成交客户数占比饼状图

的成交客户数占比较少，企业可根据该分析结果调整其推广策略，比如对成交占比少的区域定向推广（结合这些区域客户的特征），调动这些区域客户的购物积极性。

（2）客户消费层级分析　消费层级是对客户某一单位时间内的花费金额进行分析，通过分析，企业能够了解该时间段内客户的普遍消费能力，并根据客户消费能力调整产品结构。

如表 4-15 分析的第一步，需要对产品价格消费层级分组，分组时需要结合产品价格，这里将消费层级依次分为 100~200 元、200~300 元、300~400 元、400~500 元、500~600 元、600~700 元、700~800 元、800~900 元、900~1000 元，对应分组下限分别为 100 元、200 元、300 元、400 元、500 元、600 元、700 元、800 元、900 元。

表 4-15　客户消费层级分析数据表

分组下限 / 元	消费层级 / 元
100	100~200
200	200~300
300	300~400
400	400~500
500	500~600
600	600~700
700	700~800
800	800~900
900	900~1000

完成消费层级分组后，使用 VLOOKUP 函数，首先将订单数据表中的价格分配到对应的消费层级中，然后快速完成自动分组。完成自动分组后，使用数据透视图，制作出每个消费层级中对应客户订单量的透视表（表 4-16）。

表 4-16　客户订单量的透视表

消费层级 / 元	订单量汇总
100~200	60
200~300	90
300~400	51
400~500	37
500~600	13
600~700	6
700~800	1
800~900	1
900~1000	1
总计	260

为了更直观地展示数据分析结果，可制作客户消费层级分析堆积柱形图（图4-4）。

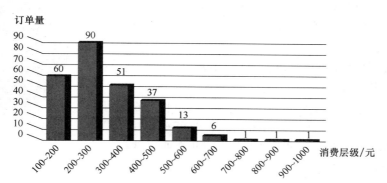

图4-4　客户消费层级分析堆积柱形图

根据以上分析图表，企业可得到以下信息：客户消费层级排名前三的依次是200~300元、100~200元、300~400元，对应订单数量分别是90、60、51；客户消费层级排名后三位的依次是600~700元、800~900元、900~1000元。

（3）客户性别分析　性别不同，客户的产品偏好、行为偏好、购买动机等往往不同。男性在购物时更加冷静和理智，选择的产品多为高质量的功能性产品，较少考虑价格因素；女性在购物时更冲动和随机，影响产品选择的因素多样，较多考虑价格因素、产品外观因素和产品质量因素。

客户性别分析图表见表4-17。

表4-17　客户性别分析图表

订单编号	客户性别	订单编号	客户性别	订单编号	客户性别	订单编号	客户性别
001	男	011	女	021	女	031	男
002	女	012	女	022	女	032	女
003	女	013	女	023	女	033	女
004	女	014	男	024	男	034	女
005	男	015	男	025	男	035	男
006	女	016	女	026	女	036	女
007	女	017	女	027	女	037	女
008	男	018	女	028	女	038	女
009	女	019	女	029	男	039	男
010	男	020	男	030	女	040	男

根据表4-17，该企业女性客户占比67.5%，男性客户占比32.5%，可见该企业的主要客户群为女性。因此，企业在今后运营过程中，需要充分考虑女性客户的性格特点、购物偏好等。

制作客户性别分析饼状图，使数据呈现效果更直观（图4-5）。

（4）客户访问时间分析　客户访问时间分析是从时间维度分析客户情况。通过分析，企业能够了解客户访问时间规律，比如哪些时间段是客户访问高峰期、哪些时间段是客户下单高峰期等。

比如 PC 端客户访问时间分析、移动端客户访问时间分析，客户访问时间分析数据表见表 4-18。

选中时间、访客数对应的区域，制作折线图（图 4-6），可得到该企业访客时间分布曲线。通过分析，企业可知道其客户访问时间的最高峰为 15 点、18 点和 24 点，因此企业可选择在该时间段上新产品或投放广告。

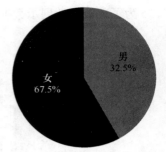

图 4-5　客户性别分析饼状图

表 4-18　客户访问时间分析数据表

时间	访客数 / 人
0 点	623
1 点	231
2 点	123
3 点	25
4 点	32
5 点	8
6 点	421
7 点	231
8 点	203
9 点	23
10 点	110
11 点	95
12 点	84
13 点	205
14 点	213
15 点	963
16 点	111
17 点	13
18 点	962
19 点	221
20 点	152

（续）

时间	访客数／人
21 点	523
22 点	654
23 点	721
24 点	955

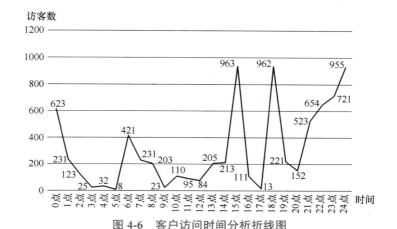

图 4-6　客户访问时间分析折线图

（5）客户偏好分析　客户偏好分析是对客户的产品偏好、营销偏好、邮寄方式偏好、包装偏好等进行分析，企业可根据分析结果，优化对应的内容。如在进行企业网店流量来源分析时，通过分析得知该企业客户大部分从"聚划算"而来，则该企业客户的营销偏好是"聚划算"，因此企业可在后续营销时，选择参加"聚划算"。

4. 不同终端客户特征分析

随着移动智能终端的普及和移动互联网技术的发展，越来越多的客户选择在移动端购买产品，对不同终端的客户进行分析，有利于企业了解各终端数据的占比情况，如访客数（UV）、客户转化率、成交客户数、成交金额、客单价等数据的占比情况。

以不同终端访客数为例进行分析，首先需要采集各终端的访客数，不同终端访客数见表 4-19。

表 4-19　不同终端访客数

日期	访客数（移动端）／人	访客数（PC 端）／人
2018 年 1 月	15201	12014
2018 年 2 月	10302	8565
2018 年 3 月	15231	12014
2018 年 4 月	16325	13201
2018 年 5 月	13201	10125

（续）

日期	访客数（移动端）/人	访客数（PC端）/人
2018 年 6 月	14236	10124
2018 年 7 月	13221	12014
2018 年 8 月	10214	9521
2018 年 9 月	10365	9987
2018 年 10 月	13245	10125
2018 年 11 月	15231	11024
2018 年 12 月	14235	11023

为了直观地展示移动端、PC 端的访客数占比情况，可制作堆积柱形图（图 4-7）。

可以看出，企业 2018 年整年移动端访客数过半，无论是在销售旺季还是在销售淡季，移动端的访客数始终多于 PC 端，这得益于移动端的便利和企业对移动端的经营，也意味着企业在今后的经营中仍然要重视移动端的运营。

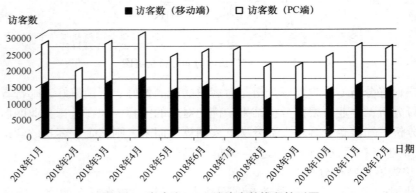

图 4-7　移动端、PC 端访客数堆积柱形图

5. 客户特征分析结果应用

客户特征分析结果应用主要用于营销优化和产品优化。

营销优化方面，电子商务企业做客户特征分析是为了让客户尽可能多地购买企业产品，企业可在客户特征分析的基础上，进行推广、引流，让其推广、引流更具有针对性，在实际推广操作时，为客户推荐其更感兴趣的产品和营销内容，使企业流量和转化率得到提升。

客户特征分析还可指导企业产品结构优化，使原本的"上架什么客户购买什么"转变为"客户需要什么上架什么"。根据客户特征分析结果，企业可优化产品定价和产品选择，为客户推广更受客户青睐的产品，以提升企业产品销量。

客户标签是为客户添加分类。通过客户特征分析，企业能够了解客户的群体特征，但这些群体特征分属于不同的维度，如何把这些不同维度的客户群进行归类，就需要为客户添加标签。

1）将客户标签分类（表 4-20）。

表 4-20　客户标签分类

一级标签	二级标签	三级标签	四级标签
人口属性	客户基础信息	性别	男
			女
		年龄	18 岁以下
			18~24 岁
身份属性	客户身份分类	地域	一线城市
			二线城市
			其他城市
		职业	医生
			学生
			教师
天气属性	客户天气偏好	温度	冷
			凉爽
			舒适
		天气现象	晴
			小雨
			小雪
定向属性	客户产品偏好	产品图案	花色
			纯色
			其他
		产品功能	功能 A
			功能 B
		产品材质	木质
			玻璃
商业属性	消费习惯	品牌偏好	高端
			中端
			低端
		支付偏好	微信
			支付宝

（续）

一级标签	二级标签	三级标签	四级标签
行为属性	客户因浏览／收藏／加购／购买行为产生的标签	浏览过企业某支付推广的客户	浏览已购买
			浏览未购买
		发生过加购行为的客户	加购已购买
			加购未购买
	客户按活跃程度不同产生的标签	客户活跃情况	潜在客户
			新客户
			老客户
			活跃客户
			流失客户
			回流客户

2）拉取出对应的客户画像标签。通过该客户画像标签，企业能够了解标签背后的客户群体特征并快速识别和记忆客户。根据客户画像标签可开展精准客户营销并个性化接待客户。

精准客户营销：拥有不同标签的客户特征不同，企业可采用不同的营销方式进行精准营销。

个性化接待客户：据该客户的标签，做出符合客户心理预期的推荐或回复，这样做不仅有利于产品成交，还有利于拉近企业与客户的距离，获得客户信任，提升客户满意度。

四、汽车电商服务平台客户忠诚度分析

客户忠诚度也称客户黏度，是指借助企业产品或服务的质量、价格等因素的影响，使客户对企业产品或服务产生情感，形成长期重复购买的程度。

客户忠诚度分析的目的就是检验企业客户忠诚度管理的成果，并及时优化客户忠诚度管理办法。同时及时识别出忠诚客户，对这些客户进行有针对性的营销和维护，让更多的客户成为企业忠诚客户，拉动企业销量，提升企业品牌知名度。

1. 客户忠诚度分析的指标

（1）客户重复购买率　重复购买率（复购率）是考察客户忠诚度的核心指标，是客户对企业产品或服务重复购买的次数，重复购买率越高，客户对企业的忠诚度越高，反之则越低。

以每个购买过企业产品或服务的客户为单位，可计算重复购买产品或服务的比率；以交易次数计算，可计算单位时间内重复购买次数与总交易次数的比值。

（2）客户购买频次　在单位时间内，客户的购买次数越多，忠诚度越高，客户的购买次数越少，忠诚度越低。

将某企业客户统计表中所有下单客户名称都列在同一列，然后使用数据透视表，统计每个客户在半年中的购买次数，得到客户购买次数统计表，见表4-21。

表 4-21　客户购买次数统计表

下单客户名称	购买次数汇总
客户 A	3
客户 B	1
客户 C	6
客户 D	2
客户 E	2
客户 F	16
客户 G	10
客户 H	8
客户 I	9
客户 K	8
客户 L	10
客户 M	3
客户 N	23
客户 O	20
客户 P	18
客户 Q	19
客户 R	12
客户 S	3
客户 T	1
总计	174

根据客户购买次数统计表，制作客户忠诚度分析堆积条形图，如图 4-8 所示。

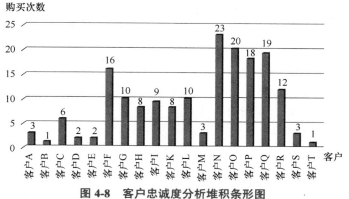

图 4-8　客户忠诚度分析堆积条形图

2. 客户忠诚度分析结果应用

（1）会员营销　企业可根据客户忠诚度分析结果搭建或调整会员结构。

（2）群专属优惠　企业可为忠诚客户建立专属优惠群。

（3）客户拉新　企业可通过给予忠诚客户拉新优惠、拉新奖励等方式调动忠诚客户为企业拉来新客户。

3. 提升客户忠诚度的方法

（1）划分会员等级

1）企业可根据客户忠诚度的高低深浅划分会员等级，如将会员划分为普通会员、高级会员、VIP 会员和至尊 VIP 会员等。

2）划分好会员等级后，应结合企业产品价格、客单价、客户购买频次等确定每个等级会员的晋级条件。晋级条件不宜太高，太高会打击客户的晋级积极性，晋级条件也不宜太低，太低不利于刺激客户消费。

3）划分好会员等级后，还需要确定好每一层级会员的特权，如会员专属优惠、会员专属客服、会员生日礼物、会员积分优惠、会员优先发货等，等级不同的会员应享有不同的特权，等级越高特权越多。

4）此外，需要对会员页面进行设计，方便会员查看活动或优惠信息，同时企业也要及时发布会员优惠信息，让会员在第一时间获得信息并进行购买。

（2）确定积分制度　积分制度要让客户能够相对容易地获取积分，获取到的积分要能够及时变现。确定积分获取的方法有购物获取积分、参与活动获取积分、收藏企业网点获取积分、签到获取积分。确定积分变现方式，如兑换产品小样、兑换优惠券、兑换折扣、积分抽奖。

（3）提升产品与服务质量　提升客户忠诚度的关键是要提升企业产品与服务质量。产品质量是保证客户忠诚的前提，没有质量好的产品，客户忠诚就无从培养，因此企业需要在选品时严格把关，筛选高质量的产品提供给客户。高质量的产品就位后，企业需要提升服务质量，比如提供优质的客户服务，让客户与企业形成良性沟通和稳定联系，以此提升客户忠诚度。

五、汽车电商服务平台客户行为分析

客户行为是客户为满足自己的某种需求，选择、购买、使用、评价、处理产品或服务过程中产生的心理活动和外在行为表现。客户行为分析是对这一过程中（各模块／环节）产生的数据进行分析，发现客户行为特点和规律的过程。

客户行为分析的目的是根据分析结果预测客户需求、监测客户流向等，进而有针对性地提供满足客户需求的产品或服务，有针对性地引领客户转化到最优环节或企业期望客户抵达的环节，最终达到提升企业盈利能力的目的。

客户行为分析路径如图 4-9 所示。

1. 客户行为分析的维度与指标

在进行客户行为分析时，企业需要在以下 3 个维度指标的基础上进行删减或延伸，确保得出具体、准确、有针对性的分析结果。

1）黏性指标：访问频率、访问间隔时间。

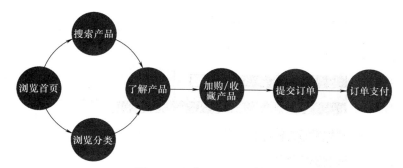

图 4-9　客户行为分析路径

2）活跃指标：平均停留时长、平均访问深度。

3）产出指标：订单数、客单价。

2. 客户行为分析方法

客户行为分析方法采取"5W2H"方法（图 4-10）。

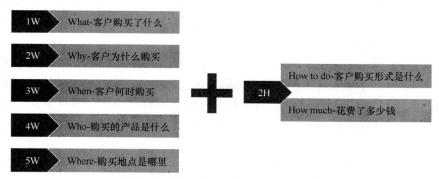

图 4-10　客户行为分析"5W2H"方法

3. 客户行为轨迹分析

轨迹分析包含客户入口页面分析和客户店内路径分析。

（1）客户入口页面分析

流量入口分析。流量入口分析需要采集并汇总各入口名称、单位时间下单买家数、访客数。流量入口分析表见表 4-22。

表 4-22　流量入口分析表

客户入口页面	访客数	下单买家数
导购页面	62	17
内容页面	46	11
首页	53	18
产品详情页	136	32
其他页面	71	21

汇总好数据后，制作堆积条形图（图 4-11）。

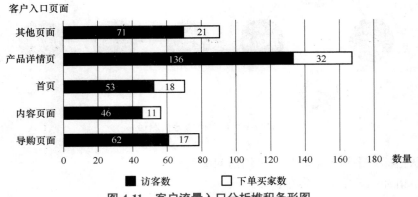

图 4-11　客户流量入口分析堆积条形图

从图 4-11 中，能够看到客户入口分布及相应的比例，很明显客户选择从产品详情页进入的比例最大，其中访客数占总访客数比例为 36.96%，下单买家数占总下单买家数比例为 32.32%。可见客户选择该企业的产品详情页作为主要入口。

（2）客户店内路径分析

1）店内路径分析。以淘宝为例，其店内路径涵盖导购页面、首页、商品详情页、其他页面等，该企业商品详情页的访客来源于导购页面、首页、商品详情页和店外其他来源，其中导购页面有 21/27=77.78% 的客户访问了商品详情页；首页中有 26/48=54.17% 的客户访问了商品详情页；商品详情页中有 103/596=17.28% 的客户访问了商品详情页等。

可见从商品详情页到商品详情页的比例最小，说明商品详情页的关联推荐存在一定问题，企业需要加强商品详情页关联推荐的设置。

看完商品详情页后，选择离开的客户占比最多（占比 80.35%），说明企业需要强化商品详情页的设计，以留住客户；看完商品详情页后，去往商品详情页的客户支付金额占比最多，占比 91.19%，去往导购页面和首页客户的支付金额与支付占比很少，说明企业需要重视首页和导购页面的设计与布局。

2）客户去向分析。客户去向是客户从哪个页面离开又去了哪个页面。

4. 客户行为偏好分析

（1）客户行为偏好分析　分析客户购物偏好（What），需要采集企业某一单位时间内客户的支付订单数，通过对不同产品的成交订单总数进行比较分析，得出客户偏好购买的产品。以某企业 2019 年 10 月份 4 种产品的客户支付订单数据为例，分析企业客户偏好购买的产品，制作客户产品偏好分析柱形图，如图 4-12 所示。

从图中可以看出产品 A 的订单数量最多，这意味着，客户偏好购买该企业的产品 A。

（2）客户购物时间偏好分析　分析客户购物时间（When），需要调取企业较长时间段的各产品的销量数据，并将其整理成销量数据表（表 4-23）。

完成数据整理后，制作客户购物时间偏好柱形图（图 4-13）。从图中可看到，产品 A 的客户采购时间集中在 1~3 月，产品 B 的客户采购时间集中在 4~7 月，产品 C 的客户采购时间集中在 3~6 月，产品 D 的客户采购时间集中在 8~11 月。

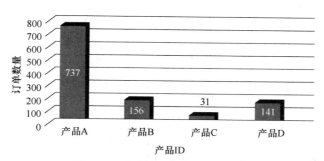

图 4-12　客户产品偏好分析柱形图

表 4-23　某企业各产品的销量数据表

时间	产品 A 销量 / 件	产品 B 销量 / 件	产品 C 销量 / 件	产品 D 销量 / 件
2018 年 1 月	231	13	56	4
2018 年 2 月	201	22	93	7
2018 年 3 月	198	23	221	8
2018 年 4 月	87	216	202	16
2018 年 5 月	52	241	198	25
2018 年 6 月	12	198	183	36
2018 年 7 月	10	165	52	102
2018 年 8 月	13	111	41	232
2018 年 9 月	16	56	30	322
2018 年 10 月	10	21	20	298
2018 年 11 月	9	9	6	196
2018 年 12 月	6	6	3	103

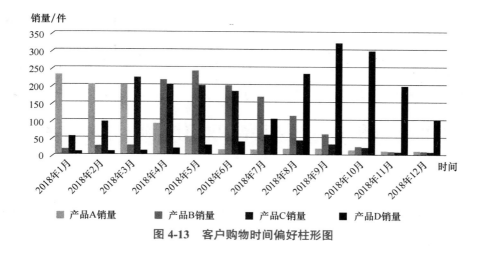

图 4-13　客户购物时间偏好柱形图

还可分析客户为什么购买产品（Why）、购买产品的是谁（Who）、客户购买地点（Where）、客户花费金额（How much）、客户购买形式（How to do）。

客户花费金额分析（图 4-14），需要采集客户订单金额数据，并运用分组分析的方法将订单金额划分为不同的分组，以便得出每个分组中对应的订单数量。

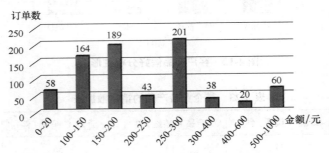

图 4-14　客户花费金额分析柱形图

据图 4-14 企业可知道其客户的花费金额集中在 250~300 元、150~200 元、100~150 元这 3 个区间，企业在后续上架产品时，可以优先上架这 3 种价位的产品。

客户购买形式分析，可分析客户来源（图 4-15）。通过客户来源分析，能够了解客户是通过哪种渠道进入企业并形成支付的。

根据客户终端成交量数据制作客户终端来源分析饼状图，如图 4-16 所示。

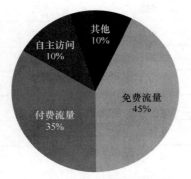

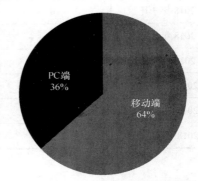

图 4-15　客户来源分析饼状图　　　　　图 4-16　客户终端来源分析饼状图

通过以上分析，企业能够了解客户购买动机、客户购买行为等情况，结合分析结果，企业可研究并发现客户产生购买行为背后的原因，总结这些原因，能够指导企业提供让客户满意的产品或服务，最终达到提升产品销量的目的。

任务四　汽车电商服务平台新媒体渠道合作（高级）

任务描述

请以汽车电商企业商务运营专员角度出发，制订汽车业务新媒体渠道的维护管理方案与汽车业务电商运营方案。

任务目标

1. 了解汽车业务新媒体营销渠道的种类。
2. 掌握汽车业务新媒体渠道维护的方法。
3. 掌握汽车业务电商运营方案制订的方法。

建议学时

2 学时

相关知识

一、汽车电商新媒体渠道维护管理

1. 汽车电商新媒体背景

汽车行业作为营销推广的热门之选，对数据的依赖性极大。近年来 OTT（Over The Top）成了汽车行业广告投放的重点，视频、开机广告高达 64%，车企在综艺节目的冠名和赞助比例日益增加，而且在社交媒体平台针对品牌形象与粉丝社交的互动不断。

尽管 2020 年新车销量增速减缓，增速仅为 4.6%，但二手车销量呈现快速增长的态势，增速达 16.9%。这说明汽车复购增量市场及汽车服务市场拥有较大的发展空间，复购用户将成为活跃在汽车交易市场的主要驱动力。汽车品牌、垂直平台、资讯类自媒体都在流量市场利用数据技术，帮助汽车品牌通过合理分配媒介广告投放，精细化运营社交媒体粉丝，侧重选择赞助节目类型及等级，以更好地挖掘消费者深层需求，从而达到营销投资最大化。在此行业背景的影响下，可以了解到汽车用户群的整体特征是事业处于进取、提升期，高收入、高学历，消费观念、网购和旅游行为比例高，这部分用户偏好于从线上获取汽车信息，喜欢点击视频广告及信息流广告，根据研究报告显示，有超过 44.2% 的用户表示比较相信汽车广告。

因此，汽车及行业相关品牌在选择广告投放渠道时需要考虑以下几个因素：一是目标群体的群体特征、行为偏好；二是目标群体的娱乐生活行为习惯；三是目标群体的消费能力和购物偏好；四是如何提取最核心的产品内容推送给用户。

2. 汽车电商新媒体营销渠道

（1）微信　微信活跃用户 6.5 亿，巨大的用户群体，就像一座巨大的富矿，引来众多淘金者。在微信上，企业常用的新媒体工具和资源包括微信公众平台、微信个人号、微信群、微信广告资源。

（2）新浪微博　根据微博财报，自上市以来，微博活跃用户连续 9 个季度保持 30% 以上的增长。

在微博平台上，企业常用的新媒体工具和资源包括微博企业自媒体和微博广告资源。

（3）问答　常用于新媒体推广的问答平台有知乎、分答、百度问答和 360 问答。百度问答、360 问答被运用于网络推广已久，知乎和分答出现时间虽晚，但营销势能十足。

（4）百科　常用于新媒体推广的百科平台有百度百科、360 百科、互动百科。百科平台是新媒体中的"旧媒体"，但它的地位依然不可撼动。

（5）直播　网络直播最大的特点是直观性和即时互动性，代入感强。当网络直播与互联网金融结合，网络直播便能在信息披露、用户沟通、宣传获客等方面大展身手。

（6）视频　现阶段视频内容正经历着前所未有的增长，但到目前为止，视频内容的增长还未到达顶峰。根据有关数据预测，到2021年，将有69%的互联网流量都来源于视频消费。而如今，许多的品牌主也开始其视频内容的战略布局，这主要包括品牌介绍、品牌宣传、产品促销、增加用户触达、促进用户参与度、业务推广。

3. 汽车业务新媒体渠道维护

渠道的维护是业务健康发展的保证，其广义定义主要指宏观政策、渠道维护、管理实物；狭义定义主要指日常管理。对于广义的渠道维护，也可看作渠道可持续发展能力的培养，具体包括宏观政策的预测和分析、渠道综合经营实物管理、渠道人力资源整合管理、科学绩效评估、分析指标系统的建立。

（1）推广优势　以往汽车用户获取渠道主要凭借垂直类媒体、线下4S店、车展活动等，在丰富、多样的汽车信息的冲击下，线上正成为用户最主要的信息获取渠道。其中，占据广泛人群时间最多、手机用电量最多、沟通最多的微信是本项目重点阐述的推广渠道。

以某互联网汽车营销平台为例，投放微信公众平台和朋友圈广告的综合成本单价在4~6元，垂直类媒体擅长以专业、产品、交易吸引用户，而自媒体推广更加擅长对用户深层需求进行剖析，在用车指南、改装技巧、特色推荐上独树一帜，迎合用户猎奇、求新的诉求。

（2）推广优化　微信文章页底部卡片流量稳定，成本可控性强；朋友圈信息流，不仅流量大，而且能实现曝光与互动的加乘效应。

1）广告素材优化。广告素材有对比类素材、问答型素材、品牌型素材等。对比类素材如图4-17所示。

图4-17　对比类素材

2）创意优化。汽车用户的需求点有选车、买车、用车，有创意的文案能使推送内容在信息流里脱颖而出（图4-18）。

直白表达型文案，亮出核心特色：关注我，掌握汽车一手资讯；标题党型文案，数据、对比矛盾点：6万元可买一辆中级车；专业驱动型文案，主导话语权：提动力，电子涡轮真的那么有效；大众关注型文案，广泛诉求答疑：驾考改革后，驾驶证年龄也变了。优质的素材在页面设计上应简约大方，符合用户的审美品位，且兼具色彩美学，同时辅以文案突出卖点。

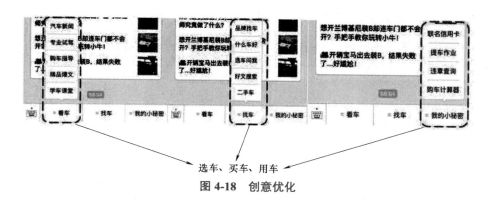

选车、买车、用车
图 4-18 创意优化

3）维度优化。广告投放的维度主要分为 4 个阶段：初期阶段，为了测试素材质量和转化率选择通投；优化阶段，选择相对精准的维度，即汽车兴趣维度；稳定阶段，考虑流量来源、时间周期，测试加入相关的金融、网购等兴趣维度；周期性阶段，为了保持账户质量，需要更换不同的维度来进行投放，包括但不限于素材、创意、时间、形式等内容。

（3）推广总结 专注于知识解释的新媒体，应把关于汽车专业晦涩的知识，转换成图片、漫画、视频等形式，科普关于用车和汽车行业有价值又有趣的内容。

1）素材选择。对品牌比较看重的用户，在素材上要求除了要求创新外，对于颜色、构图等也有明确要求；针对汽车、生活、服务类的素材，可尝试使用构图更为直接、视觉冲击更强的素材；微信朋友圈的用户更喜欢白色的底幕。

2）维度建议。资源、工具类公众号目前的下沉趋势比较明显。可采取重点城市、潜力城市组合投放的方式。

3）资源建议。朋友圈广告的投放费用占主要部分，目前朋友圈广告在投放图片的基础上，可添加视频投放。微信公众平台新增的加关注图片在形式上更吸引眼球，但成本波动较大。

二、汽车电商业务运营方案制订

1. 电商平台流量与转化率

（1）流量的组成包括直接流量、外部来源和搜索引擎 直接流量包括直接输入网站的网址或使用收藏夹和标签访问网站的流量。这些访客有部分是网站的忠实用户，需要长期积累。

外部来源是指那些有链接指向网站的博客、联盟网站、论坛或竞争对手网站等，需要对网站进行外推广工作。软文，博客等有宣传效果。

搜索引擎是指用户使用百度、谷歌、雅虎等，通过搜索关键词访问网站的用户，包括自然流量和付费流量，自然流量体现在 SEO 的优化方面，付费流量主要是竞价广告的投放。3 种流量结构中，直接流量包含较多的无效流量，效果比较差。外部来源在于网络推广，难以评估性价比。搜索引擎的流量是吸引新客户的主要来源。用户更愿意通过搜索引擎来访问网站，所以前期大部分的推广流量来源于搜索引擎的付费广告。

（2）影响平台转化率的主要因素

1）产品的详情页。互联网销售以网上展示为主导，因此针对工业品复杂的技术参数及功能，制作符合客户了解需求，真实可靠、美观、专业、详细的详情页至关重要。

2）价格体系。价格是决定购买的重要因素。前期推出网站品牌及积累人气阶段，在参考行业售价的基础上，价格以低价为主，吸引人气提高转化。后期产品品类丰富，服务体系完善，可更多地考虑利润率。

3）企业的品牌影响力与实力。好的品牌宣传是用户决定购买产品的重要条件之一。因此，店铺首页、产品详情页，应针对企业的综合实力、企业的品牌文化、技术支持能力，做更多的包装和体现。

4）客服专业及销售能力。客服对产品的了解程度，能更好地使客户建立信任关系。同时，应制订客服日常用语规范，进行销售对话情景模拟，强化销售技巧与专业性。

5）客户评价。运营初期，对于所有的下单客户应进行物流售后跟踪及电话回访，优化整个交易流程，建立良好的平台品牌形象，形成口碑式的宣传价值。

6）售后服务及承诺。完善的售后服务是进行网上交易后顾无忧的重要组成部分，应根据企业的自身情况，建立店铺内的售后服务条款。

（3）客单价　由于汽车产品属于理性需求购买，提高客单价相对于快消品比较困难，通过"清库存"等活动策划以团购模式进行有时间限制的促销，可以有效地增加购买金额。建立平台采购会员体系，可提高购买单价及回头率。后期建立交易成功积分返还规则，可增加客户黏度。

2. 汽车业务电商主要运营模式

1）大电商广告模式。其中的代表是阿里巴巴和京东，它们将经典的 B2C 电商模式复制到汽车电商。虽然每年的购物狂欢都有各种汽车销售并报出刷新汽车电商的各种记录，但其实真正成交的并不可观，而且用户体验堪忧。因此汽车厂商更多是为了品牌展示和宣传。

2）O2O 模式。其中的代表是易车特卖和汽车之家"车商城"。其基本体验是用户在线上下载购车券，然后持券到线下的 4S 店完成购买。由于网站并不能锁定车型及价格，所以挑选和议价等过程依然是在线下完成，操控权仍牢牢掌握在 4S 店手中。

3）C2B 电商模式。其中的代表是易车的惠买车和团车网，它们采用底价购车或团购的方式。首先，消费者在线上发布自己的购车需求，缴纳几百元到上千元不等的订金来显示诚意（该订金如果不购车可退）。对于底价购车，各 4S 店通过报底价来竞争，消费者在做出选择后拿到生成的购车凭证，然后到线下的 4S 店完成交易。对于团购模式，消费者等待平台方派出的购车顾问联系，由购车顾问组团一批具有相似购买需求的用户到多个店询价然后团购，因为量大而在理论上易获最低报价，每个消费者随后可选择是否完成交易。无论是底价还是团购，平台都是根据成交按比例从 4S 店获取相应的服务费。

4）微分销模式。很多 4S 店主都选择在微分销平台上经营自己的汽车生意，借助微分销系统打造自己的分销商城，通过微信公众号建立起"微商城＋微分销"多层级一体化的微信分销系统，商家可充分调动线下零售人员参与分销，建立起"商家微商城＋员工微店＋粉丝微店"的多层级分销模式，同时微分销系统后台有强大的营销功能，商家可根据相应的活动来选择后台的互动小游戏，来增加消费者与商家之间的互动，同时增进消费者的信任。

3. 汽车业务电商自建平台的定位

在移动互联及新媒体发达的今天，企业接触消费者的渠道变得多样化、碎片化，为消费者提供贯通全渠道的消费与互动体验，是 O2O 的基础。但是如何应用好这些平台，首先要明确定位。各平台的功能定位见表 4-24。

表 4-24　各平台的功能定位

渠道	定位	主要功能
官网 / 商城	品牌展现，内容管理，线上交易	综合信息活动展示，360° 车型展示，会员中心，在线预订，试驾预约，在线客服
微信 - 订阅号	内容生产和消费的主阵地	以推文或活动为主，侧重资讯类、展示类的内容传播
微信 - 服务号	深耕服务，服务用户的线上工具	偏向潜在车主的留存、触达、服务 售前：内容营销，引导预约试驾 售中：订单状态追踪，查看 售后：服务预约，状态追踪，历史状态查询
微信 - 小程序	消费者引流，线上线下场景的承接	实现与消费者的持续互动，销售线索孵化，个性化推荐，引导消费者快速分享传播
手机 APP	针对有一定忠诚度的用户的平台汽车行业终极阵地	多合一（ALL in ONE）
呼叫中心	人性化关爱，专业性解决问题	服务管理接口，会员中心接口
数字展厅 /4S 店	增强客户体验，促进销售转化	试乘试驾，销售转化

企业现在自建的主流平台见表 4-24。电商作为承载客户引流、营销推广、销售转化、客户服务落地的核心渠道，也是企业营销阵地的基本平台，属于承接落地的核心环节。

移动化布局的转化核心是用户习惯的培养，而切换的关键是微信平台的应用，内容的宣导，轻量化的应用，营销活动的运作，微信、微信小程序都能很好地承接，但是微信仅作为连接的入口，不可重投资、重布局，不可重建设，轻运营，这样就失去微信的优势了。

微信小程序是跨域连接的变革，是基于社交属性轻量化的 APP，能连接各平台的服务，迅速组织营销活动开展，触发线上线下快速高效打通，提供近地化服务场景，链接微信社群私域流量，关联企业品牌、电商、APP、服务产品的核心应用。微信小程序应用场景如图 4-19 所示。

图 4-19　微信小程序应用场景

如何将内容、服务、电商、营销、互动、转化连接到微信小程序，并轻量化应用部署，是微信应用成功的关键。汽车企业电商自建平台的分工与布局如图 4-20 所示。

图 4-20　汽车企业电商自建平台的分工与布局

营销的本质没变，如何应用好这些工具是当今传统汽车企业转型的难点。跨平台的内容运营，不仅限于传统分业务开展模式，可引入当下流行的内容中心，做好内容管理、渠道分发、自定义事件、人性化服务。

4. 汽车业务电商营销方案

运营就是"想尽办法接近目标用户，用心和他们做朋友"。朋友这个概念，意味着平等的地位，无障碍的交流和发自内心的关心。当信任的桥梁在一点点努力中搭建起来，那么无论要用户帮助产出内容，还是要客户购买产品，都不再变得那么困难。

不同于零售和快销行业，让客户线上购买汽车，运营的时间成本相对更高。

（1）定位客户　任何一次搜索，任何一次点击，任何一次浏览，都被服务器记录下来。透过这些数据，就可以精准地分析出"是谁""在哪里""打算买什么车""有多少预算""还考虑了什么车""在车型对比中对哪些信息最敏感"。正因为有了这些高价值的商业数据，在广告推送时就可以有效地锁定目标范围，让用户收到他最关注的内容，而非毫无价值的垃圾信息。

（2）文案简洁明了　撰写推广文案时，未必需要"高大上"的词汇，越简单直接的沟通，才是最高效的。

（3）换位思考　多和购车网友沟通，也可以主动创建 QQ 群、微信群，尝试直播，进行调查问卷，通过各种方式聚集高意向用户，和几个典型用户做深度沟通，对他们的购车心路历程做深度了解，想客户所想。

（4）关注热门话题　热门话题本质就是"有意思"，信息爆炸时代，谁有意思，谁就能吸引眼球。

借势比造势容易，找到目标用户感兴趣的话题点，让他们可以快速参与。

（5）善用用户心理　汽车业务电商运营领域总会把"运营用户心理"作为考验运营能力的重要标准，互联网上各种广为人知的成功案例，无一不巧妙地利用了用户心理。购车用户最在乎的是价格，即有多少预算就买多少价格的车。

举例：某年的"双十一"促销期间，某品牌的一款SUV成了全场价格最便宜的车型，其本身价格就有优势，又恰逢"双十一"期间，经过和厂商的协商，最终拿出5台特卖车，以3.3折的优惠进行特卖，如果抢到的话，1万块钱就可以买到一辆"个大料足"的SUV，这对所有人来说无疑都是有着巨大诱惑力的。通过"全面猜车"几个传播话题的炒作，3.3折抢SUV成为全站那一周关注的话题，甚至把本来没有购车预算的人吸引过来参与。活动当天，5台特卖的SUV被"秒抢"，更带动了100台以上的有效购车。而这款SUV在双十一之前几乎是没有知名度的。

这款SUV在特卖赚足眼球外，还在销售政策上做了文章，提车用户在一个月内发布提车作业帖还可以获得额外的物质奖励。最终有38%的用户，按时提交了高质量的作业帖，而这些用户很多之前是没有发帖经验的。这些提车作业帖在购车人群最集中的论坛里持续发酵，不断影响着后来想要购车的潜在用户。

任务一　汽车电商服务平台业务数据管理（初级）

任务描述

为了更好地推动汽车品牌发展，管理企业内汽车业务数据，网络管理员李想要搜集电商平台竞品信息并制订分析报告，反馈给相关部门进行企业发展优化。

任务目标

1. 能够掌握网络热点事件的基本规律与特征。
2. 能够正确收集汽车竞品信息。
3. 能够制订汽车竞品分析报告。
4. 能够进行网络数据的维护备份。

建议学时

2 学时

相关知识

一、网络热点事件发生的基本规律与特征

1. 网络热点事件发酵的基本前提

公平正义与伦理道德是网络热点事件发酵的基本前提。网络能突破物理空间，来自不同地域、各个阶层的群体成员，彼此之间没有任何相互关系，可随时加入随时退出地讨论同一话题。因而现实社会中的任何矛盾几乎都能在网上形成舆论热点，有关部门对网络舆论的专题调研发现，互联网热点话题比较容易集中在 8 个方面爆发：涉"官"与涉"腐"内容；涉"富"或贫富差距；涉及社会"公平"和"正义"；涉及民族主义以及宗教信仰、中外关系；涉及伦理道德；涉及民生的内容；涉及公共安全、重大事故、自然灾害、环境污染；涉及明星"星闻"及知名企业敏感信息。

2. 网络热点事件形成的关键因素

网民个性化自我表达是网络热点事件形成的关键因素。网民由于可以隐匿，自认是"无名的大多数"，结成的暂时性群体关系通常是虚拟的、短暂的、缺乏约束与承诺的，由于彼此不相识，人数众多，常常会因彼此的暗示，情绪上的传染而陷入一种非理性状态。这种非理性状态表现在行为上就是网民们有明显的群体娱乐特征，参与事件传播的人更多是怀着一种看客心理，甚至可能在言论和行为上走向极端化。不少网络事件本身并无特别之处，但只要存在矛盾，网民们就会尽力找出突破口，挖掘到事件深处，参与事件的发展。

非理性状态还体现在对虚假的、夸张的、不确定真实的、不容易在短时间被鉴别的事件的传播，这会使得事件的后续影响持续时间较长。

3. 网络热点事件的推动

1）网络公共关系是网络热点事件发展的重要推动力。近年来的网络热点事件，超过1/5涉及国家、政府、企业、外国人和外国媒体，并最终都引起各主体采取公关措施。以企业为例，市场上的企业危机事件呈现出一个明显的特点：危机的兴起、扩散、深化，背后都有明显的网络推动的痕迹。众多的网民在有意或无意间扮演了推动者的角色。网络热点事件理应得到行为主体的关注和警惕，网络公关成为各行为主体必须面对的工作。

2）传统媒体的不断加入是网络热点事件发展的真正动力。互联网由于具备比传统媒体更强大的互动性和快捷性，使得传统媒体很乐意和互联网结合，从互联网上获取一些有价值的新闻。互联网又因其言论的平民性，需要传统媒体权威的声音，一些社会舆论的延续，深受传统媒体舆论的影响。舆论是公众关于现实社会以及社会中的各种现象、问题所表达的信念、态度、意见和情绪表现的总和，具有相对的一致性，一定的强烈程度和持续性，会对社会发展及有关事态的发展产生影响。

二、汽车竞品信息收集

1. 市场信息收集的要求

1）便捷性：便捷性就是要易于操作，便于建立系统的收集流程和规范管理。不便于操作，就无法建立长期的、系统的运行机制。

2）及时性：对于竞争对手的年度销售政策、最新出台的政策和价格变动，必须能够在第一时间将其核心内容反馈给分公司产品经理和总部信息管理人员，这样才能保证企业决策的及时性。

3）准确性：反馈的政策和价格信息，其核心内容不能有任何偏差，否则会直接影响决策的准确性。

4）连续性：主要指对竞争对手政策、价格变动的渠道和终端跟进，同时建立相应的信息收集、存储、分析系统，以便从长期趋势判断竞争对手动态的真实意图，给企业的决策提供参考依据。

2. 市场信息收集途径

企业可从很多途径收集信息，但常用的主要有以下几条途径。

1）一线业务人员通过经销商来收集。一般而言，经销商是竞品信息的主要收集途径。分公司业务人员要通过下列方式收集经销商经销的竞品信息：一是分公司业务人员与经销商建立良好的客情关系，在与客户的日常沟通中，通过技巧性的询问方式（如询问其最近的资金周转情况等）来发现竞品的信息；二是通过终端竞品的反常表现来发现这些信息，然后设法从经销商那儿获得信息。这一途径获取的信息相对可靠和准确。

2）通过专门的资讯提供商来收集。目前市场上有很多专门提供这类信息的专业信息、咨询服务提供商，它们一般在各地设有专门的信息收集机构、安排有专门的人员负责，信息来源相对丰富。同时它们具有专业的信息咨询统计分析人才，可为生产企业提供专门化服务，从宏观到微观，信息的收集和分析比较系统和专业。不过购买这些信息的价格不菲，需要支付一定的服务成本。

3）通过国家相关统计部门来收集。这一途径较前两种途径要困难一些。按照国家相关规定，企业要定期向国家相关统计部门上报销售、利润等经营状况，所以，通过这一途径也可以拿到竞争对手一些运营信息。这一途径可作为信息收集的辅助途径，在企业高层做出决策时作为参考。

4）通过竞争品牌的网站来收集。竞争品牌的网站上往往有竞品的最新信息。这一途径所收集的价格信息失真性较大，但其他信息相对准确性较高，可作为决策时的参考。

5）通过行业网站或商家网站来收集。行业网站上有最新的行业信息和行业市场表现，某些行业网站上不仅有行业信息，还有具体厂家产品的零售价等信息；同时，某些商家的网站上还有成交价格等信息，这些价格跟传统销售方式达成的售价差不多，可作为竞争品牌售价来参考。

3. 企业市场信息网络的建立及反馈流程

企业一定要建立自己的信息网络，使信息能够畅通地输出和输入；同时，企业也要建立系统的、长效的信息反馈机制和信息过滤、存储、分析机制，以使市场上有价值、实用的信息在第一时间反馈到公司总部相关部门，便于公司及时采取措施应对。

一线销售人员收集到的竞品信息，若是原件可直接传给总部或分公司主管人员，分公司主管人员收到信息后要定期或及时传回总部；若不是原件，要简单地整理和过滤后再传回总部。同时，总部要配备专业人员对这些信息进行分类、加工、存储并传达到相关决策机构、领导以及相关销售人员，以便决策和应对。

4. 汽车企业竞品采集实施

（1）利用官方公开渠道　官方公开渠道有车企的官网、官方微博、官方微信公众号；媒体公开报道、车企 CEO 访谈、高管微博；产品广告、产品发布会、展览会、推广活动；招聘广告；内部出版物；产品下载、产品文档、FAQ、用户论坛、用户交流群、客服热线等。

（2）组建信息收集部门，获取第一手资料　尽管这个工作相对工程量会比较大，但是能够确保信息收集的科学性与准确度。车企可尝试专门成立一个情报部门或小组。

（3）借助第三方渠道

1）汽车行业媒体、行业协会等。

2）线下汽车行业峰会、展销会。

3）政府部门的统计资料（国家发改委、当地工商部门等）。

4）竞品的合作伙伴、供应商。

5）搜索引擎（百度、360、搜狗、谷歌）。

6）竞品监测工具。

三、汽车电商竞品分析

1. 竞品的定义

竞品是竞争产品，竞争对手的产品：

1）以自身的产品为核心，那些高于自身的产品就会被列为重要竞品。

2）那些高于自身并且非常有竞争力的产品会被列为核心竞品。

3）在自身之下或还不如自身的产品被列为一般竞品。

2. 竞品分析的定义

竞品分析从本质上说是"比较研究法"，先找出同类现象或事物，再按照比较的目的将同类现象或事物编组，之后根据比较结果进一步分析。竞品分析是研究用户行为的定性研究方法，流程是竞品选择、确定分析维度、确定分析准则。

3. 竞品分析的方法

（1）SWOT 分析法　SWOT 分析（图 5-1），即基于内外部竞争环境和竞争条件下的态势分析，就是将与研究对象密切相关的各种主要内部优势、劣势和外部的机会和威胁等，通过调查列举出来，并依照矩阵形式排列，然后用系统分析的思想，把各种因素相互匹配起来加以分析，从中得出一系列相应的结论，而结论通常带有一定的决策性。

图 5-1　SWOT 分析模型

运用这种方法，可对研究对象所处的情景进行全面、系统、准确的研究，从而根据研究结果制订相应的发展战略、计划以及对策等。

S（strengths）是优势、W（weaknesses）是劣势、O（opportunities）是机会、T（threats）是威胁。按照企业竞争战略的完整概念，战略应是一个企业"能够做的"（即组织的强项和弱项）和"可能做的"（即环境的机会和威胁）之间的有机组合。

1）优势与劣势分析（SW）。由于企业是一个整体，并且由于竞争优势来源的广泛性，所以，在做优劣势分析时必须从整个价值链的每个环节上，将企业与竞争对手做详细的对比。如产品是否新颖，制造工艺是否复杂，销售渠道是否畅通以及价格是否具有竞争性等。如果一个企业在某一方面或几个方面的优势正是该行业企业应具备的关键成功要素，那么，该企业的综合竞争优势就强一些。需要指出的是，衡量一个企业及其产品是否具有竞争优势，只能站在现有潜在用户角度上衡量，而不是站在企业的角度上衡量。

2）机会与威胁分析（OT）。比如当前社会上流行的盗版威胁，盗版替代品限定了公司产品的最高价。替代品对公司不仅有威胁，可能也带来机会。企业必须分析，替代品给公司的产品或服务带来的是"灭顶之灾"，还是提供了更高的利润或价值；购买者转而购买替代品的转移成本；公司可采取什么措施来降低成本或增加附加值来降低消费者购买盗版替代品的风险。

3）整体分析。从整体上看，SWOT 可分为两部分：第一部分为 SW，主要用来分析内部条件；第二部分为 OT，主要用来分析外部条件。利用这种方法可从中找出对自己有利的、值得发扬的因素以及对自己不利的、要避开的东西，发现存在的问题，找出解决办法，并明确以后的发展方向。根据这个分析，可将问题按轻重缓急分类，明确哪些是急需解决的问题，哪些是可稍微拖后的事情，哪些属于战略目标上的障碍，哪些属于战术上的问题，并将这些研究对象列举出来，依照矩阵形式排列（图 5-2），然后用系统分析的思想，把各种因素相互匹配起来加以分析，从中得出一系列相应的结论，而结论通常带有一定的决策性，有利于领导者和管理者做出较正确的决策和规划。

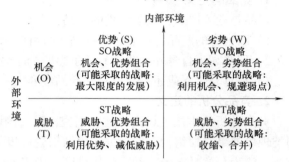

图 5-2　SWOT 矩阵分析

SWOT 分析法常常被用于制订集团发展战略和分析对手情况，在战略分析中，它是最常用的方法之一。进行 SWOT 分析时，主要有以下几个方面的内容：

① 分析环境因素。运用各种调查研究方法，分析出公司所处的各种环境因素，即外部环境因素和内部环境因素。外部环境因素包括机会因素和威胁因素，它们是外部环境对公司的发展直接有影响的有利和不利因素，属于客观因素，内部环境因素包括优势因素和弱点因素，它们是公司在其发展中自身存在的积极和消极因素，属主观因素，在调查分析这些因素时，不仅要考虑到历史与现状，而且更要考虑未来发展问题。

优势是组织机构的内部因素，具体包括有利的竞争态势、充足的财政来源、良好的企业形象、技术力量、规模经济、产品质量、市场份额、成本优势、广告攻势等。劣势也是组织机构的内部因素，具体包括设备老化、管理混乱、缺少关键技术、研究开发落后、资金短缺、经营不善、产品积压、竞争力差等。机会是组织机构的外部因素，具体包括新产品、新市场、新需求、外国市场壁垒解除、竞争对手失误等。威胁也是组织机构的外部因素、具体包括新的竞争对手、替代产品增多、市场紧缩、行业政策变化、经济衰退、客户偏好改变、突发事件等。

SWOT 方法的优点在于考虑问题全面，是一种系统思维，而且可把对问题的"诊断"和"开处方"紧密结合在一起，条理清楚，便于检验。

② 构造 SWOT 矩阵。将调查得出的各种因素根据轻重缓急或影响程度等排序方式，构造 SWOT 矩阵。在此过程中，将那些对公司发展有直接的、重要的、大量的、迫切的、久远的影响因素优先排列出来，而将那些间接的、次要的、少许的、不急的、短暂的影响因素排列在后面。

③ 制订行动计划。在完成环境因素分析和 SWOT 矩阵的构造后，便可制订出相应的行动计划。制订计划的基本思路是发挥优势因素、克服弱点因素、利用机会因素、化解威胁因素、考虑过去、立足当前、着眼未来。运用系统分析的综合分析方法，将排列与考虑的各种环境因素相互匹配起来加以组合，能得出一系列公司未来发展的可选择对策。

（2）用户体验 5 要素法　5 要素包括战略层、范围层、结构层、框架层和表现层，5 要素法模型如图 5-3 所示。

（3）卡诺模型（图 5-4）　卡诺模型是对用户需求分类和优先排序的工具，该模型以分析用户需求对用户满意的影响为基础，体现了产品性能和用户满意之间的非线性关系。

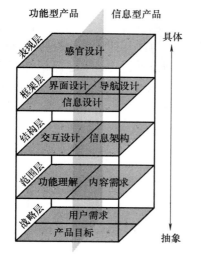

感官设计：实现其他4个层的表现需满足用户
的感官感受

界面设计：页面布局和界面的各类控件
导航设计：全部/局部/友好/辅助导航/网站地图

交互设计：描述"可能的用户行为"+"系统如何
配合和响应这些行为"
信息架构：如何将信息表达给用户（模式、顺序）

定义需求（内容清单+功能规格说明）
需求优先级排序

产品目标：我们想通过产品得到什么？
用户需求：我们的用户要通过这个产品得到什么？

图 5-3 5 要素法模型

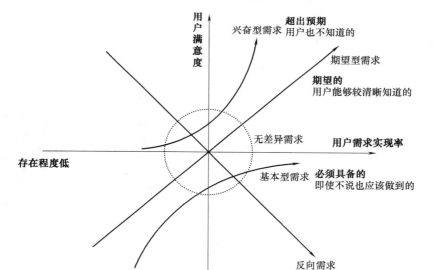

图 5-4 卡诺模型

根据不同类型的质量特性与客户满意度之间的关系，将产品服务的质量特性分为 5 类：
① 基本（必备）型质量。
② 期望（意愿）型质量。
③ 兴奋（魅力）型质量。
④ 无差异型质量。
⑤ 反向（逆向）型质量。
前 3 种需求根据绩效指标分类就是基本因素、绩效因素和激励因素。
在实际操作中，企业首先要全力以赴地满足客户的基本型需求，保证客户提出的问题得到认真的解决，重视客户认为企业有义务做到的事情，尽量为客户提供方便，以实现客户最基本的需求满足。

然后，企业应尽力去满足客户的期望型需求，这是质量的竞争性因素。提供客户喜爱的额外服务或产品功能，使其产品和服务优于竞争对手并有所不同，能引导客户加强对本企业的良好印象，使客户满意。最后争取实现客户的兴奋型需求，为企业建立最忠实的客户群。

卡诺模型分析法是基于卡诺模型对客户需求的细分原理，开发的一套结构型问卷和分析方法。卡诺模型分析法主要是通过标准化问卷进行调研，根据调研结果对各因素属性归类，解决产品属性的定位问题，以提高客户满意度。

方法步骤：

① 从客户角度认识产品或服务需要。

② 设计问卷调查表。

③ 实施有效的问卷调查。

④ 将调查结果分类汇总，建立质量原型。

⑤ 分析质量原型，识别具体测量指标的敏感性。

4. 汽车行业竞品分析实例

在汽车行业，企业要随时关注竞争对手的情况，要分析每款车型在市面上的竞争车型都有哪些，与竞争对手有没有一些差异点，在哪些渠道做宣传可领先竞争对手获得更多的销量，大数据可帮助企业精准地了解竞争对手的情况。

企业可根据受众人群定位竞争对手。通过某汽车资讯客户端发现，奥迪 Q7 和宝马 X5 的人群性别分布极为相似（图 5-5），男性占比都较大，他们的受众在性别比例上保持一致。

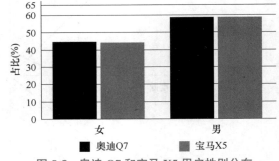

图 5-5　奥迪 Q7 和宝马 X5 用户性别分布

从受众用户的用户画像来看，奥迪 Q7 和宝马 X5 这两款车型的用户重合度很高，可简单地理解为在汽车市场上，奥迪 Q7 和宝马 X5 互为竞争车型。

5. 汽车电商平台竞品分析报告

（1）竞品分析目的

1）通过竞品分析可了解汽车资讯市场的行业现状、竞品战略以及未来的发展方向。

2）梳理汽车资讯的功能结构和优劣势，从而明确汽车垂直行业的精准需求和未来更优质的切入点。

（2）背景调研　随着经济快速增长汽车购买需求也不断增大。越来越多的用户会通过汽车媒体网站来了解汽车方面的信息，以帮助自己进行购买决策。

汽车网站为个人用户选车、买车、用车、换车、维修维护等所有环节提供了一站式服务。与此同时，汽车媒体网站还为企业厂商提供了广告和营销平台，帮助企业进行产品宣传，为经销商和售后服务商提供了消息的展示平台。

（3）行业发展趋势和现状

1）汽车市场现状。经过十多年的高速增长，我国汽车年销量从 2005 年的 576 万辆增长到 2016 年的 2802 万辆，汽车年销量在此期间内的增速高达 386%。2017 年，我国汽车产销呈小幅增长，全年共产销 2901.54 万辆和 2887.89 万辆汽车，同比增长 3.19% 和 3.07%。

从产业生命周期角度来看，与全球汽车行业的发展趋势一致，中国汽车市场逐渐从发展期进入成熟期，增速正在逐渐放缓进入平稳增长期，预计未来汽车年产量将保持个位数增长，约为 5%，汽车年销量的上限将在 4000 万辆左右。

经济的发展也会促进汽车行业的进一步发展，随着未来我国人均 GDP 的增长，千人汽车保有量仍有较大的增长空间。

2）行业的格局。汽车垂直媒体除了专业实用性，还需要个性化和细分。汽车资讯 APP 某月度浏览时长如图 5-6 所示。

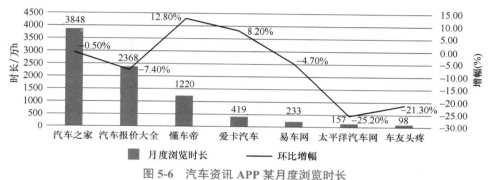

图 5-6 汽车资讯 APP 某月度浏览时长

① 汽车之家。汽车之家移动端产品包括了汽车之家、汽车报价、违章查询、二手车、汽车之家论坛 APP 和养车之家。

② 懂车帝。懂车帝由今日头条 APP 上的汽车频道单独拆分而来。现在今日头条客户端的汽车资讯已经全部由懂车帝提供，其依托于今日头条完善的算法推荐技术和大数据优势，深入分析用户需求，智能匹配汽车资讯与车型，帮助用户节约了资讯筛选时间，做到了"懂你所想、选你所需"，提高了用户体验。

③ 易车网。易车网移动端的产品包括了易车、易车二手车、汽车报价大全、惠买车、汽车管家、车友之家、汽车知道、易车杂志和易车视频社区。

3）汽车资讯信息的关注要素。据调查数据显示，在使用汽车资讯 APP 时，用户最在乎的因素是车辆信息是否全面。其次，信息更新速度快能让消费者快速了解最新的车型信息以及相关资讯，满足信息获取的及时性。此外，信息更具专业性也是不少用户看重的因素，占受访人数的 37.6%。当然在购车或洗车时，平台能有一些优惠补贴也能吸引不少用户（图 5-7）。

（4）产品分析

1）产品环境。产品环境包括测试机型、系统版本和软件版本。

2）产品定位。懂车帝与汽车之家的产品定位是汽车垂直媒体，但不同的是相比与汽车门户网站的专业全面，懂车帝的内容丰富清晰，较为有趣，偏社区方向发展；而汽车之家作为权威平台，打造的内容更综合，专业性更高，是较为传统的汽车门户网站（表 5-1）。

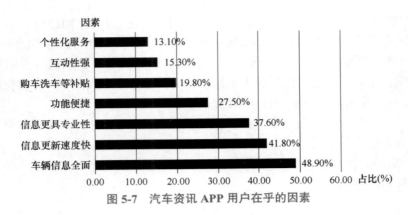

图 5-7　汽车资讯 APP 用户在乎的因素

表 5-1　对比分析

APP	所属公司	产品定位	功能特点	目标用户	战略趋势
懂车帝	2017 年 - 今日头条	做专业、有趣的汽车内容平台	资讯、视频、问答、导购、车型资料库等各种板块。细分化、社交化	90 后年轻社交潮流群体，女性偏多	发挥UGC内容黏性、联合头条系的产品
汽车之家	2005 年 - 汽车之家	打造全国最大的专业汽车交流平台	综合实力雄厚，资讯和论坛是特色服务，注重内容，倾向于为用户提供实质性和功能性的参考	85 后，主要年龄段是中青年，男性偏多	以流量入口接通电商平台

3）目标用户。从使用人群的属性上看，用户主要的年龄段是中青年，且男性占据了绝大多数，可见关注汽车媒体网站的绝大多数用户为男性。懂车帝的内容互动性和趣味性较高，吸引的女性用户较多（图 5-8）。

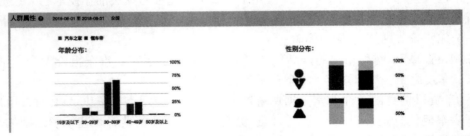

图 5-8　人群属性分布图

使用人群主要分布在东部沿海城市和经济发达的一二线城市。

4）用户需求。汽车消费者在选车、买车、用车、换车等过程中，需要了解最新资讯，同时有购买选择、车型对比、购买使用、保险增值、卖车换车、论坛分享等诉求。

（5）竞品分析

1）结构分析。汽车之家提供的板块内容非常全面，有选车、买车、用车、卖车的全程式服务模块。

汽车之家的论坛板块有大量的用户信息以及真实的车辆反馈信息和认证基础，使用户的黏性极高，短时间难以被超越，而其车库、车型口碑、售价行情板块也受用户追捧。

懂车帝提供的看车、选车、买车方面的服务模块注重打造专业的汽车资讯内容和汽车相关的小视频，强调用户互动性，鼓励用户分享自己的车生活。

2）核心功能分析。汽车之家针对买车消费者提供更直接和实用的功能，功能按键就是新车选购 - 借款买车 - 二手转卖 - 了解汽车城 - 特价优惠。其首页的导航栏有资讯类的直播课预告、VR 体验、车品牌口碑以及最新的汽车行情对比，展示了一站式服务的专业性和权威性。

懂车帝首屏的推荐页面，以信息流形式混合了文字图片、视频等资讯，既有媒体和自媒体的资讯，也有用户发帖。懂车帝应用导航栏第二位的是小视频栏目，里面有提车、试车、晒车、"虐车"以及精选话题等短视频。

汽车之家与懂车帝首页的对比如图 5-9 所示。

（汽车之家）　　　　　　　（懂车帝）

图 5-9　汽车之家与懂车帝首页对比

汽车之家的选车页面提供了很多模块，如热销排行、新车上市、降价优惠、智能选车（语音选车）、条件筛选、品牌顺序，还有一个占据半屏车广告板块。

懂车帝选车系统根据买车消费者的平时浏览习惯综合推荐用户，从智能筛选到个性化推荐，非常明确地提供给用户所想要的信息，而不是让用户去寻找他想要的信息。

汽车之家与懂车帝选车功能对比如图 5-10 所示。

汽车之家的车型展示连接了车型信息、资讯、讨论、口碑、降价、经销商、二手车、分期、特卖等链接，将各项服务串联到一条服务线上。其在车型展示表达上有实拍图、全景图、视频 3 种类型。

懂车帝的车型展示连接了参数配置、车友圈、车型列表、经销商、视频、评车、提车作业问答等链接，在用户选车的环节上，解决了车主对汽车信息、汽车评价、问答解忧的需要。

汽车之家与懂车帝车型展示方式对比如图 5-11 所示。

(汽车之家) (懂车帝)

图 5-10　汽车之家与懂车帝选车功能对比

(汽车之家) (懂车帝)

图 5-11　汽车之家与懂车帝车型展示方式对比

通过个人中心的优惠福利来看，两款汽车类资讯 APP 是如何激励用户创作内容和留住用户，提供内容流动的互动性。

汽车之家在个人中心划分了一块福利区域，从补贴领取、送钱啦、赢现金、摇油钱可看出优惠福利非常实在，直接和金钱挂钩。

懂车帝在鼓励机制上单独建立了一个"懂车帝积分"板块，有用户积分、签到得奖、限时兑换（换购汽车基金、无人机、汽车等）、做任务积分、我的奖品等，更具有互动性和趣味性，如一款游戏积分软件，有浏览内容、分享内容、回答问题、创造视频等，用户完成能得到 100~10000 不等的积分。积分可兑换奖品。汽车之家与懂车帝奖励机制对比如图 5-12 所示。

（汽车之家） （懂车帝）

图 5-12 汽车之家与懂车帝奖励机制对比

（6）产品模式 从属性上看，懂车帝偏媒体，汽车之家偏工具。

汽车之家的自身优势就是信息齐全，作为综合型汽车资讯服务要发展内容和社交，也有商业壁垒。

懂车帝打破了汽车垂直媒体掌握资讯却无细致分类的局面，提供了零门槛的专业数据解读服务，用图形和视频等方式让所有用户轻松理解汽车专业术语，让看车、选车、购车成为一件惬意的事。

（7）总结 将两款汽车类资讯 APP 进行比较，汽车之家就像一位稳重的"成年人"，拥有自己雄厚的基本积累，在产品功能和内容上讲究周全。懂车帝就像是一位归来的"少年"，带着不羁的气息在产品定位和策略上更注重当下的潮流和娱乐化，满足用户对于汽车类内容的个性化专属需求。

任务二 汽车电商业务平台数据目标及监控指标制订（中级）

任务描述

诚信汽车电商根据业务需求针对其电商平台制订数据目标与数据分析，针对其自媒体平台制订运营目标、指标及数据分析，结合所学内容，从电商运营专员角度出发，为诚信汽车电商制订分析报告。

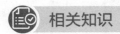 **任务目标**

1. 掌握数据采集与处理方案的撰写方法。
2. 掌握电子商务数据指标体系的内容。
3. 掌握电子商务数据采集渠道的类型。
4. 掌握电子商务数据采集工具的使用。
5. 掌握自媒体平台目标、指标制订的内容。
6. 掌握自媒体平台数据分析的方法。

建议学时

4 学时

相关知识

一、电商平台数据目标、监控指标制订与数据分析

1. 电商平台数据规划

数据规划是整个数据运营体系的基础，它的目的是搞清楚"要什么"。只有先搞清楚自己的目的是什么、需要什么样的数据，接下来的数据采集和数据分析才更加有针对性。数据规划有两个重要概念：指标和维度。

（1）指标 指标用来衡量具体的运营效果，比如 UV、DAU、销售金额、转化率等。指标的选择来源于具体的业务需求，从需求中归纳事件，从事件对应指标。

指标分为数量型指标和质量型指标，Web 的 PV、UV、访问量，APP 的 DAU、NDAU 等是数量型指标；平均访问时长、访问深度、跳出率等是质量型指标。

1）如何选择核心指标。唯一关键指标（One Metric That Matters，OMTM），也称为北极星指标。选择 OMTM 的 4 大标准是和商业目标紧密结合、反映客户的价值需求、指标简单易懂、能够计算汇总。

2）如何规划核心指标。以某电子书下载落地页为例，从内容落地页的业务需求开始，分析选择指标的过程如下：明确需求，对页面进行数据分析，提高电子书下载量；归纳事件，用户下载电子书是系列事件的最终结果，包括点击推广链接、访问下载页、开始填写信息、填写信息完成下载；对应指标为下载量 = 访问流量 CTA 点击率 × 注册转化率。

通过上述分析，可得出下载量是 OMTM 的结论。同时，整个指标体系包括访问流量、CTA 点击率、注册转化率 3 个可操作的指标，基于可操作的指标，可更好地优化核心指标。

（2）维度

1）维度的定义。维度是用来对指标进行细分，比如广告来源、浏览器类型、访问地区等，维度的分类见表 5-2。

表 5-2　维度的分类

维度类别	具体维度
人口属性	性别、年龄、职业、爱好、城市、地区、国家
设备属性	平台、设备品牌、设备型号、屏幕大小、浏览器类型、屏幕方向
流量属性	访问来源、广告来源、广告内容、搜索词、页面来源
行为属性	活跃度、是否注册、是否下单、新用户 / 老用户

2）多维度分析（图 5-13）。多维度分析有利于多角度看待问题。

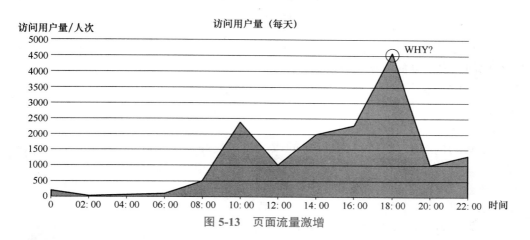

图 5-13　页面流量激增

若在每天观察数据的时候，突然某天下午 5 点流量暴增（图 5-14），应查找出原因。

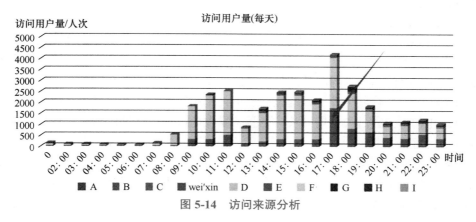

图 5-14　访问来源分析

首先从访问来源维度拆解，发现从下午 5 点开始，主要是微信的流量突然上涨（图 5-15）。

从落地页面维度拆解，就可发现流量主要落地页是 E 和 G 两个页面，最后就可得出结论：下午 5 点从微信突然涌进大量流量到 E 和 G 页面，经了解得知，运营人员在微信上推了一个落地到 E 和 G 页面的活动。从案例可看出，多维度分析能够更清晰地挖掘出数据表象背后的真实原因。

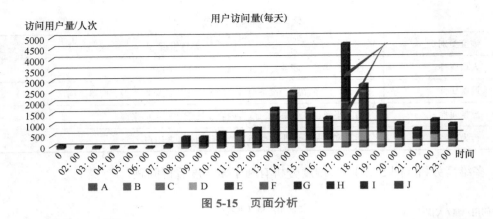

图5-15　页面分析

3）如何选择分析维度。选择维度的原则是记录那些对指标可能产生影响的维度以及尽量记录全面的、多维度的数据。数据运营需要和业务部门（市场、销售、运营、产品等）不断沟通，只有做好数据规划，接下来的数据采集和数据分析才能更高效。

2. 数据采集

（1）采集的内容　　互联网获取用户的成本越来越高，金融类APP一个激活用户的成本可达到上百元。所以企业开始从粗放式运营向精细化运营转变，关注的数据也从单纯的渠道流量数据，增加了更多对用户行为数据的分析。所以目前来看，对用户行为数据的采集成了数据运营较为看重的部分。用户行为是由一个一个事件组成的，这些事件包括时间、地点、人物、内容、交互，如图5-16所示。

图5-16　事件

（2）采集的方法

1）数据采集方案。目前有3种常见的数据采集方案，分别是埋点、可视化埋点和无埋点。埋点，也称打点，是通过在产品（网页、APP等）中手动添加统计代码收集需要的数据。打点又可细化出前端打点与服务器打点。假如要收集用户注册数，就需要在注册按钮处加载相应的统计代码。谷歌统计、百度统计等工具采用的就是这一方法。

但是因为埋点的工程量大、周期长，而且容易发生漏埋、错埋的情况，所以埋点成了数据从业者的一大痛点。

可视化埋点是埋点的延伸，通过可视化交互的方式来代替手动埋点。这种方式降低了用户使用的门槛，提升了效率。但无论是埋点还是可视化埋点，数据运营都需要起到承前启后的作用：收集业务部门数据需求，撰写需求文档，向工程部门提交埋点需求，本质上还是一种埋点方案。

无埋点颠覆了传统的"先定义再采集"的流程，只需要加载一个SDK接口就可采集全量的用户行为数据，然后可灵活自定义分析所有行为数据。

相比于埋点方案，无埋点成本低、速度快，不会发生错埋、漏埋情况。无埋点正在成为市场的新宠儿，越来越多的企业采用了无埋点方案。在无埋点情景下，数据运营可摆脱埋点需求的桎梏，将更多时间放在业务分析上。

2）数据可视化。数据经过收集处理后，下一步就需要可视化，数据可视化在运营应用中的主要形式包括图表、图形和数据看板，搭建数据看板是指将关键业务指标（KPI）和相关数据指标显示在一个面板中，以可视化图形的方式展现出来。数据看板往往和企业的 BI 系统连在一起，属于数据可视化的部分。每个人或每一项业务都需要最直观地将数据展现出来，并且根据图表层层下钻，发现问题，所以可自定义的看板非常重要。

3. 数据采集工具的选择

（1）数据来源渠道确认　进行电子商务数据分析与采集时常用的数据来源渠道有电子商务网站、店铺后台或平台提供的数据工具、政府部门、机构协会、媒体、权威网站数据机构、电子商务平台、指数工具等（表 5-3）。

数据分析人员需要明确以上几类数据源所能获取到的数据指标，同时还需要对数据源按照所提供数据的精准度为其划分等级，优先获取等级更高的数据源。

表 5-3　数据采集渠道

数据采集渠道	数据类型	典型代表
电子商务网站、店铺后台或平台提供的数据工具	产品数据、市场数据、运营数据、人群数据等	淘宝、京东店铺后台及所提供的数据工具
政府部门、机构协会、媒体	行业数据	国家及各级统计局、各类协会、电视台、报刊等
权威网站数据机构	行业数据、产品数据	艾瑞咨询、199IT 等
电子商务平台	行业数据	淘宝、京东等
指数工具	行业数据、人群数据	百度指数、360 趋势等

（2）数据采集工具选择

1）适用范围。生意参谋：基础版可采集到所属淘宝、天猫店铺的流量、销售、产品、运营相关数据；若需要采集行业市场数据，需要选择市场行情版。

京东商智：采集京东等其他平台店铺数据。

店侦探、八爪鱼、火车采集器：采集各大电商平台商品信息、商品售价和销量数据。

2）数据类型。很多电商类数据采集工具所提供的数据并非项目运营实际数据，而是对实际数据进行转化后的展现，比如百度指数显示的数据并非是真实的客户搜索数量，而是将真实的搜索数量进行了转化，转化为指数数据进行呈现，如图 5-17 所示。

3）功能。专门针对电子商务类数据采集的工具大多数是数据分析工具中的一个功能模块，除了能进行数据采集外，还具备一定数据处理分析功能，如使用逐鹿工具箱进行淘宝商品数据采集，采集完成后系统还提供了对于数据进行分析及可视化呈现的功能，如图 5-18 所示。

在进行数据采集工具选择时，并非适用范围越广泛、数据类型越真实、越丰富、功能越强大越好，核心选择要素是数据采集人员能够熟练操作，并能采集到所需的数据，常用数据采集工具见表 5-4。

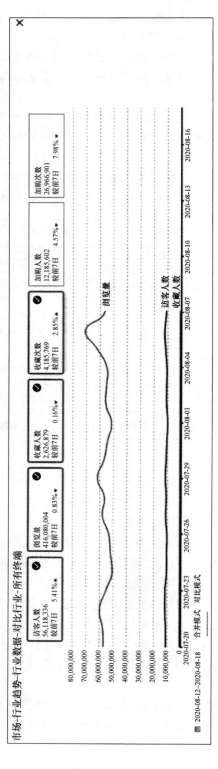

图 5-17　指数数据

图 5-18　对数据进行分析及可视化呈现的功能

表 5-4　常用数据采集工具

数据采集工具	功能及适用
生意参谋（京东商智）	店铺运营、产品流量、交易、客户、服务等数据，市场的趋势、规模、人群等数据
逐鹿工具箱	淘宝平台的市场行情、竞争等数据
店侦探	竞品、竞店推广渠道、排名、销售等数据
火车采集器、八爪鱼、后裔采集器等	网页数据采集，如产品信息、价格、详情、用户评价等

　　生意参谋：淘宝官网提供的综合性网点数据分析平台，不仅是店铺数据的重要来源渠道，同时也是淘宝/天猫平台卖家的重要数据采集工具，为天猫/淘宝卖家提供流量、商品、交易等网店经营全链路的数据展示、分析、解读、预测等功能，如图 5-19 所示。

　　数据采集人员不仅可采集自己店铺的各项运营数据（流量、交易、服务、产品等数据），通过市场行情板块还能获取到在淘宝/天猫平台的行业销售经营数据。

　　店侦探：一款专门为淘宝/天猫卖家提供数据采集、数据分析的数据工具，通过对各个店铺、商品运营数据进行采集分析，可快速掌握竞争对手店铺销售数据、引流途径、广告投放、活动推广、买家购买行为等数据信息，如图 5-20 所示。

　　京东商智：京东向第三方商家提供数据服务的产品，从 PC、APP、微信、手机 QQ、移动网页端 5 大渠道，采集店铺与行业的流量、销量、客户、商品等数据。

　　八爪鱼采集器：一款通用网页数据采集器，使用简单，完全可视化操作；功能强大，任何网站均可采集，数据可导出为多种格式。可用来采集商品的价格、销量、评价、描述等内容，如图 5-21 所示。

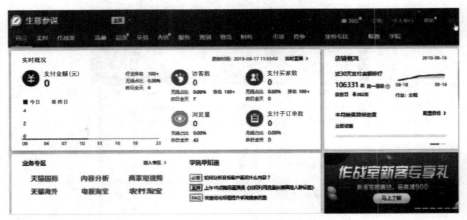

图 5-19　生意参谋

图 5-20　店侦探

火车采集器：一个供各大主流文章系统、论坛系统等使用的多线程内容采集发布程序。数据采集可分为两部分：一是采集数据，二是发布数据。借助火车采集器可根据采集需求在目标数据源网站采集相应数据并整理成表格或 TXT 格式文件导出。

4. 数据分析

数据分析是数据运营的重点工作，数据规划和数据采集都是为数据分析服务的，最终目的是通过数据分析的方法定位问题，提出解决方案，促进业务增长。

图 5-21　八爪鱼采集器

（1）数据分析方法

1）维度细分：单独一个数据指标是很难发现问题的。需要从多个维度出发，比如地区、平台、浏览器、访问来源等，拆解指标，定位问题。

2）漏斗分析：用户在使用产品的过程中，天然存在着系列转化路径，例如注册、下单、下载等。运营需要各个路径的转化率，包括总转化率及每一步的转化率。转化漏斗工具以可视化的方式将转化路径的每一个步骤都展示出来。运营人员可重点关注流失最大的环节。除了横向拆解每一步的转化率，还可从时间维度观察每一步转化率的变化趋势。

3）热图：热图是很常见的一种数据分析图表，也称热力图，是以特殊高亮的形式显示用户页面点击位置或用户所在页面位置的图示。借助热图，可直观地观察到用户的总体访问情况和点击偏好。目前常见的热图有 3 种：基于鼠标点击位置的热图、基于鼠标移动轨迹的热图和基于内容点击的热图，3 种热图的原理、外观、适用的场景各有不同。

（2）数据驱动的分析流程

在数据分析中，最重要的一点就是要建立数据驱动的流程。完善的流程可快速定位问题、解决问题，从设立增长指标开始，找到小的聚焦领域，分析数据、提出假设、排优先级、开展实验、分析优化，不断循环，直到找到问题所在。

（3）数据采集与处理的方案构成　数据采集与处理的方案主要由背景介绍、数据分析目标、数据分析指标、渠道及工具构成。背景介绍主要是让项目参与人员了解该项目的来龙去脉，明确分析的环境和所处情况，通常是描述运营过程中出现的具体问题；数据分析目标，也就是数据分析人员完成数据分析后对项目运营各部门基于什么样的目的提出建议及调整策略；数据分析指标是为了明确进行此次数据分析所需要的指标类型及具体指标；数据分析人员分析出合理的结果离不开数据来源渠道及数据采集工具为其提供的数据，因此在数据采集处理方案中注明数据来源及采集工具不仅可为后续的工作提供工作方向，也可为后期效果评估及复盘提供理论依据。

（4）常用数据采集处理与表格

1）店铺流量类数据采集报表。店铺流量类数据采集报表主要是为了了解该店铺的流量来源情况及流量结构，常用的数据采集报表有店铺 UV、PV、IP 数据采集报表等。

2）店铺日常运营数据类采集报表。店铺运营类采集报表类型多样，最常见的就是店铺运营日报表，包含的数据指标通常有流量类、订单类、转化类和交易类等。

3）营销推广类数据采集报表。营销推广工作直接关系到整店的成交转化情况，因此营销推广数据采集报表在日常运营过程中使用也非常广泛，营销推广类数据采集报表通常包含通过各营销推广渠道的成交类指标、流量类指标和费用类指标等。

（5）数据处理的方法

1）对照。对照俗称对比，单独的数据必需跟另一个数据做对比才有意义。对照的应用非常广，比如选款测款、监控店铺数据等的对照，分析人员拿到数据后，如果数据是独立的，无法进行对比的话，就无法判断，也无法从数据中读取有用的信息。

2）拆分。拆分后的结果，相对于拆分前会清晰许多，便于分析。拆分是分析人员必备的思维之一。

3）降维。当数据维度太多的时候，不可能每个维度都拿来分析，可筛选出有代表性的维度。一般只关心有用的数据，当有某些维度的数据跟分析无关时，就可筛选掉，达到降维的目的。

4）增维。增维和降维是对应的，有降必有增。当前的维度不能很好地解释问题时，就需要对数据做一个运算，增加多一个指标。一个搜索指数和一个商品数，这两个指标一个代表需求，一个代表竞争，可把搜索指数与商品数的比值定义为倍数，用倍数来代表一个词的竞争度（仅供参考），这种做法，就是在增维。增加的维度称为辅助列。增维和降维是必需对数据的意义有充分的了解后，为了方便进行分析，有目的地对数据进行转换运算。

5）假说。假说是统计学的专业名词，俗称假设。当不知道结果的时候，或者有几种选择的时候，可先假设有了结果，然后运用逆向思维。

未来，电子商务的发展与大数据息息相关，企业通过大数据对各种数据进行分析整理，以此来制订一系列的相应营销策略，将大大缩小市场调查与决策分析的时间，使企业获得更多的经济收益，实现一个良性的市场循环，使各个环节都实现高效运作。大数据与电子商务的结合是必然的。

二、自媒体平台目标、监控指标制订与数据分析

1. 自媒体平台目标

（1）目标的作用　目标是对活动预期结果的主观设想，是在头脑中形成的一种主观意识形态，也是活动的预期目的，为活动指明方向，具有维系组织各个方面关系的作用。

（2）目标的来源　目标是层层拆分来的。创办企业的目的是盈利，盈利是最终的目标，根据这个目标，往下拆分，就会变成一个个的小目标，类似金字塔一样的结构。如某公司年度目标是利润500万，拆分到月目标是41万。为了完成每月利润41万，新增用户的目标要定在多少？每月的活动对收益的拉升要做到多少？为了提升用户活跃，版本优化的目标又是怎样的？从最初的大目标到最终的小目标，目标就这样一层层地被拆分开来，分配到不同的岗位。

公司制订的目标不一定都合理。实际上，很多公司制订的目标都缺乏合理依据。为了应对这个问题，通常会制订2个目标，公司目标和部门目标，公司目标是根据公司的总目标拆出来的，难度往往较高，并且很难完成。部门目标是根据实际数据制订，相对而言比较可靠，也有完成的可能。

（3）不同运营模块的目标

1）数据运营的目标。汽车企业的数据运营相较于传统的数据运营要求要高一些，因为汽车企业关键目标就是数值。一个好的数值，可带来收益的几倍增长。

① 制订收益目标。数据运营应把收益目标明细到每天，即1号完成多少收益，2号完成多少收益，一直到月底，每一天的收益都要预估出来，如果预估出来与月收益误差很大，就需要通过运营手段来提升某一天的收益。

② 完善数据后台。目标不一定是数字，有效产出也可划分到目标中去。数据运营还有个工作是协助搭建数据后台，提数据后台的需求，拆分成几个模块，规划好时间，用几个月时间将后台搭建完成。

③ 提升各个维度的数据。这里的数据有转化率、留存、使用频次、使用时长、付费等，各个维度的数据提升，都可制订成目标。需要注意的是，数据运营要了解市场上的竞品数据，用自家产品与竞品比对，看是否有提升的空间。

2）活动运营的目标。日活用户上升，单日收益会随之上升，促销活动就成了活动运营的一大目标。

（4）用户运营的目标　细分一下，用户运营的社群运营目标是可以制订的。社群运营有QQ群、微信群和贴吧。创立初期，可制订拉多少人的目标，贴吧还可制订每天回多少帖

子的目标。

2. 自媒体平台指标

（1）平台指数

1）活跃度。活跃度是指账号持续更新内容的频率。

2）原创度。原创度指的是自己的创作能力。

3）垂直度。创作视频需要拥有独特的风格。

4）互动和喜爱程度。视频的内容质量不错时，需要做好用户及粉丝维护。

5）健康度。创作视频的时候需要的是内容健康、正能量为主。

（2）IP影响力

1）播放量。播放量越高，曝光率也就越大。

2）互动。互动的数据一般体现在评论上，有人评论说明作品的质量用户是认可的，那么所创作的内容也就有一定意义了。

3）粉丝。若拥有强大的粉丝群体，对于运营自媒体是很轻松的。

（3）粉丝、用户画像　这个数据是很重要的指标，在创作视频的时候，分析受众用户的年龄、性别、职业或兴趣等，自己可有针对地创作内容。

3. 自媒体平台数据分析

（1）自媒体平台数据分析的意义

1）了解运营质量。自媒体运营的日常工作包括网站内容更新、微信公众号推广、微博发布、今日头条推送、朋友圈推送、视频推广、直播分享、粉丝维护、社群运营、微店运营、线上线下活动策划与组织等。这些工作是否有价值、是否能够有效实现营销目标，需要通过数据来了解与判断。

对于新媒体运营质量数据，不同的平台关注点不同，目前大部分企业需要关注的运营数据包括网站流量数据、微信公众号粉丝数据、微博阅读数据、今日头条内容数据、活动转发与评论数据等。

2）确定运营方向。现阶段百度、腾讯等大型互联网公司都已经将大量数据开放，用户可直接登录相关网站直看大数据。分析用户大数据有助于判断自媒体内容、活动、推广是否要和网络热点结合。常见的行业相关大数据包括百度指数、新浪微指数、微信指数和头条指数等。

3）控制运营成本。企业自媒体营销，一方面需要关注销售额的增长及品牌价值的提升，另一方面也需要时刻关注运营成本，尤其是广告成本。

自媒体团队需要分析用户的分布城市、购买或阅读时间、常用APP、惯用机型等数据，每次广告投放前要综合近期的投放情况进行调整与优化，以控制成本。

4）评估营销方案。营销方案只是自媒体团队根据以往经验而制订的工作规划，但在制订一段时间后，需要对数据进行评估，一方面，分析最终完成数据，可反推方案中目标的可行性；另一方面，分析过程数据，可及时发现方案制订后在执行过程中遇到的问题，作为下次营销方案制订的参考。评估营销方案常用到的数据包括目标达成率、最终销售额、过程异常数据和失误率等。

（2）自媒体平台数据分析的内容

1）粉丝数据。在分析粉丝数据的时候需要分析的是用户的画像。对用户画像的了解是需要自媒体人对用户的属性进行剖析，分析他们在线活跃时间点和喜欢的内容方向，最后再根据用户的需求创作出相应的内容。

2）历史内容数据。历史内容数据分析是根据流量的高低对内容进行分析的，可以分为两个部分来解析。流量较高的内容，需要分析内容的标题、文章的内容选题和素材、内容的关键词，筛选出对自己有利的内容；流量低的内容，则需要分析内容的质量问题和自己的自媒体账号的综合指数问题，最后了解平台审核的机制，然后有针对性地解决这些问题，从而得到改善。

3）同行的数据。也许自己的内容不是最好的，但是同类型、同领域的优秀自媒体是存在的，可分析同行的选题内容和标题选取。

4）分析账号的指数。账号的综合指数有原创垂直、质量活跃等，这些指数影响着账号的权重，哪个指数下降了就去提升。例如原创度下降了，可用原创度查询软件来判断。

任务三　汽车电商服务平台网络大数据分析（高级）

📋 任务描述

某汽车服务企业针对新产品计划了 4 个版本的线上运营规划，目前版本一的活动运营取得了较好的效果，准备优化版本进行升级，要求产品经理能够结合第一轮的大数据分析结果，深度挖掘数据，明确运营指标，优化产品策略，进行产品迭代优化。

🎯 任务目标

1. 能够掌握电子商务数据运营行为划分内容，制订产品优化的框架规划。
2. 能够掌握电子商务产品迭代的流程，深度挖掘数据及优化产品策略。

⏱ 建议学时

2 学时

✅ 相关知识

一、汽车电商服务数据运营行为划分

1. 数据的意义

数据的真正意义在于存档和记忆，数据反馈的是产品的状态，从某种意义上说，产品的现状也是上次运营行为的结果，所以数据恰巧衔接了前后两次运营行为，成了一个衔接点。

以数据为节点断开这个循环，就可得到一个由数据到行为再到数据的完整单位过程，即起因 - 过程 - 结果，也称为单位运营流程。

由这样的数据和行为的记录，可逐渐形成一个运营行为历史网，当第二次出现类似的情景时，就可找到之前的历史行为，然后根据历史行为迭代，变成新的运营行为。

2. 生命周期交叉表

在记录数据时，是行为和数据的形式，数据可以帮助记忆历史行为，但重点是要以"情

景"做区分。而做运营时，划分情景是围绕着用户和产品的生命周期进行的。

产品生命周期（Product Life Cycle，PLC）是产品的市场寿命，即一种新产品从开始进入市场到被市场淘汰的整个过程。费农认为产品生命要经历形成、成长、成熟、衰退这样的周期。

用户生命周期划分为引入期、成长期、成熟期、休眠期和流失期，用户和产品的生命周期见表 5-5。

表 5-5　用户和产品的生命周期

产品生命周期	用户生命周期				
	引入	成长	成熟	休眠	流失
形成					
成长					
成熟					
衰退					

产品和用户的生命周期相对比较确定，比较方便用来设计维度。运营时用户会出现的问题场景有 20 个。

运营行为可分为内容运营、活动运营和用户运营等。

例如：现在是产品成长期，面对的是引入期的用户，运营目的是促进活跃度。从内容运营的角度，最简单的手段是改成下午 6 点推送消息，之后数据上涨了 5 万，这就是一个有效果的行为，可记录下来。用户和产品的生命周期运营行为如图 5-22 所示。

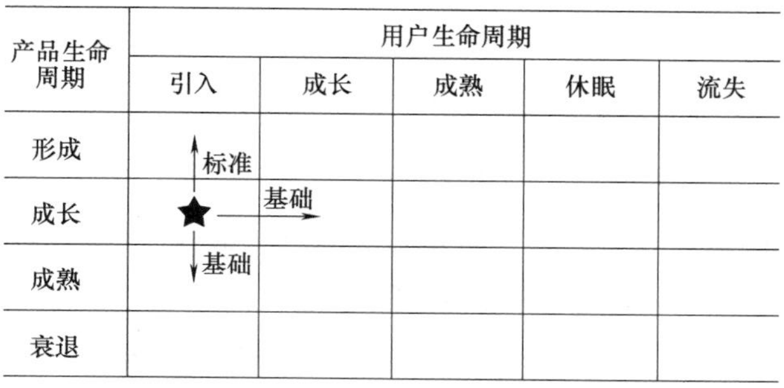

图 5-22　用户和产品的生命周期运营行为

3. 运营数据的迭代思维

1）横向数据应用：从上一次的数据展示开始，分析数据得到这一次的行为，也得到了对应行为的这一次数据，最后复盘数据。

2）纵向数据应用：存档、记忆，也就是产品化，是以具体运营场景为划分，结合产品生命周期和用户生命周期，沉淀下来的运营行为，既能推动进入到下一生命周期，又能成为前一周期的行为标准。

数据运营的迭代思维如图 5-23 所示。

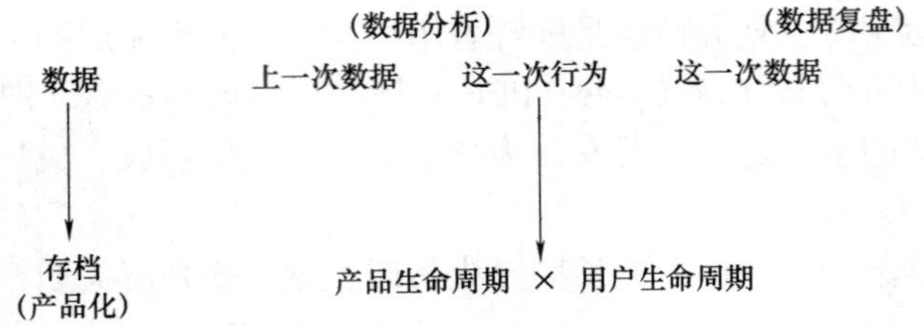

（数据分析）　　　　　（数据复盘）

数据　　　　　上一次数据　　这一次行为　　这一次数据

存档
（产品化）　　　产品生命周期　×　用户生命周期

图 5-23　数据运营的迭代思维

二、汽车电商服务产品迭代流程

1. 定位问题

获得数据分析结果后，需要对线上运营进行迭代完善，一般先进行的工作如下：

（1）发现问题　问题的出现常常伴随着数据的变动，因此，首先要发现"数据的变动"，理解数据变动带来的数据现象的意义。常见的数据变动主要有 3 种，出现峰值 / 谷值、出现异常值、趋势增长 / 下降。

1）峰值 / 谷值。现象：出现阶段顶点或阶段低点（图 5-24）。

意义：意味着数据拐点的出现，数据的趋势开始变化。

2）异常值。现象：较前一段时间数据出现显著增长或断崖式下降（图 5-25）。

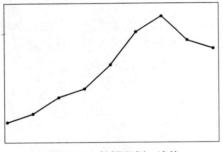

图 5-24　数据示例 - 峰值

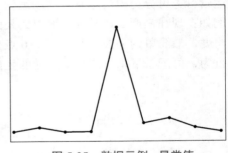

图 5-25　数据示例 - 异常值

意义：意味着数据出现剧烈波动，原有数据的趋势被破坏。

3）趋势增长 / 下降。现象：代表较长一段时间数据的走势（图 5-26）。

意义：可用来预判未来一段时间的趋势。

通过观察数据变动，可从不同数据变动现象的意义推断出目前业务在数据层面的反映，了解和发现业务的变化情况。其次，界定数据变动出现的原因是产品外部的因素还是产品内部带来的变化。

① 外部因素：外部运营事件、节假日、热点事件驱动等。

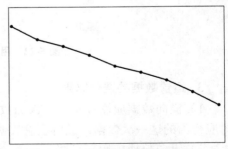

图 5-26　数据示例 - 下降趋势

② 内部因素：产品内运营活动、新功能上线、产品统计规则改变等。

最后根据原因，分析数据变动所带来的影响，是否需要介入干预，提供解决方案。

图 5-27 是一段时间某页面用户浏览次数（PV）。

按照步骤进行分析：

① 第一步，发现异常值，该页面浏览次数日常稳定在 100~200 内，很明显可以发现在 12 月 3 日和 12 月 12 日出现了两个异常数据。

② 第二步，界定出现异常值的原因，通过外部和内部因素的自我排查，发现异常值出现的时间是双十二预售和双十二当天，时间节点符合，确定数据变动的原因是双十二大促带来的。

③ 第三步，分析是否需要介入干预，该数据波动符合电商行业规律，属于正常现象。

图 5-28 仍然是同一个页面另一段时间用户浏览次数（PV）。

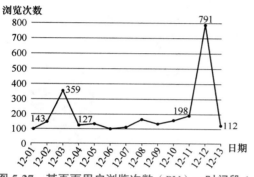

图 5-27　某页面用户浏览次数（PV）—时间段 1

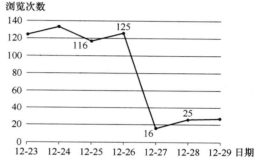

图 5-28　某页面用户浏览次数（PV）—时间段 2

同样按照上面的方法进行分析：

① 第一步，发现异常值，该页面浏览次数在 12 月 27 日后出现断崖式下跌，浏览量从 125 骤降至 16，并连续 3 天保持 10~30。

② 第二步，界定出现异常值的原因，通过排查发现，异常值出现前，数据接口出现问题，数据连续几天更新缓慢，部分数据未更新。

③ 第三步，通过原因可知，属于产品出现 bug，需要介入干预，通过修复数据接口更新的问题，后续用户访问量回到了原来的水平。

（2）需求评估　需求是可以无限增长的，但是公司的财力、物力、人力都是有限的，当有限的资源面对无限的需求时，就需要对需求和问题进行评估，评估出最迫切、最适合的需求来实现。需求评估，是一个信息和分析的过程，通过数据把每一个需求转化成实际的数值，让每个需求的价值更加明确。

第一步，通过"数据假设"假设需求实现所带来的价值。

收益：需求实现能带来多少收益。假设需求实现可带来多少用户、多少订单、多少传播等，并根据历史情况，转化为实际的现金数值。例如带来 1 个用户可为公司创造实际人民币 ×× 元。

成本：需求的实现需要多少成本。假设需求实现需要投入多少人力成本、多少机器成本等开发资源，并根据现实情况，转化为实际的现金数值。

$$价值 = 收益的现金数值 - 成本的现金数值$$

第二步，通过"数据假设"假设需求不实现会带来多少流失。

流失：需求不实现带来多少流失。假设需求不实现会产生多少损失、流失多少用户、多少订单等，并转化为实际的现金价值。

第三步，前两步为每个需求都带上了具体的价值和流失数据，借助需求评估方法就可评估出每个需求的优先级别程度。

常用的方法有卡诺模型、四象限模型和波士顿矩阵模型等。卡诺模型已经在前面的章节讲述，这里不再叙述。

1）四象限模型。"四象限"划分：

纵坐标 - 价值：需求实现带来的具体经济收益。横坐标 - 流失：需求不实现带来了具体的损失。

分成 4 个象限："高价值 - 高流失""低价值 - 高流失""高价值 - 低流失""低价值 - 低流失"（图 5-29）。

首先需要关注的是"高价值 - 高流失"和"低价值 - 高流失"两个象限内的需求。因为负面影响总是最迫切需要解决的，产品可暂时没有新价值的产出和提供，但是带来高流失的漏洞和问题如果不解决，对一个产品往往是致命的。

次要的，可关注"高价值 - 低流失"这一象限的需求，这一类的需求是产品持续发展的主要需求，能为产品不断地增加产品价值。

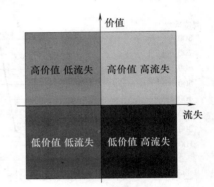

图 5-29　四象限模型

最后，对于"低价值 - 低流失"的需求可暂时搁置，存放在需求池中，因为这一象限的需求对产品的影响很小。

2）波士顿矩阵模型。波士顿矩阵又称市场增长率 - 相对市场份额矩阵，它是通过销售增长率（反映市场吸引力的指标）和市场占有率（反映企业实力的指标）来分析决定企业的产品结构（图 5-30）。

市场吸引力包括企业销售量增长率、目标市场容量、竞争对手强弱和利润高低等。其中最重要的是反映市场吸引力的综合指标——销售增长率，这是决定企业产品结构是否合理的外在因素。

企业实力包括市场占有率、技术、设备、资金利用能力等，其中市场占有率是决定企业产品结构的内在因素，它直接显示出企业的竞争实力。

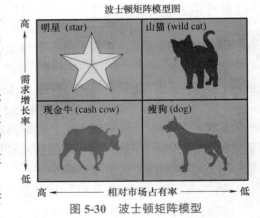

图 5-30　波士顿矩阵模型

波士顿矩阵将产品类型分为 4 种：

① 明星类产品：高增长且高市占，发展前景好，竞争力强，需加大投资以支持其发展。

② 山猫类产品：高增长但低市占，发展前景好但市场开拓不足，需谨慎投资。

③ 现金牛产品：低增长但高市占，成熟市场的领导者，应降低投资，维持市占并延缓

衰退。

④瘦狗类产品：低增长且低市占，盈利低甚至亏损，应采取撤退战略。

2. 确认网络数据评估指标

（1）北极星指标　它是产品现阶段最关键的指标，属公司战略级指标，基本由公司决策层或产品高层制订，是长期目标，轻易不会变动。

（2）方向指标　它是项目中的关键指标，用来衡量问题解决程度，与北极星指标正相关，与产品大体目标一致，能提升产品效用（对用户问题的解决程度）。

（3）负面指标　它是项目中关键指标，用来衡量为了解决问题而带来的负面影响程度，与北极星指标负相关，与产品大体目标相悖，会降低产品效用。在设置负面指标时，需要提前设定好能接受的最差范围。

（4）行为指标　它是非必需指标，类似某个页面的访问次数，按钮的点击率等行为数据，基本用来分析背后的原因，不适合作为关键衡量指标。

在项目中，通常用来衡量新版本上线效果的是方向指标和负面指标，北极星指标起到方向性作用，保证大方向不会错，行为指标用来分析问题原因。

表 5-6 为某产品线上数据评估指标示例。

表 5-6　某产品线上数据评估指标示例

指标类型	指标详述
北极星指标	年利润提升 20%
方向指标	详情页到下单页转化率提升 30%
负面指标	退货率最大接受 10%
行为指标	—

3. 增加数据埋点

下面介绍常规数据埋点的流程。

（1）收集需求，梳理指标

1）梳理相关部门的埋点需求，将其指标化。明确埋点目标：埋点主要为了实现什么目标？能够满足产品部门的什么需求？

其他业务部门的需求：结合其他部门例如技术、运营部门等需要获取的一些埋点需求。

确定埋点指标：梳理上述所有需求，确定最终需要埋点的指标。

2）建立流程图，规范细节。建立用户行为流程图：根据梳理好的需求，建立详细的流程图，例如用户从点击广告进入，一直到购买页面，具体可能经过哪些步骤，都需要整理清楚，这样能有效避免漏埋等情况。

事件触发的时机：根据不同事件，定义好该事件的触发时机，例如购买事件是按照单击"购买"按钮还是按照出现"付款成功"计算，这就涉及前面对用户行为流程图的详细规定，具体的规则需要不同部门之间认真商讨，达成共识。

埋点属性的设计：埋点的属性与"4W1H"的属性范围相对应，主要描述的是关于每一个埋点的事件，是由谁在何时何地以何种方式完成了什么。

（2）形成数据需求文档　在梳理清楚上述细节后，假定一个用户从浏览商品列表到下单购买的场景，再根据不同的埋点事件进行选取及调整，一份较为完整的数据需求文档能够应运而生了（表 5-7）。

表 5-7　数据需求文档

事件编号	事件名	事件触发时机	属性名	属性值类型
1	商品列表展示	点开商品列表	商品 ID	字符串
			商品类型	
			商品价格	
			停留时长	数值
			列表位置	
2	商品点击	点击某个商品	商品 ID	字符串
			商品类型	
			商品价格	
			停留时长	数值
			列表位置	
3	加载详情页	下拉进入详情页	商品 ID	字符串
			商品类型	
			商品价格	
			加载深度	数值
			加载时长	
4	加载评论页	点击评论页面	商品 ID	字符串
			商品类型	
			商品价格	
			评论条数	数值
			评论类型	字符串
5	商品购买	付款成功	商品 ID	字符串
			商品类型	
			商品价格	
			用户 ID	
			商品购买时间	
			商品收获地址	

（3）上线后，复盘效果

1）验证所有指标能否被正确采集。该项工作主要负责保证埋点数据的正确性及准确性，若有异常、缺失等情况，需及时反映并进行调整。

2）监控、管理当前埋点指标的效果。在产品运行的过程中，会逐渐体现出不同功能模块的业务复杂程度，因此埋点的需求也会随之产生一定的调整，能否尽早地调整各个埋点的计划以适应不同的分析需求，需要产品及数据部门敏锐的洞察力。

4. 分析数据结果

设置好埋点数据，测试没有问题后，会进行产品上线，常见的上线策略是灰度发布，根据数据结果再决定是否全网上线。

（1）灰度发布　灰度发布（又称金丝雀发布）是指在黑与白之间，能够平滑过渡的一种发布方式。

在其上可进行 A/B 测试，即让一部分用户继续用产品特性 A，一部分用户开始用产品特性 B，如果用户对 B 没有什么反对意见，那么逐步扩大范围，把所有用户都迁移到 B 上面来。灰度发布可保证整体系统的稳定，在初始灰度的时候就可发现、调整问题，以保证其影响度。灰度发布开始到结束的这段时间，称为灰度期。

灰度发布的好处如下：提前获得目标用户的使用反馈；根据反馈结果，做到查漏补缺；发现重大问题，可回滚"旧版本"；补充完善产品不足；快速验证产品的创意。

灰度发布流程如图 5-31 所示。

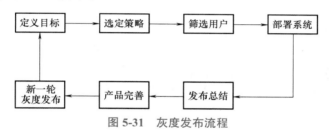

图 5-31　灰度发布流程

其中选定策略包括用户规模、发布频率、功能覆盖度、回滚策略、运营策略和新旧系统部署策略等；筛选用户包括用户特征、用户数量、用户常用功能和用户范围等；部署系统包括部署新系统、部署用户行为分析系统、设定分流规则、运营数据分析和分流规则微调；发布总结包括用户行为分析报告、用户问卷调查、社会化媒体意见收集和形成产品功能改进列表。

通俗来讲，灰度发布就是将自己的产品首先拿出来给一部分目标人群使用，通过他们的使用结果和反馈来修改产品的不足，做到查漏补缺，完善产品的功能，使产品的质量得到提高。产品尽早地与用户接触能为以后产品的正式发布打下基础。

（2）A/B 测试　A/B 测试主要就是将实验对象进行分桶。即将实验对象分成实验组和对照组，对实验组的用户施以新模型，对对照组的用户施以旧模型，在分桶的过程中，要注意样本的独立性和采样方式的无偏性，确保同一个用户每次只能分到同一个桶中，在分桶过程中所选取的用户 ID 需要是一个随机数，这样才能保证桶中的样本是无偏的。

分析验证数据指标：方向指标和约束指标（表 5-8）。

从实际表现来看，方向指标虽然未达预期，但也起到了较好的效果，但是这不一定代表解决方案是完美的，需要看整个产品的指标变化。

一个项目上线后，不仅要分析项目本身的 A/B 测试结果，还要考虑产品大盘影响，项目指标和产品指标都要兼顾到。

表 5-8　方向指标和约束指标

用户群	人数	方向指标实际表现 （目标：转化率提升 30%）	约束指标实际表现 （拖货率最大接受值 10%）
实验组	10000	提升 28%	提升至 9%
对照组	10000	持稳 0%	持稳 5%

上线策略的注意事项：

① 灰度时间不宜过长，尽快得出实验结论，避免新版本负面效果影响用户。

② 如果条件允许，保留一小部分老版本用户，即不完全全网开放。因为灰度上线时间较短，新版本用户可能会因新鲜感而表现出了正向的数据结果，但从长期行为来看不一定优于老版本，所以留一小部分老版本用户作为对照。

任务四　汽车电商服务平台管理决策与服务改善（高级）

任务描述

近两年汽车销量开始下滑，2020 年疫情期间更加剧了整个汽车行业的压力，某汽车服务企业在面对此市场变化时，及时提出了企业线上运营目标战略调整的要求，要求运营经理能够及时进行管理转型，改善需求，强化营销效率。

任务目标

1. 能够掌握电子商务汽车业务管理创新发展趋势，了解当前主流的创新发展方向。
2. 能够掌握电子商务汽车业务数字化营销的内容，提高营销效率。

建议学时

2 学时

相关知识

一、汽车电商服务平台管理创新发展趋势

1. 汽车行业现状及发展趋势

从 2018 年起，我国的汽车市场产销量开始下滑，结束了近 30 年的连续增长。2019 年这种下滑趋势并未停止，2020 年因为新型冠状病毒疫情更加剧了车市的压力，汽车销售现状如图 5-32 所示。

随着新能源汽车产业的兴起，更多造车新势力加入，整个产业已经进入了前所未有的白热化竞争阶段。在此环境下，各车企也在纷纷构建自己的"数字化营销竞争力"和进行"以客户为中心"的营销转型，研究探索数字化和智能化的技术解决方法，打造更敏捷的组织、更强健的产品力、更精准的营销能力。图 5-33 所示为某车企直播销售。

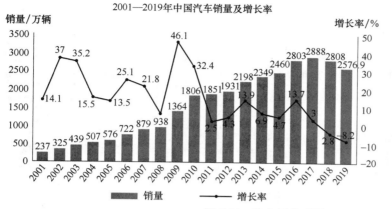

图 5-32　汽车销售现状

2. 国外汽车行业数字化发展模式应用

（1）雷克萨斯　雷克萨斯于 2020 年 6 月推出了一款 AR 应用：Lexus AR Play（图 5-34）。该应用程序使用增强现实技术，让客户可在自己家里就能看到汽车，并在汽车周围走动。不仅如此，该应用程序还能够生成 8 种不同的颜色和各种个性化选项。

（2）福特汽车　为了减少驾驶人的意外停车，美国福特公司发布了 Intelligent Range 技术软件更新，以对该公司的野马 Mach-E 电动 SUV 进行行程预估。该更新于 2020 年 6 月发布，其根据车主以往的驾驶行为、天气状况和来自其他野马车主的众包数据，提供了更准确的里程预测。如果行程估计值在行程中发生变化，将会通知驾驶人。如果驾驶人的车辆在旅途中失去电能，福特道路救援计划将免费将车辆拖至最近的充电站、福特认证的电动汽车经销商或他们自己的家里（图 5-35）。

图 5-33　某车企直播销售

图 5-34　Lexus AR Play

图 5-35　Intelligent Range 技术

（3）CVS&Nuro　2020 年 5 月，在得克萨斯州休斯敦，制药连锁公司 CVS 与自主配送服务公司 Nuro 合作，向消费者提供处方药和必需品（图 5-36）。在试用阶段，这家药店免费提供这项服务，客户可在 CVS 网站或应用程序上订购处方药，并选择自动配送。当自动驾驶车辆到达时，客户需要确认身份才能解锁他们订购的货物。在试验期间，Nuro 最初使用的是自动驾驶的普锐斯汽车，之后推出了该品牌定制的送货机器人 R2。

（4）Amazon&Zoox　2020年6月，亚马逊公司宣布将收购总部位于美国的初创企业 Zoox（图5-37），该公司正在开发自动驾驶技术。亚马逊公司在一份新闻稿中透露，Zoox将继续作为一个独立的企业存在，此次收购将有助于"Zoox团队在未来几年实现他们的愿景"。

图5-36　连锁药店提供自动配送服务

（5）Lyft　2020年6月，总部位于美国的网约车巨头Lyft承诺，到2030年将其平台的整个车队改用电动汽车。该公司承诺到2023年，在其最大的10个市场，将电动汽车的租赁价格降低到与柴油车相同或更低的水平，并将与汽车制造商进行谈判帮助驾驶人通过批量购买获得电动汽车的折扣。Lyft网约车停靠点如图5-38所示。

图5-37　亚马逊公司收购自动驾驶初创公司

图5-38　Lyft网约车停靠点

（6）丰田汽车　2020年6月，日本汽车制造商丰田宣布，为了提高汽车的安全标准，将向竞争对手免费发布人体建模软件THUMS，并允许汽车制造商分析碰撞对人体的影响。该软件可运行碰撞模拟，以测试车辆的安全性能，减少物理测试碰撞的时间和开支。丰田在2000年发布了THUMS的第1版，此后进行了升级，以提供更复杂的车身模型，并提供更准确的测试结果。THUMS人体模型如图5-39所示。

（7）Now Wireless　2020年6月，智能网络基础设施公司Now Wireless宣布在英国伍尔弗汉普顿测试人工智能交通灯系统（图5-40），目的是减少城市的空气污染。该系统利用来自汽车、道路传感器和天气预报的蓝牙信号，使红绿灯可根据实时和历史数据改变时间间隔从而在拥堵发生之前防止拥堵。如果系统检测到交通流量激增，红灯可使汽车减速20s，而对于驶离拥堵区域的驾驶人，绿灯将保持更长时间以驱散交通。驾驶人将会被告知等待时间并给出改道建议。该试验的目的是确保城市中心的空气质量水平更加均匀，并帮助英国达到减少空气污染的目标。

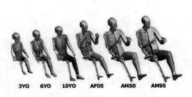

图5-39　THUMS人体模型

图5-40　测试人工智能交通灯系统

二、汽车电商服务数字化网络营销转型

1. 汽车行业数字化营销 4 大优势

（1）一站式购车平台（图 5-41）　平台为用户及经销商解决所有与汽车相关的产品与服务交易问题，平台为每个销售人员建立强大的品牌背书，标准化输出个人信息、产品、商城、动态官网信息，满足了汽车销售方与购买方的双向需求。汽车相关产品和服务的线上交易都能通过平台实现。汽车商城展示汽车产品，支持咨询、预约、下单。好友邀请活动、拼团突破了传统的汽车营销模式。

当今最前沿的 VR 体验适用于看车场景（图 5-42）。消费者在家使用手机即可 360° 全景看车，覆盖从整体到细节的各种内、外立体形象。如果配合 VR 眼镜，效果更好，即使足不出户，也能还原实体店的体验。

图 5-41　一站式购车平台

图 5-42　VR 全景看车

（2）经销商看板（图 5-43）　多维度的数据标签和客户画像数据传递给后台的 CRM 等系统，让一线销售人员和管理者能更加清楚地了解客户的属性、行为偏好、需求、渠道来

源及购买意愿等，提升对客户的判断力和把控力，进行有效沟通，以提升转化率和工作效率。

（3）营销内容的数字化（图 5-44）　建设在线数字化内容平台，在线整合和连接各种媒体资源和热点资源，并导入车企的各种营销素材，为经销商提供适配的多样化营销内容素材库（文章、图片海报、H5、短视频等）。

在平台上提供多样的、便捷的定制化制作模版，大幅提升经销商的内容生产力和内容输出质量。经销商只需"下载""转发"推荐素材就能完成日常内容营销工作，也可"编辑"和"创作"内容，并可添加快速生成专属的留资二维码，支持经销商的个性化营销的内容制作。

图 5-43　经销商看板

图 5-44　营销内容的数字化

（4）数据管理平台　各渠道及系统之间的数据可相互关联，数据信息互通。数据质量和数据潜力得到充分发挥和利用。统一完善的数据资产，数字化才能发挥功效。线索报表、营销报表、客户报表、产品使用分析、营销运营分析及运营管理等数据都应数字化展现，而且实时更新。

2. 汽车行业数字化营销增量式创新

汽车营销的涵盖面很广，从品牌、传播到渠道，乃至现在流行的跨界以及更大的生态合作，每一个元素都可通过数字化的方式进行新的变革，下面主要从渠道视角剖析数字化如何帮助车企更好地提升营销的效能和效率。

（1）主机厂线上渠道协同　作为品牌方，主机厂更需要扮演一个线上业务整合和私域流量引导的角色。

　　汽车行业在上一轮数字渠道及电商浪潮推动下，绝大部分主机厂已经阶段性完成或正在经历数字渠道的建设。

　　典型的主机厂数字渠道的建设轨迹是先横向拓展，以特定渠道特性和业务需要，快速搭建或升级某个渠道，比如以在某个活动运营的驱动下，微信服务号快速上线，或配合新车型上市，催生了官网车型展示的特定功能，主机厂已经具备的典型数字渠道包括官网、公众号、服务号、小程序、一个或者多个用户 APP；再纵向深化，以汽车电商为切入点，进行整体的架构设计和建设。

　　这样以单点业务驱动、各渠道独立建设的生长模式长期累积，在汽车行业低购买频次及弱线上连接的行业特性下，逐渐形成主机厂数字渠道进一步发展但线上业务创新难的困境。

　　基于"全渠道"模式的数字渠道治理以及嫁接"敏捷型组织"的组织适配是解决上述问题的两个切入点。

　　1）"全渠道"。汽车行业的发展，长期以来强依赖经销商体系，尽管汽车电商已经是车企数字化的普遍实践之一，交易达成依然在线下发生，因此，对主机厂而言，线上线下协同，是数字渠道建设无法绕过的课题，而线上各渠道业务的最终目标，是向线下引流和促成而非达成交易。

　　全渠道治理模式天然适配车企数字渠道治理场景，利用全渠道治理的几个重要原则，是车企进行数字渠道治理和线上业务创新的关键：

　　① "全渠道"一致业务目标。

　　② 渠道间协同与引流机制。

　　③ 打通渠道信息，共享于主机厂。

　　④ 以线下引流促成数字渠道转化。

　　⑤ 渠道间形成清晰动线，基于此进行渠道再定位。

　　⑥ 从线索流量、用户流量到粉丝流量的全渠道留存、共享与运营。

　　主机厂需要对现有数字渠道业务进行再盘点，重新定义"全渠道"策略，并基于此演进线上业务，全渠道策略示例如图 5-45 所示。

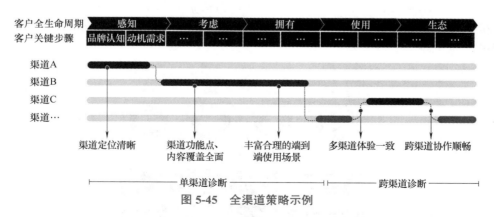

图 5-45　全渠道策略示例

　　2）嫁接"敏捷型组织"。典型主机厂匹配数字渠道的组织架构是渠道单一负责制，即针对每个单渠道设置 PO 或类似角色，以产品形态和模式独立发展和运营，以渠道划定职责边界，并进行考评激励。这样的组织适配优势显而易见，然而在"全渠道"模式下，组织的边界却成为渠道间协同治理和线上业务创新的天然屏障。

因此，以适配全渠道治理为目标，且保留既有组织架构优势，借鉴"敏捷型组织"的设计思想，抽离服务，以服务视角"虚拟"贯穿渠道治理边界，是一个有效解决方案。

① 跨业务与 IT 的顶层治理委员会。

② IT 与业务（这里的业务包含渠道及业务）双 PO 负责制。

③ 横向建立虚拟服务治理线，渠道线与服务线构成全渠道治理矩阵。

（2）从汽车销售到服务生态　越来越多的车企希望通过提供更多的服务来增强与潜在购车者和车主的黏性，能够更多更好地了解消费者，打造场景化的服务。而由于服务的属性不同，触达的渠道也会不同。图 5-46 展示了不同渠道提供的服务，可看到不同的渠道里会提供重复的服务。

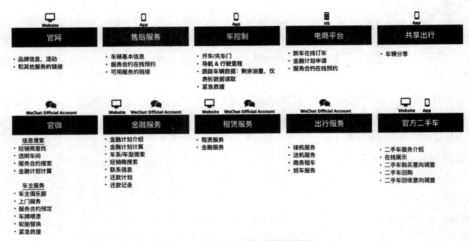

图 5-46　不同渠道提供的服务

随着服务的增加，消费者需要通过不同的渠道去寻找，这也会让消费者对品牌缺乏统一的认知。随着车企的数字化转型越来越深，消费者的期望也会不断升级。将服务整合成官方 APP 这一统一的入口，并以消费者为中心提供个性化服务，成为车企共同的选择（图 5-47）。

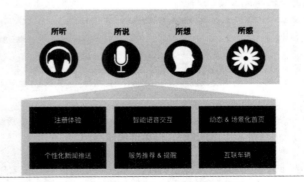

图 5-47　以用户为中心的官方 APP

在建设官方 APP 这一过程中，有以下几个关键成功因素：

1）智能场景化。由于服务的多样性，整合成统一入口后，如果只是简单的功能堆积，可能会给用户带来更大的使用挑战，甚至比较高的弃用率，所以当把所有服务整合后，应该以用户为中心，通过了解用户的偏好，在合适的时间、合适的场景下推荐合适的服务。

例如对于潜在购车者，提供快速预约试驾等服务。

对于新手车主，更加强调车辆使用的相关信息，如在线手册和视频。而对于行驶里程接近维护里程的车主，更强调服务预约等。

对于有些强调驾驶乐趣的车企品牌，会有不少发烧友型车主，针对这类车主，需要提供更加专业的服务，如组织发烧友车主俱乐部，形成私域流量，甚至打造关键意见消费者（KOC），形成对其他车主的影响力。

2）本地化。

① 本地化的体验：我国互联网生态的快速发展也形成了特有的本地化消费习惯，跨国车企在我国的官方 APP 如何能够适应本地的互联网语境，提供快速和稳定的体验至关重要。

② 本地化的服务：能够提供实用的本地化服务也是产生用户黏性的关键点，例如查询违章情况、在线缴纳违章罚款、驾照扣分查询、车辆年检、代客泊车等实用服务。同时也可以尝试提供数字认证服务，例如数字驾照等。

③ 本地化的产品与运营：官方 APP 作为统一入口连接车企和购车者，是车企的核心数字化产品之一，应当以一种数字化产品的思维去运营，不断收集用户反馈，持续改进，并且对新趋势快速响应。这也要求产品的运营团队能够理解本地化文化，抓住本地化热点，快速响应热点，产生与用户之间文化上的共情。

3）用户黏性计划。服务统一的官方 APP 除了提供及时的服务，也希望打造成有核心黏性的社区，所以需要仔细设计达成足够的用户黏性（图 5-48）。

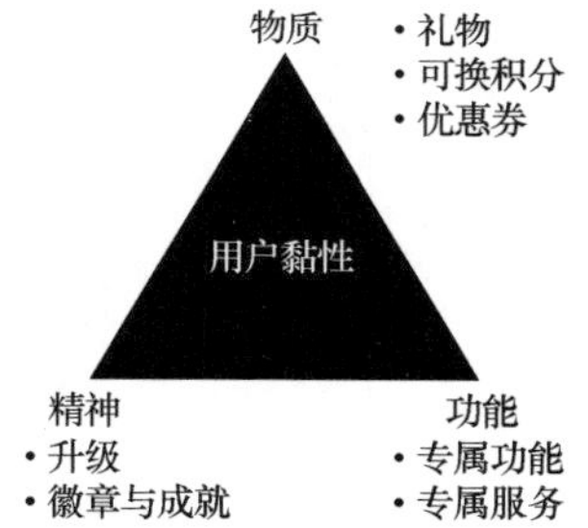

从物质、精神和功能的角度去设计用户黏性计划，例如设计积分系统，将用户旅程中的关键动作识别出来，通过设计积分奖励来鼓励用户采取行动，并且不断测试和计算奖励积分数量及其成本，迭代地改进积分计划。

图 5-48　用户黏性计划

通过设计打卡鼓励用户持续使用，邀请高黏性用户参与新版本内测，对用户生成内容（UGC）和邀请好友等设计奖励机制等。

服务整合有助于帮助车企与客户形成全生命周期视角的关联，不止帮助车企实现数字化营销，更能进一步实现车企成为出行服务提供商这一更大的目标。但前提是这一渠道能够提供及时可信的服务，满足驾驶相关的各类诉求，并在精神层面实现愉悦的体验。

参考文献

［1］向登付.新媒体运营与营销实操手册［M］.北京：中国商业出版社，2020.

［2］彭鹏，彭思喜.汽车电子商务［M］.北京：机械工业出版社，2016.

［3］刘军.汽车后市场电商模式与运营［M］.北京：化学工业出版社，2015.

［4］吴伟定，姚金刚，周振兴.网站运营直通车：网络整合营销［M］.北京：清华大学出版社，2014.

［5］赵守香.在线营销与服务［M］.北京：清华大学出版社，2016.